A ORIGEM

QUATRO VISÕES CRISTÃS SOBRE CRIAÇÃO, EVOLUÇÃO E DESIGN INTELIGENTE

KEN HAM
HUGH ROSS
DEBORAH B. HAARSMA
STEPHEN C. MEYER

COLEÇÃO FÉ CIÊNCIA & CULTURA

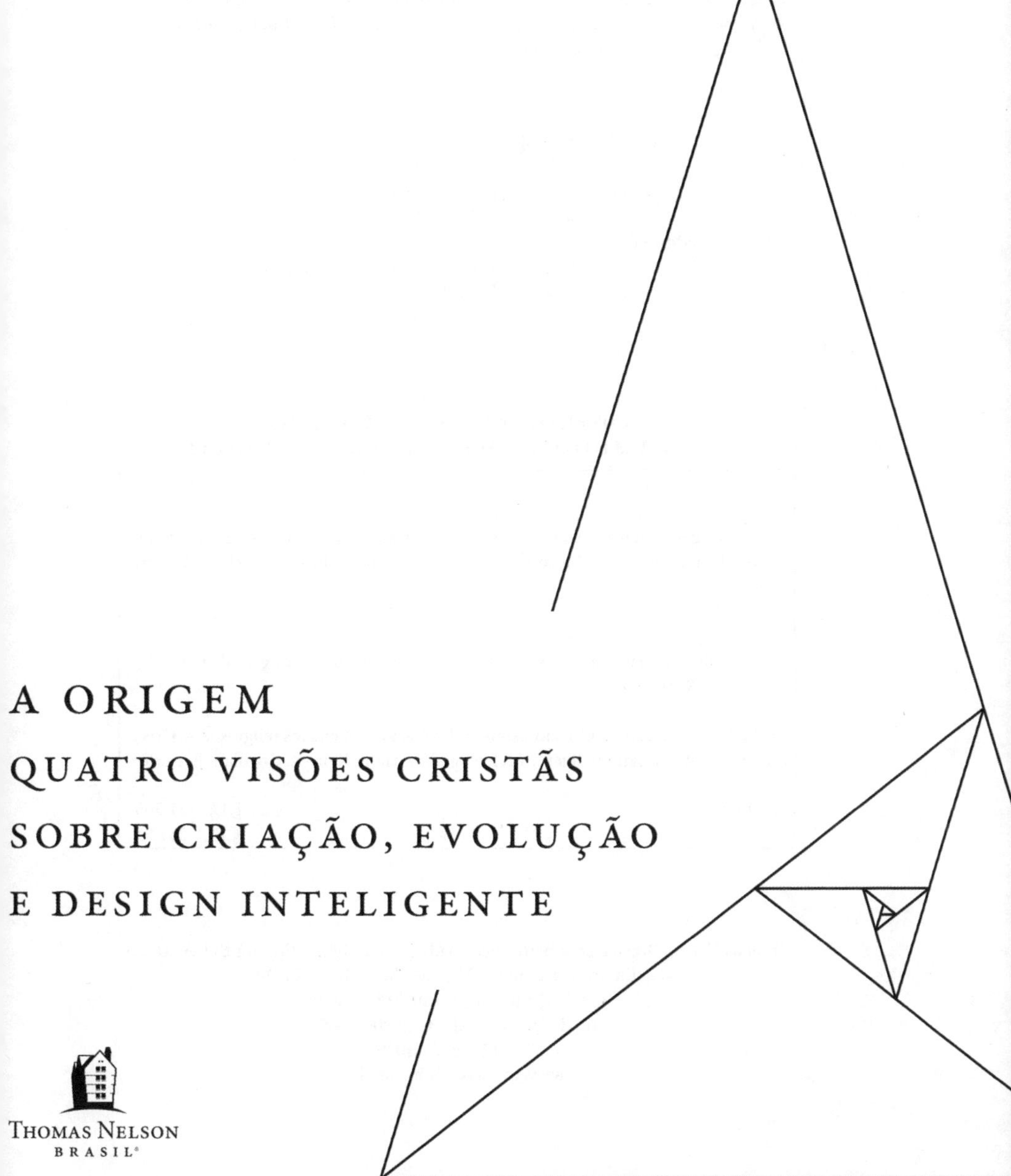

A ORIGEM

QUATRO VISÕES CRISTÃS SOBRE CRIAÇÃO, EVOLUÇÃO E DESIGN INTELIGENTE

THOMAS NELSON
BRASIL®

As citações bíblicas são da *Nova Versão Internacional* (NVI), a menos que seja especificada outra versão da Bíblia Sagrada.

Os pontos de vista desta obra são de responsabilidade do autor, não refletindo necessariamente a posição da Thomas Nelson Brasil, da *HarperCollins Christian Publishing* ou de sua equipe editorial.

Gerente editorial *Samuel Coto*
Editor *André Lodos*
Assistente editorial *Bruna Gomes*
Tradução *Roberto Covolan*
Produção editorial e preparação *Marcelo Cabral*
Revisão *Vanessa Belmonte e Francine de Souza*
Diagramação *Sonia Peticov*
Capa *Bárbara Lima*

CIP–BRASIL. CATALOGAÇÃO NA FONTE
SINDICATO NACIONAL DOS EDITORES DE LIVROS, RJ

O78

A origem: quatro visões cristãs sobre criação, evolução e design inteligente / Ken Ham...[et al]; tradução de Roberto Covolan. — Rio de Janeiro: Thomas Nelson, 2019.
304 p.

Título original: *Four views on creation, evolution, and intelligent design*
ISBN 9786556891583

1. Bíblia e evolução 2. Criacionismo 3. Evolução — Aspectos religiosos — Cristianismo 4. Design inteligente (Teleologia) I. Ham, Ken II. Covolan, Roberto

19-0607 CDD: 231.765
CDU: 231.51

Thomas Nelson Brasil é uma marca licenciada à Vida Melhor Editora LTDA. Todos os direitos reservados à Vida Melhor Editora LTDA.
Rua da Quitanda, 86, sala 218 - Centro
Rio de Janeiro - RJ - CEP 20091-005
Tel.: (21) 3175-1030
www.thomasnelson.com.br

SUMÁRIO

PREFÁCIO

A iniciativa da editora Thomas Nelson Brasil de disponibilizar para o público brasileiro esta obra sobre criação, evolução e design inteligente é digna de aplauso e reconhecimento. Há muito a sociedade brasileira carece de um trabalho de referência que apresente, de forma equilibrada e informada, uma ampla exposição dos argumentos favoráveis e contrários às diferentes visões sobre esses temas, contextualizada ao ambiente cristão.

A questão das origens é certamente de grande interesse, não só pela imensa complexidade envolvida ao entrelaçar questões científicas, filosóficas e bíblico-teológicas, mas também pela paixão e controvérsia que costuma despertar. Trata-se, porém, de tema de alta relevância, cujas dificuldades precisam ser enfrentadas pela centralidade que ocupa na formação de uma cosmovisão cristã e nas discussões contemporâneas sobre a relação entre fé e ciência.

Algo que se constata nesta obra é que os quatro representantes das visões aqui expostas se declaram criacionistas e todos advogam a existência de propósito e design na natureza. Se estão de acordo, por que então o debate? Embora todos creiam em um Criador, a questão central é: *como* Deus criou? O universo já foi criado pronto e acabado ou evoluiu ao longo de um grande período de tempo? E, se evoluiu, será que Deus teria praticado intervenções miraculosas pontuais ao longo da história do universo? Questões como essas não teriam grande relevância para a maior parte dos cristãos há dois ou três séculos, mas desde então passamos por movimentos intelectuais arrebatadores, como o iluminismo e o desenvolvimento da crítica bíblica, e por revoluções científicas cujos impactos culturais mais amplos redundaram, entre outras coisas, em ceticismo e secularismo generalizados. Não há, portanto, como escapar ao popular "se correr o bicho pega, se ficar o bicho come". A discussão sobre as origens trata de questões fundamentais que *precisam* ser enfrentadas. E isso tem acontecido.

Em sintonia com demandas dessa natureza, alguns tradicionais veículos cristãos têm se aberto ao debate. Em junho de 2011, a tradicional publicação cristã *Christianity Today* trouxe, como matéria de capa, uma ampla discussão sobre o Adão histórico (*The search for the historical Adam*), reconhecendo as dificuldades para conciliar todas as informações disponíveis e sem descartar *a priori* nenhuma corrente de pensamento bem fundamentada. Um artigo paralelo, apresentando o ponto de vista oficial da revista, concluía com a seguinte recomendação:

> Na atual conjuntura, aconselhamos paciência. Não precisamos de mais uma reação fundamentalista contra a ciência. Em vez disso, precisamos de um engajamento interdisciplinar positivo, que reconheça a boa vontade de todos os envolvidos e compreenda que raciocínio criativo leva tempo." Ou seja, há questões cujo conhecimento só avança com novas descobertas e novos *insights*, algo, aliás, bem típico da pesquisa acadêmica.

Em número bem mais recente – janeiro de 2019 –, a mesma publicação trouxe um artigo impensável anos atrás: *Ten Theses on Creation and Evolution That (Most) Evangelicals Can Support* [Dez teses sobre criação e evolução que (a maioria dos) evangélicos podem apoiar], de Todd Wilson, presidente e cofundador da organização evangélica *Center for Pastor Theologians*.

Mencionamos esses exemplos aqui não com o intuito de sugerir de forma velada a defesa deste ou daquele ponto de vista – afinal, o livro tem como fundamento a exposição equivalente de quatro diferentes visões – mas, para indicar que, assim como se nota sinais consistentes de que as posições cientificistas mais radicais estão em declínio, não obstante a estridência do neoateísmo em anos recentes, observa-se também um interesse renovado entre os estudiosos cristãos em buscar no aprofundamento da exegese bíblica e da reflexão teológica novos espaços de compreensão da realidade que nos cerca e da história que nos precedeu, tendo em conta os avanços obtidos em outras áreas, inclusive na ciência.

Autores de um passado recente ou contemporâneos, como C.S. Lewis, Alister McGrath e James K. A. Smith, biblistas e pastores, como Derek Kidner, Bruce Waltke, John Walton, N. T. Wright e Timothy Keller – sem falar de evangelistas como Billy Graham – têm dado mostras eloquentes de que é possível manter a fidelidade confessional e coerência teológica sem ignorar as portas da realidade que têm sido abertas pelos avanços científicos.

Outro ponto que merece destaque é o privilégio que temos ao ver a imensa bibliografia disponível atualmente sobre o diálogo entre fé e ciência. Um pastor, um cientista curioso ou mesmo um cristão comum que há 30 anos tivesse interesse no tema se veria obrigado a uma busca desgastante, com pouquíssimo material disponível. Hoje, temos publicações científicas, centros de referência, dezenas de livros de autores conceituados, tudo isso disponível à distância de um clique. O campo da relação entre religião e ciência é vasto, estimulante e fundamental para relação entre fé cristã e contemporaneidade. Precisamos continuar avançando.

A leitura deste livro é muito instrutiva sob vários aspectos. Devido ao estilo ponto-contraponto, lucra-se muito quando a discussão permite aprofundamento e ganho em clareza sobre os temas em questão. Porém, nem sempre há concordância prévia nem mesmo sobre os próprios termos do debate. Fica evidente como alguns autores discordam sobre o que é ciência, método científico e o que conta como boas práticas de pesquisa. Discordâncias fundamentais também aparecem sobre o que fundamenta uma interpretação bíblica fiel ao Deus que se revela na Escritura. Cremos que a exposição dessas discordâncias deixará os leitores bem informados das diferentes visões e mais esclarecidos sobre o que está em jogo nesse debate.

Ao mesmo tempo, fica claro que o livro levanta questões que está longe de poder responder. Para aqueles que se sentirem motivados, será como adentrar um grande oceano, repleto de desafios e recompensas. A abundante bibliografia citada pelos autores na defesa de seus argumentos certamente será muito útil para estudos mais aprofundados nessa área.

Nós, da Associação Brasileira de Cristãos na Ciência (ABC²), celebramos a participação na produção desse grande livro. Certamente, se tornará marca importante em nossa ainda jovem trajetória, ao deixar clara nossa posição em relação ao debate das origens: todas as posições aqui expostas são bem-vindas à nossa mesa. A ABC² não subscreve particularmente nenhuma delas, ao passo que, enquanto associação, se compreende como um *lócus* onde pessoas de diferentes trajetórias eclesiásticas e com distintas posições no debate sobre as origens podem dividir o pão, aprender mutuamente e ser encorajadas. Como temos afirmado, um dos nossos objetivos é o apoio à construção de uma *comunidade intelectual cristã* no Brasil, capaz de articular, em caridade e profunda erudição, os temas da fé cristã e sua relação com os diversos campos do saber. Uma comunidade intelectual é formada por pessoas, tendo nelas o seu mais precioso bem. Por isso, enfatizamos que a liberdade de consciência é fundamental para a construção de uma plataforma acadêmica que faça jus ao histórico cristão de hospitalidade, amor e compromisso com a verdade.

Esperamos que a publicação deste livro seja um verdadeiro convite às pessoas com os mais variados pontos de vista nesse assunto a se perceberem abraçadas em nosso meio. Vale lembrar também que a ABC² explora muitos outros campos na interface entre fé e ciência, que vão além do debate aqui exposto. Convidamos os interessados a visitar o nosso website (www.cristaosnaciencia.org.br), participar de nossos seminários ou visitar nossos grupos locais, que já são várias dezenas em todo o Brasil.

Com grande satisfação, queremos registrar uma nota especial de agradecimento ao time da Thomas Nelson Brasil, especialmente aos amigos Samuel Coto, Paulo Moura e André Lodos Tangerino.

Numa manhã ensolarada, em um café próximo à Av. Paulista, conversamos pela primeira vez sobre nossos sonhos e expectativas em relação ao público brasileiro. O ânimo e apoio deles têm se provado fundamentais para que a ABC^2 possa continuar avançando em seus projetos e disponibilizando conteúdo da melhor qualidade. Um agradecimento especial também ao nosso amigo Rodrigo Bibo, do podcast BiboTalk, que, como muito bem sabe fazer, construiu a ponte entre a ABC^2 e a Thomas Nelson Brasil.

Por fim, com muito entusiasmo, recomendamos o livro *A origem: quatro visões cristãs sobre criação, evolução e design inteligente* aos nossos leitores. Cremos que a profunda piedade que deve marcar a vida cristã é muito bem acompanhada do sincero esforço intelectual e do desafio sempre constante de conectar a fé cristã à realidade concreta e aos dilemas contemporâneos que nos cercam. Este livro é mais um passo nesse esforço, em que o debate, a exposição de ideias e diferentes pontos de vista devem se fazer acompanhar das marcas indeléveis da verdadeira sabedoria e da caridade cristã. Apesar dos diferentes conceitos e posições expressos neste livro, ao concluir, queremos sobrelevar o fator de unidade em torno do qual nos reunimos todos: Jesus Cristo, nosso Senhor, em quem, por quem e para quem todas as coisas, nos céus e na terra, foram criadas. A ele seja a glória para todo o sempre! Amém.

Equipe ABC^2

COLABORADORES

Ken Ham é o presidente/CEO e fundador da *Answers in Genesis* – US e do altamente aclamado *Creation Museum*. Ham é um dos palestrantes cristãos mais procurados na América do Norte. Sua ênfase está na relevância e autoridade do livro de Gênesis e em como a contemporização das interpretações de Gênesis abriu uma porta perigosa em relação a como a cultura moderna e a igreja veem a autoridade bíblica. Seu sotaque australiano, senso de humor aguçado, histórias cativantes e ilustrações excepcionais em slides fizeram dele um dos comunicadores cristãos mais eficazes da América do Norte.

Hugh Ross (PhD, Universidade de Toronto) é fundador e presidente da *Reasons To Believe* (www.reasons.org). Ele é autor de muitos livros, incluindo *More Than a Theory*, *Why the Universe is the Way It Is* e *Improbable Planet*. Ross, que é astrônomo, já falou a estudantes e professores em mais de trezentos campi nos Estados Unidos e no exterior em uma ampla variedade de tópicos sobre ciência e fé. De conferências científicas a igrejas e laboratórios do governo, Ross apresenta evidências poderosas para um universo cheio de propósitos. Ele mora na região de Los Angeles.

Deborah B. Haarsma (PhD, MIT) tem atuado como presidente da *BioLogos* desde 2013. Anteriormente, ela foi professora e chefe do Departamento de Física e Astronomia do Calvin College em

Grand Rapids, Michigan. Haarsma é uma pesquisadora experiente, com várias publicações no *Astrophysical Journal* e no *Astronomical Journal* sobre astronomia extragaláctica e cosmologia. É coautora (com seu marido Loren Haarsma) de *Origins: Christian Perspectives on Creation, Evolution, e Intelligent Design* e coeditora (com o Rev. Scott Hoezee) de *Delight in Creation: Scientists Share Their Work with the Church*. Talentosa em interpretar temas científicos complexos para o público leigo, Haarsma fala com frequência a igrejas, faculdades e escolas sobre as relações entre ciência e fé cristã.

Stephen C. Meyer é membro sênior do *Discovery Institute*. Ele recebeu seu título de doutor em filosofia da ciência da Universidade de Cambridge. Ex-geofísico e professor universitário, ele agora dirige o Centro de Ciência e Cultura do *Discovery Institute*, em Seattle. Ele é autor do *best-seller* do New York Times, *Darwin's Doubt: The Explosive Origin of Animal Life and the Case for Intelligent Design* (HarperOne, 2013), bem como de *Signature in the Cell: DNA and the Evidence for Intelligent Design* (HarperOne, 2009), que foi designado como Livro do Ano pelo Suplemento Literário do *Times* (de Londres) em 2009.

J. B. Stump (PhD, Universidade de Boston) é editor sênior da *BioLogos*, onde supervisiona o desenvolvimento de novos conteúdos e faz a curadoria do conteúdo existente para o *website* e materiais impressos. Ele é autor de *Science and Christianity: An Introduction to the Issues* (Wiley-Blackwell, 2017) e coautor (com Chad Meister) de *Christian Thought: A Historical Introduction* (Routledge, 2010). Ele coeditou (com Alan Padgett) *The Blackwell Companion to Science and Christianity* (Wiley-Blackwell, 2012) e (com Kathryn Applegate) *How I Changed My Mind About Evolution* (InterVarsity, 2016).

INTRODUÇÃO

J. B. STUMP

Há muitos tópicos fundamentais sobre os quais os cristãos têm visões diferentes: eternidade, escatologia, eleição, eucaristia – apenas para citar alguns que começam com a letra *e*. Tais discordâncias não devem nos levar a concluir que todas as visões são igualmente apoiadas por evidências e razões, ou, menos ainda, pensar que não há respostas corretas para esses temas contenciosos. Contudo, a falta de unanimidade deveria nos levar a uma pausa para reflexão sobre a certeza com a qual mantemos nossos próprios pontos de vista e nos encorajar a explorar as maneiras pelas quais outros cristãos fiéis articularam suas crenças sobre esses assuntos.

Este livro visa fornecer um caminho para explorar as visões cristãs em relação à outra palavra sobre a qual há muita discordância: evolução. Estritamente falando, evolução não é um tópico teológico, portanto pode parecer estranho incluí-la nesta série de livros (duvido que haverá, nesta série, um livro sobre múltiplas visões acerca de gravidade quântica!). Contudo, a visão sobre evolução e tópicos científicos relacionados (como a idade da Terra) é frequentemente correlacionada com visões sobre a interpretação das Escrituras, Adão e Eva, o pecado original e o problema do mal. Tentar segregar opiniões sobre esses tópicos não evita que nos confrontemos com a questão metodológica de como o conhecimento teológico está relacionado ao conhecimento obtido por meio das ciências. Assim, a evolução, ou o tema mais amplo das origens, que engloba esses tópicos mais apropriadamente, tem enorme relevância sobre como entendemos a fé cristã.

POR QUE UMA NOVA EDIÇÃO?

Em 1999, a Zondervan publicou *Three Views on Creation and Evolution* [Três visões sobre a criação e a evolução], editado por J. P. Moreland e John Mark Reynolds. Poderíamos justificar um novo livro sobre esse assunto para a série *Counterpoints: Bible and Theology*, observando que houve uma mudança no formato (agora os coautores respondem uns aos outros) e a adição de outra visão (o design inteligente agora está incluído). Mas, um motivo mais forte pode ser dado: uma nova edição é justificada por causa das mudanças de panorama sobre o tema "origens" desde então.

Houve grandes descobertas científicas que são relevantes para nossa compreensão sobre as origens. Na cosmologia, foi feito o mapeamento detalhado da radiação cósmica de fundo, houve a descoberta de milhares de exoplanetas e a detecção empírica de ondas gravitacionais. Para a maioria dos cientistas, essas descobertas constituem impressionantes confirmações de teorias sobre a idade e o desenvolvimento do cosmos. Na paleontologia, foram descobertos tecidos moles preservados em fósseis de dinossauros. Isso significa que nossas teorias sobre quanto tempo o tecido mole pode sobreviver estavam erradas? Ou significa que os fósseis de dinossauros não podem ser tão antigos quanto se pensava ser? Também foram achados muito mais fósseis de hominídeos que não se encaixam perfeitamente em categorias humanas ou conhecidas de macacos. O Salão das Origens Humanas no *Smithsonian Museum of Natural History* apresenta agora fósseis de mais de 6 mil indivíduos. Onde estes se encaixam em nossa compreensão da conexão entre a vida e nossas teorias das origens humanas? E, sem dúvida, o considerável aumento na quantidade de dados científicos relacionados às origens, ocorrido nas últimas duas décadas, foi na genética.

O Projeto Genoma Humano completou seu mapeamento de todo o genoma humano em 2003, e nossa capacidade de comparar informações genéticas entre espécies aumentou dramaticamente.

Os eventos que moldaram a discussão sobre origens não estão apenas no campo da ciência. O julgamento de Dover (Pensilvânia, EUA), em 2005, fechou uma via de influência para o movimento do Design Inteligente (currículos das escolas públicas), mas aumentou seu perfil na mídia e na consciência pública. A organização criacionista da Terra jovem *Answers in Genesis* abriu o *The Creation Museum* (2007) e o *Ark Encounter* (2016), que foram visitados por centenas de milhares de pessoas. Francis Collins estabeleceu a Fundação BioLogos, em 2007, para promover a visão de que a ciência da evolução não está em conflito com a fé cristã.

Naturalmente, muitos livros relevantes sobre tópicos de origens, de todas as perspectivas, foram publicados desde 1999. A seguir, é apresentada uma amostra dessas obras (em ordem cronológica) contendo perspectivas abordadas neste livro:

ROSS, Hugh. *The Creator and the Cosmos*: How the Latest Scientific Discoveries of the Century Reveal God. Carol Stream, IL: NavPress, 2001.

FAZALE, Rana; ROSS, Hugh. *Who Was Adam?* A Creation Model Approach to the Origin of Man. Carol Stream, IL: NavPress 2005; updated Covina, CA: RTB Press, 2015.

HAM, Ken. *The New Answers Book*. v. 1. Green Forest, AZ: Master Books, 2006.

DEMBSKI, William A. *The Design Inference*: Eliminating Chance through Small Probabilities. Cambridge: Cambridge University Press, 2006.

Collins, Francis. *The Language of God: A Scientist Presents Evidence for Belief*. New York: Free Press, 2006. [Ed. Bras.: A Linguagem de Deus: Um cientista apresenta evidências de que Ele existe. São Paulo: Editora Gente, 2007.]

MORTENSON, Terry; URY, Thane H. (Eds.). *Coming to Grips with Genesis*: Biblical Authority and the Age of the Earth. Green Forest, AZ: Master Books, 2008.

MEYER, Stephen C. *Signature in the Cell:* DNA and the Evidence for Intelligent Design. San Francisco: HarperOne, 2009.

WALTON, John. *The Lost World of Genesis One:* Ancient Cosmology and the Origins Debate. Downers Grove, IL: IVP Academic, 2009.

SNELLING, Andrew. *Earth's Catastrophic Past:* Geology, Creation, & the Flood. Dallas, TX: Institute for Creation Research, 2009.

HAARSMA, Deborah B. and Loren. *Origins:* Christian Perspectives on Creation, Evolution, and Intelligent Design. Grand Rapids: Faith Alive Christian Resources, 2011.

MEYER, Stephen C. *Darwin's Doubt:* The Explosive Origin of Animal Life and the Case for Intelligent Design. San Francisco: HarperOne, 2013.

ROSS, Hugh; ROSS, Kathy. *Navigating Genesis:* A Scientist's Journey Through Genesis 1–11. Covina, CA: RTB Press, 2014.

Finalmente, a visão panorâmica sobre origens foi afetada pelo crescimento e desenvolvimento dos recursos da internet. Blogs, Facebook, YouTube e Twitter aumentaram maciçamente a disseminação de todos os tipos de informação, e os tópicos sobre origens em particular parecem estar super-representados na internet. Mesmo sem ter dados à mão para provar, acho que hoje uma porcentagem maior de pessoas está mais ciente dos debates sobre origens e tem opiniões sobre esses tópicos do que há duas décadas. Mas de onde vem essa informação? E qual informação está correta? Este livro procura trazer alguma organização e maior definição para esse grande número de argumentos e informações.

AS QUATRO VISÕES

Há muitas posições possíveis (e correspondentes nuances) que podem ser assumidas em uma questão complexa como criação e evolução. Para limitar as opções, não estamos considerando aqui posições não cristãs e, mesmo dentro do cristianismo, estamos limitando a discussão àqueles que levam a Bíblia a sério como fonte de revelação de Deus. As posições resultantes tendem a se juntar em torno de quatro visões: o Criacionismo da Terra Jovem, o Criacionismo da Terra Antiga, a Criação Evolucionária e o Design Inteligente.

Algumas observações sobre esses rótulos: primeiramente, "criacionista" é usado às vezes em um sentido restrito, para identificar aqueles que acreditam que uma leitura literal das Escrituras fornece detalhes científicos sobre o processo de criação. Nesse sentido, os defensores da evolução não poderiam ser qualificados como criacionistas, e há controvérsias sobre se os adeptos do design inteligente se encaixam nessa descrição. Essa última controvérsia muitas vezes se torna um exercício de ofensas mútuas e lança pouca luz sobre o assunto. Estou usando aqui o termo "criacionista" em um sentido mais amplo, ou seja, referindo-se a alguém que acredita que Deus é o Criador. Nesse sentido, todos os autores que contribuíram para este volume são criacionistas – na verdade, é difícil imaginar um cristão que não seja. Portanto, as divergências entre os nossos coautores não são sobre se as coisas foram criadas. São sobre quando as coisas foram criadas e se as teorias científicas atuais são descrições corretas do processo de criação ou se elas estão em conflito com as afirmações bíblicas sobre a Criação.

Outro ponto é que não há consenso completo sobre os rótulos que estou usando aqui. Criacionismo da Terra Jovem e Design Inteligente são descritores amplamente usados e precisos, por isso vamos mantê-los aqui. Criacionismo da Terra Antiga é, às vezes, chamado de Criacionismo Progressivo porque seus adeptos normalmente afirmam que Deus criou sobrenaturalmente diferentes tipos ou espécies, em uma progressão durante o longo período da história da Terra, e não de uma só vez (ou durante um período de seis dias). A criação evolucionária talvez seja mais frequentemente chamado de Evolução Teísta ou Teísmo Evolucionário, mas não creio que sejam termos úteis por alguns motivos. O primeiro deles é que há uma grande variedade de posições teológicas associadas à Evolução Teísta. A designação "criação evolutiva" tem sido cada vez mais usada para se referir aos teístas evolucionários que sustentam os credos cristãos tradicionais de que o Deus criador é um ser pessoal. Além disso, é estranho qualificar uma posição científica como "teísta" quando não fazemos isso com quaisquer outras teorias científicas (por acaso, teístas sustentam uma "fotossíntese teísta"?).

Correndo o risco de uma simplificação excessiva, vou caracterizar as três primeiras posições em relação às suas visões quanto a alegações científicas contemporâneas. Existe um amplo consenso entre os profissionais das ciências físicas (física, química, geologia e astronomia) de que o universo tem 13,8 bilhões de anos e a Terra tem 4,5 bilhões de anos. Existe também um amplo consenso entre os profissionais das ciências da vida (biologia e medicina) de que a vida na Terra evoluiu a partir de ancestrais comuns. É claro que há muitos desacordos nos detalhes das teorias tanto nas ciências físicas quanto nas ciências da vida, mas a esmagadora maioria dos cientistas aceita que a ciência mostrou, sem margem para dúvidas, que a Terra é muito antiga e que a vida (incluindo os seres humanos) evoluiu a partir de ancestrais comuns.[1]

- Os criacionistas evolucionários aceitam essas conclusões centrais tanto das ciências físicas quanto das ciências da vida.
- Os criacionistas da Terra antiga aceitam as conclusões das ciências físicas quanto às idades da Terra e do universo, mas não aceitam a alegação central das ciências da vida de que toda vida evoluiu a partir de ancestrais comuns.
- Os criacionistas da Terra jovem não aceitam as conclusões centrais das ciências físicas ou das ciências da vida.

O design inteligente (DI) não se encaixa nesse padrão de caracterização, pois possui adeptos em todas as três categorias anteriores. Como alternativa, esta teoria pode ser melhor descrita por sua alegação central de que evidências científicas podem ser usadas para demonstrar a agência de um *designer*, que é identificado pelos cristãos como o Deus da Bíblia.

[1]Veja, por exemplo, as pesquisas da Pew sobre as crenças dos cientistas aqui: http://www.pewinternet.org/2015/07/23/an-elaboration-of-aaas-scientists-views/.

Cabe reiterar que mesmo dentro de cada uma dessas posições há muitas divergências. Por exemplo, criacionistas da Terra jovem discordam entre si quanto a invocar (ou não) a ideia de "aparência" de idade; criacionistas da Terra antiga discordam quanto a considerar cada dia da narrativa de Gênesis 1 como um longo período de tempo; criacionistas evolucionários discordam sobre a historicidade de Adão e Eva; teóricos do DI discordam sobre a ancestralidade comum. Não pedimos aos autores que contribuíram para este volume que falassem sobre todas as nuances de cada visão, mas que apresentassem suas próprias opiniões sobre a questão das origens. Sem dúvida, os argumentos e as conclusões seriam diferentes se usássemos diferentes representantes para expressar as posições gerais de cada visão.

OS AUTORES E SUAS ORGANIZAÇÕES

Quando a Zondervan me abordou sobre a edição de uma nova versão do livro, propus o uso de líderes das mais proeminentes organizações de ciência e fé nos Estados Unidos, afiliadas às quatro visões. Ficamos muito satisfeitos quando o primeiro escolhido para cada uma das posições aceitou nosso convite para contribuir.

Ken Ham foi professor de ciências do ensino médio em Queensland, na Austrália, antes de demitir-se em 1979 para formar um ministério de apologética centrado no Criacionismo da Terra Jovem. Em 1987, mudou-se para os Estados Unidos e trabalhou com outra organização criacionista da Terra jovem, o *Institute for Creation Research* [Instituto de Pesquisas sobre a Criação]. Ele fundou o *Creation Science Ministries* [Ministérios da Ciência da Criação] em 1994, que mudou seu nome para *Answers in Genesis* (AiG) [Respostas em Gênesis] em 1997. Ham continua a atuar como presidente da AiG. A organização desenvolve e distribui recursos para apoiar o Criacionismo da Terra Jovem e administra as atrações turísticas do *Creation Museum* e do *Ark Encounter* no norte de Kentucky (veja mais em <answersingenesis.org>).

Hugh Ross obteve o PhD em astronomia pela Universidade de Toronto e realizou pesquisas sobre quasares e galáxias no Instituto de Tecnologia da Califórnia. Durante a faculdade, ele se tornou cristão e decidiu testar a exatidão científica e histórica dos livros sagrados de diferentes tradições religiosas. Convenceu-se de que apenas a Bíblia passou no teste. Ross fundou a *Reasons to Believe* [Razões para crer], em 1986, como uma organização de apologética que tenta demonstrar a verdade do cristianismo mostrando que a Bíblia é cientificamente precisa. Ross ainda é o presidente dessa organização sediada em Los Angeles (veja mais em <reasons.org>).

Deborah B. Haarsma obteve seu PhD em física pelo MIT em 1997 e ensinou física e astronomia por quatorze anos no Calvin College. Ela se tornou presidente da fundação *BioLogos* em 2013. A *BioLogos* foi fundada por Francis Collins em 2007, depois que seu livro, *A linguagem de Deus*, provocou muito questionamento entre as pessoas, que se perguntavam como um cientista de classe mundial poderia ser um cristão comprometido. O site da *BioLogos* foi lançado em 2009 e continua a fornecer recursos destinados a mostrar a harmonia entre a ciência evolucionária e o cristianismo bíblico (veja mais em <biologos.org>).

Stephen C. Meyer começou sua carreira trabalhando em ciências da Terra, depois fez pós-graduação em história e filosofia da ciência, obtendo um PhD nessa área pela Universidade de Cambridge, em 1991. Ele lecionou em duas faculdades cristãs diferentes e depois ajudou a fundar o Centro de Ciência e Cultura do *Discovery Institute*. Meyer continua sendo o diretor de programa desse centro, que combate a alegação de que os seres humanos e a natureza são resultado de processos cegos e sem propósito; ao contrário, ele defende que são o resultado de design inteligente (veja mais em <discovery.org>).

Pode-se notar que nenhum desses autores é formado em teologia. Os tópicos envolvidos na discussão sobre origens são necessariamente interdisciplinares. No campo acadêmico mais amplo da ciência e da religião, é comum que muitas das principais vozes sejam cientistas que adquiriram fluência em temas teológicos. Todos os autores que contribuíram com este volume são experientes em explicar, para grandes audiências, as facetas científicas e teológicas do debate sobre as origens.

O QUE PROCURAR NESTE LIVRO

O formato deste livro é consistente com outros volumes recentes da série de *Counterpoints: Bible and Theology* [Contrapontos: bíblia e teologia] com quatro colaboradores. O livro tem quatro partes, correspondendo às quatro visões dos autores que contribuíram. Cada parte consiste em um ensaio original de um dos autores representando essa visão, respostas dos outros três autores e uma tréplica do autor que representa a posição.

Pediu-se a cada um dos autores que escrevesse seus ensaios com as seguintes perguntas em mente:

- Qual é a sua posição sobre as origens – compreendida de maneira ampla para incluir o universo físico, a vida e os seres humanos em particular?
- Quais argumentos você considera mais persuasivos em defesa de sua posição? Quais são os maiores desafios para sua visão?
- Como você demarca, correlaciona e usa as evidências sobre origens provenientes da ciência atual e da revelação divina?
- O que é necessário para se ter a visão correta das origens?

MINHA PRÓPRIA VISÃO

Não é preciso procurar muito para descobrir que eu mesmo tenho uma visão bastante definida sobre o tema das origens. Eu trabalhei para a *BioLogos* por vários anos e geralmente subscrevo a posição da Criação Evolucionária. Claro, isso levanta questões de parcialidade ou viés, mas espero que os leitores vejam que cada posição foi apresentada de forma justa e benevolente.

Meu principal objetivo para este livro é que ele seja um retrato preciso das conversas atuais sobre origens nos Estados Unidos. Como tal, foi meu papel como editor permitir que os autores representassem suas posições da melhor forma possível. Eu sugeri edições a todos eles quando achei que ajudariam a tornar seus pontos mais fortes ou mais claros, mas ficou inteiramente a cargo deles aceitar ou não essas sugestões. Eles mantiveram a autoridade plena e final sobre as palavras em suas respectivas seções.

Além da meta acadêmica de mostrar o estado atual das discussões nessa área, espero que este livro facilite o diálogo cordial entre cristãos com diferentes pontos de vista. Não devemos deixar que a paixão e a convicção com que mantemos nossas próprias crenças prejudiquem o que se supõe ser um aspecto central de nosso testemunho cristão para o resto do mundo: Jesus orou em João 17 para que seus discípulos fossem um para que o mundo pudesse acreditar em Jesus. Na medida em que nos consideramos discípulos de Cristo, devemos buscar essa unidade. Não acho que isso signifique que chegaremos a um acordo total, mesmo sobre questões muito importantes. Mas, talvez, ao ajudarmos uns aos outros a sermos intérpretes fiéis das Escrituras e do mundo criado, podemos chegar a entender e aceitar que nossas visões resultam de diferenças genuínas quanto às nossas melhores interpretações, e não de motivos nefastos quaisquer.

Espero que os leitores deste livro vejam os líderes dessas organizações interagindo civilizadamente e com integridade. Talvez isso ajude a mudar o tom do debate sobre origens em nossa geração. Além disso, não seria maravilhoso se pessoas de fora da igreja testemunhassem essa conversa e comentassem como Tertuliano relatou que um oficial pagão disse: "Veja como eles se amam!"? Origens é um tema importante. Mas devemos lembrar que Jesus não disse: "Através disso todos saberão que vocês são meus discípulos, se tiverem a mesma opinião sobre as origens" ou até mesmo "... se vocês tiverem a visão correta sobre as origens". Mesmo que ninguém que esteja lendo este livro chegue a mudar de ideia, alguma coisa boa sairá disso se cada vez mais entendermos, respeitarmos e até amarmos mais uns aos outros.

Sem mais delongas, tenho o prazer de apresentar essas quatro visões sobre as origens.

1

CRIACIONISMO DA TERRA JOVEM

Ken Ham

Os Estados Unidos, assim como o resto do anteriormente chamado "ocidente cristão", estão passando por um acelerado colapso moral e espiritual de tirar o fôlego, que poucos teriam previsto dez anos atrás. A liberdade sexual (provavelmente nunca presente nas mentes dos autores da Constituição dos EUA) está ameaçando destruir a liberdade religiosa garantida na Primeira Emenda da Constituição. O relativismo pós-moderno, que é na verdade outro nome para o ateísmo, governa a cultura: não há verdade absoluta, nem moralidade absoluta.

Além disso, os "nenhuns" (aqueles que não declaram nenhuma afiliação religiosa) se aproximam agora de 25% da população.[1] Sessenta a oitenta por cento dos jovens criados em lares e igrejas que acreditam na Bíblia estão deixando a igreja e muitos estão abandonando a fé antes ou quando se formam no ensino médio.[2] A Bíblia e o cristianismo foram amplamente afastados das escolas e univer-

[1]JONES, Robert P. et al. *Exodus*: Why Americans are Leaving Religion and Why They're Unlikely to Come Back [Êxodo: Por que os americanos estão deixando a religião e por que é improvável que voltem]. Washington, DC: Public Religion Research Institute, 2016, 2.

[2]HAM, Ken; BEEMER, Britt. *Already Gone*: Why your kids will quit church and what you can do to stop it [Já se foram: Por que seus filhos vão sair da igreja e o que você pode fazer para impedir]. Green Forest, AR: Master Books, 2009.

sidades administradas pelo governo. Os cristãos estão enfrentando crescente perseguição (perda de empregos, destruição de empresas etc.) por não se submeterem à revolução LGBT.

Como isso aconteceu em uma nação cuja fundação e cultura (até meados do século XX) foram profundamente influenciadas pelo cristianismo bíblico como nenhuma outra nação na história? Creio que a resposta está relacionada com Salmos 11:3: "Quando os fundamentos estão sendo destruídos, que pode fazer o justo?"

O ensino claro e a leitura mais natural de Gênesis 1–11, e, na verdade, de toda a Bíblia, é que (1) Deus criou o universo em seis dias literais de aproximadamente 24 horas, cerca de 6 mil anos atrás; (2) Ele amaldiçoou toda a criação originalmente "muito boa" depois da rebelião de Adão e em resposta a ela; (3) Ele destruiu o mundo com uma inundação global e catastrófica, de um ano, no tempo de Noé; e (4) Ele julgou a humanidade na Torre de Babel, dividindo sobrenaturalmente as pessoas em diferentes línguas e, assim, em diferentes grupos de pessoas. Foi nisso que a igreja acreditou quase universalmente durante os primeiros 1.800 anos até o início do século XIX, quando a maior parte da igreja aceitou a ideia que estava em desenvolvimento na geologia dos milhões de anos, e que foi seguida pela teoria de Darwin em 1859.

Desde *The Genesis Flood* [O dilúvio de Gênesis] (1961), livro de John Whitcomb e Henry Morris, um número crescente de cristãos, incluindo cientistas PhD em todo o mundo, novamente acreditam que essa visão da Terra jovem é biblicamente necessária e cientificamente sólida.[3] Mas essa visão da Criação bíblica tem sido atacada por cientistas seculares (e, infelizmente, sutilmente por muitos cientistas cristãos professos) pelos últimos 200 anos. Gênesis 1–11 é a base de todo o restante da Bíblia. Todas as doutrinas maiores e menores – e o próprio evangelho – são fundadas direta ou indiretamente nos primeiros onze capítulos. Nas mentes de muitos na igreja, jovens e velhos, as fundações foram destruídas.

---

[3]Veja uma lista de alguns desses cientistas criacionistas modernos e históricos, com doutorado em ciências, em <*https://answersingenesis.org/creation-scientists/*>.

Por décadas, a maioria dos pais e igrejas não tem ensinado apologética bíblica ou criacional. Nem a maioria dos seminários. Se ensinam apologética, geralmente ignoram a questão das origens. As igrejas não deram aos adultos e as crianças razões pelas quais acreditar na Bíblia e no evangelho para defender sua fé diante de desafios céticos. Muitas crianças criadas dentro de uma cosmovisão criacionista da Terra jovem não foram ensinadas a defender essa visão biblicamente e cientificamente e, assim, foram facilmente influenciadas por evidências científicas aparentemente esmagadoras apresentadas pelos evolucionistas nas escolas, universidades e por meio da mídia. A partir de uma pesquisa nacional do *America's Research Group*, documentamos que a principal razão para o êxodo em massa de jovens da igreja é que a igreja não tinha respostas para as alegações dos evolucionistas, então os jovens concluíram que a Bíblia não é confiável.[4] Em contraste, dando palestras em muitas igrejas, escolas cristãs, faculdades e em muitas nações nos últimos 35 anos, descobri que as crianças que foram bem ensinadas na apologética criacionista em geral permaneceram fortes nessa convicção.

Para os criacionistas da Terra jovem, a tarefa apologética começa com a Escritura, pois é a Palavra de Deus inspirada e inerrante. Deus nos ensina a construir nosso pensamento na sólida rocha de sua Palavra (Mateus 7:24-27). Não devemos nos desviar para a direita ou para a esquerda (Josué 1:7-8). Devemos evitar ser levados cativos pelas tradições, filosofias e especulações dos homens, apegando-nos à Palavra de Cristo (2Coríntios 10:5; Colossenses 2:8). A Criação de Deus nos fala não verbalmente sobre sua existência e seus atributos (Romanos 1:18-20; Salmos 19:1; 97:6). Mas, as Escrituras nos falam verbal e sinceramente sobre muito mais. E, como veremos, a Criação é amaldiçoada, enquanto a Escritura (a Palavra escrita) não é. Sem a revelação bíblica sobre a queda do homem que impactou o cosmos, a criação dá uma mensagem

[4]Veja Ham e Beemer, *Already Gone*.

confusa sobre o Criador.[5] Portanto, começamos nossa reflexão sobre as origens (como em todas as outras áreas) com a Escritura, a Palavra santa e inerrante de Deus.

EVIDÊNCIA BÍBLICA PARA A CRIAÇÃO DA TERRA JOVEM

Gênesis 1–11 é história – não poesia, parábola, visão profética ou mitologia. Isso é visto nas formas verbais hebraicas usadas em Gênesis 1 e nos capítulos seguintes, que são características de narrativa histórica, e não de poesia.[6] Gênesis 1–11 tem as mesmas características de narrativa histórica que Gênesis 12–50, a maior parte do Êxodo, grande parte de Números, Josué, 1Reis e 2Reis etc. Os primeiros capítulos de Gênesis citam pessoas reais, descrevem lugares reais e discutem eventos reais em tempo real. Além disso, os outros autores bíblicos e Jesus tratam Gênesis 1–11 (usando nomes específicos como Adão, Eva e Noé) como história literal.[7] Mesmo muitos proponentes da Terra antiga reconhecem que Gênesis 1–11 é uma narrativa histórica (ou seja, descreve de maneira direta os eventos reais na história do espaço-tempo[8]), e não poesia, mito

---

[5]Isto é claramente visto em muitas respostas ateístas a argumentos de design inteligente que são divorciados das Escrituras e defendidos por aqueles que aceitam a existência de morte há milhões de anos. Os ateus dão exemplos de males naturais, como mosquitos portadores de malária ou furacões que assolam a Terra e perguntam: "Quão inteligente é isso? Que tipo de Deus faria um mundo assim?"

[6]Veja BOYD, Steven. The Genre of Genesis 1:1-2:3: What Means This Text? [O gênero de Gênesis 1:1-2:3: O que significa este texto?] In: *Coming to Grips with Genesis* [Enfrentando Gênesis]. (Orgs.). MONTERSON, Terry; URY, Thane H. Green Forest, AR: Master Books, 2008. 163-92. A layman's summary of Boyd's research [Um resumo para leigos da pesquisa de Boyd] está em DEYOUNG, Donald. *Thousands, Not Billions*: Challenging an Icon of Evolution [Milhares, não bilhões: desafiando um ícone da evolução. Green Forest, AR: Master Books, 2005, 157-72.

[7]MONTERSON; URY. (Org.). *Coming to Grips with Genesis*, 315-72.

[8]Não devemos cometer o erro de pensar que uma história não é precisa se não houver testemunhas oculares humanas (por exemplo, a narrativa dos primeiros cinco dias da semana da criação), senão teríamos de tirar a conclusão antibíblica e historicamente imprecisa de que Jesus não foi concebido pelo Espírito Santo atuando em Maria ou que Jesus não ressuscitou dos mortos (nenhum ser humano presenciou nenhum desses eventos). Deus pode mover e move homens a escrever uma história precisa sobre muitos eventos que nem eles nem nenhum outro ser humano jamais viu pessoalmente.

ou algum outro tipo figurativo de literatura.[9] O que essa história nos ensina? Muitos cristãos dizem: "Gênesis 1 nos diz *que* e *por que* Deus criou, não *como* e *quando* Ele criou." Na verdade, o capítulo não nos diz por que Deus criou, mas certamente nos diz uma porção significativa sobre quando e como, conforme os argumentos seguintes demonstram.

Os dias da Criação eram literais

Os criacionistas da Terra jovem argumentam que a Bíblia é muito clara quanto ao fato de que os dias da semana da Criação em Gênesis 1:1 – 2:3 são literais, dias de 24 horas, assim como nossos dias de hoje. Várias linhas de evidência apoiam essa conclusão. Em minhas experiências e leituras, muitos cristãos que dizem que não está claro quanto tempo duravam os dias da criação em Gênesis 1 negligenciaram algumas ou muitas dessas evidências bíblicas.

"Dia" é definido literalmente

A palavra hebraica para dia (*yom*) é definida em seus dois sentidos literais e normais na primeira vez em que é usada na Bíblia (Gênesis 1:5): (1) a porção luz do ciclo trevas-luz contrastada com a noite (*laylah*) e (2) o ciclo trevas-luz inteiro. Os dias são numerados (primeiro, segundo, terceiro etc.), e cada um é precedido pelo refrão "passaram-se a tarde (*'ereb*) e a manhã (*boqer*)." Todos os outros lugares no Antigo Testamento onde *yom* é modificado por um número significa sempre um dia literal de 24 horas.[10] Todos os

---

[9]Veja, por exemplo, os argumentos em KAISER, Walter. *The Old Testament Documents:* Are They Reliable and Relevant? [Os documentos do Antigo Testamento: são confiáveis e relevantes?]. Downers Grove, IL: IVP, 2001, 53-83.

[10]Apenas dois versos são citados pelos proponentes da Terra antiga como objeção a esta afirmação: Zacarias 14:7 e Oseias 6:2. Mas, no primeiro caso, o contexto dos versos 14:1, 4 e 6 mostra que estão se referindo a um mesmo único dia (em hebraico *yom ehad*, assim como no final de Gêneis 1:5), o dia em que o Senhor retorna no final das eras. O Messias Jesus não vai retornar por longas eras, mas de repente, em um instante ("num piscar de olhos": 1Coríntios 15:52 e 1Tessalonissenses 4:13ss). Em Oseias, o profeta chama o povo ao arrependimento e dá uma promessa de cura

outros usos de *laylah*, *'ereb* e *boqer* referem-se a uma noite literal ou tarde literal ou manhã literal, respectivamente, de um dia literal. Além disso, Gênesis 1:14 diz que os corpos celestes foram criados para o homem medir os anos literais, as estações literais e os dias literais (*yamim*, plural de *yom*).[11] Que os dias são sequenciais e não se sobrepõem é claro a partir das frases repetidas "e Deus viu" (7x), "assim foi" (6x), e "foi bom" (6x). A repetição é enfática: Deus terminou o trabalho de um dia antes de o dia seguinte começar.

Além disso, se Deus criou durante longos períodos de tempo (milhões de anos), existem várias maneiras em hebraico pelas quais Ele poderia ter dito isso.[12] Ele poderia ter usado *dor* (traduzido como "tempo", "período" ou "geração"). Ou Ele poderia ter usado uma frase como "passado muito tempo" (Josué 23:1), ou "milhares e milhares" de anos (cf. Gênesis 24:60), ou "incontáveis milhares" de anos (cf. Números 10:36), ou "eras" (Joel 2:2). Ele poderia ter tomado emprestado uma palavra de uma língua vizinha, como muitas línguas fazem hoje e como Deus fez com as palavras aramaicas *zeman* ou *'iddan* (ambas traduzidas como "tempo" ou "tempos") nos livros de Neemias e Daniel.[13] Em vez disso, Deus escolheu usar a única palavra hebraica (*yom*) que significa um dia literal de 24 horas.

espiritual e de reviver "depois de dois dias" e "no terceiro dia". Mas, isso não trará conforto se não significa que Deus responderá prontamente e misericordiosamente ao retorno deles ao Senhor. O que isso poderia significar se a promessa fosse que Deus iria revivê-los duzentos a trezentos (ou mil ou milhões) anos depois de se arrependerem? A promessa só faz sentido quando tomamos os dias literalmente e tomamos as frases como significando "rapidamente". Nenhum desses versos mostra que *yom* modificado por um número pode significar algo ente de um dia literal.

[11]Veja também HASEL, Gerhard F. The "Days" of Creation in Genesis 1: Literal "Days" or Figurative "Periods/Epochs" of Time? *Origins* 21:1 (1994): 5-38; STEINMANN, Andrew E. דָחֶא As an Ordinal Number and the Meaning of Genesis 1:5, *Journal of the Evangelical Theological Society* 45:4 (2002): 577-84; MCCABE, Robert. A *Defense of Literal Days in the Creation Week* [A defesa dos diss literais na semana da Criação]. Detroit Baptist Seminary Journal 5 (2000): 97-123.

[12]As Escrituras repetidamente afirmam de várias maneiras que são inspiradas por Deus ("inspirada", 2Timóteo 3:16) e, portanto, referem-se a si mesmas como a "Palavra de Deus". Deus é o autor final. Deus moveu homens a escrever exatamente o que ele queria que escrevessem (2Pedro 1:20-21), embora usasse a experiência de vida, o treinamento e a personalidade de cada um. Sendo assim, o que o autor humano disse é o que Deus disse.

[13]Ele usou *zeman* em Neemias 2:6 e Daniel 2:16,21; 4:33 (Hebreus 4:36); e 7:25, e *'iddan* em Daniel 4:16, 23, 25, e 32 (Hebreus 4:13).

Êxodo 20:8-11

Essa passagem crítica é o próprio comentário de Deus sobre Gênesis 1. Deus diz aos israelitas que trabalhem por seis dias e descansem no sétimo, porque Ele criou em seis dias e parou de criar no sétimo. O mandamento não faz sentido se os dias não forem literais no versículo 11, como estão nos versos 8-10. Se Deus quisesse dizer "você trabalha por seis dias porque eu criei durante seis longos períodos de tempo", Ele poderia ter dito isso em hebraico, como mencionado acima.

O versículo 11 permanece como uma muralha intransponível contra qualquer tentativa de adicionar milhões de anos em Gênesis 1. Eles não podem ser inseridos em cada um dos dias ou entre os dias ou antes dos dias, pois o verso diz "em seis dias o Senhor fez os céus e a terra, o mar e *tudo o que neles existe*" (ênfase adicionada). Isso significa que o primeiro dia começa em Gênesis 1:1 (quando Deus criou a Terra), não em 1:3 (quando Ele criou a luz), e não houve tempo antes do versículo 1.

A ordem da Criação

Não apenas o período de criação em Gênesis 1 contradiz o tempo reivindicado para a evolução de todas essas coisas, mas a ordem dos eventos da criação em Gênesis 1 também contradiz a ordem dos eventos na história evolucionária do universo e da vida. Por exemplo, em Gênesis, a Terra foi criada antes da luz e do Sol, da Lua e das estrelas, enquanto na cosmologia evolucionária a maioria das estrelas foi formada antes do Sol, que deu origem à Terra e à Lua. Um oceano global precedeu a terra seca em Gênesis, mas na geologia evolucionária a Terra começou como uma bola derretida, resfriou e desenvolveu uma crosta seca, e então milhões de anos depois os mares se formaram. Em Gênesis, nos é dito que todas as plantas terrestres foram criadas antes de quaisquer criaturas marinhas, e pássaros foram criados antes de quaisquer animais terrestres, incluindo o que hoje chamamos de dinossauros (um nome moderno dado a um grupo particular de animais terrestres), tudo isso é a ordem oposta da evolução.[14]

Além disso, existem problemas lógicos se colocarmos milhões de anos nos dias ou entre os dias. Como as plantas poderiam sobreviver sem animais e insetos para polinizá-las? Por que Deus faria criaturas que viveram e morreram, algumas espécies se extinguindo, por milhões de anos antes de criar o homem, que Ele criou para governar todas as outras criaturas que Ele criou (Gênesis 1:26-28)?

Deus criou de forma sobrenatural

Dez vezes Gênesis 1 registra "e Deus disse". Deus criou por sua Palavra. Ele falou e foi feito. Criou as primeiras coisas animadas e inanimadas de forma sobrenatural e virtual num instante. No dia em que foram criadas, as coisas já estavam totalmente formadas e funcionando plenamente.[15] Por exemplo, as primeiras plantas, animais e pessoas foram criadas como formas adultas maduras (não como sementes ou ovos fertilizados ou bebês). As plantas imediatamente tiveram frutos em seus galhos, e os animais e as pessoas estavam imediatamente prontos para obedecer ao mandamento de Deus de serem frutíferos e se multiplicarem. Essas afirmações são claramente contrastadas com a forma como todas as plantas, animais e pessoas subsequentes viriam a existir: a reprodução pela procriação natural de acordo com suas espécies. Quando Deus disse: "Haja...", Ele não precisou esperar milhões de anos para que as coisas viessem a existir. Ele falou e as criaturas surgiram imediatamente. Como Salmos 33:6-9 enfatiza, isso se aplica aos corpos celestes, bem como a todas as criaturas da terra. Postular milhões de anos entre esses atos sobrenaturais da criação parece muito inconsistente com a sabedoria e o poder de Deus. Por que Deus criaria a terra e a dei-

---

[14]Veja outras contradições de ordem em <https://answersingenesis.org/why-does-creation-matter/evolution-vs-creation-the-order-of-events-matters/>.

[15]Quando Deus disse: "Que a terra germine a vegetação" (Gênesis 1:11 ESV, NASB), foi um crescimento sobrenatural até a maturidade, assim como ocorreu quando Deus fez uma planta crescer o suficiente, em poucas horas ou menos, para proporcionar sombra para Jonas (Jonas 4:6).

xaria coberta de água por milhões de anos quando Ele diz que a criou para ser habitada (Isaías 45:18)? Por que Ele criaria plantas e depois esperaria milhões de anos antes de criar animais e pessoas que comeriam plantas como alimento (Gênesis 1:29-30)? Por que Ele criaria criaturas marinhas e pássaros e esperaria milhões de anos antes de criar animais terrestres e pessoas?

Como Deus criou é revelado no ministério terreno do Senhor Jesus, que é a Palavra criadora que se fez carne (João 1:1-3, 14). Ele revelou sua glória como o Criador em seu primeiro milagre quando ele, instantaneamente e sobrenaturalmente, transformou água em vinho (João 2:1-11). Todos os milagres subsequentes foram também resultados instantâneos de sua palavra falada ou de seu toque, não o resultado de processos naturais. Gênesis 1 registra uma semana de milagres.

As genealogias de Gênesis são cronologias rigorosas

Gênesis revela informações vitais sobre há quanto tempo ocorreu a semana da criação. Gênesis 5 e 11 nos dão as genealogias de Adão a Noé e de Noé a Abraão. Mas, ao contrário de todas as outras genealogias da Bíblia e da literatura antiga do Oriente Próximo, aquelas em Gênesis dão a idade do patriarca quando seu filho nasceu e quantos anos depois daquele nascimento o patriarca viveu. Portanto, esses capítulos dão fortes evidências de fornecer uma cronologia.

Alguns criacionistas da Terra jovem e provavelmente todos os criacionistas da Terra antiga pensam que pode haver nomes faltando nessas genealogias de Gênesis, porque as palavras hebraicas traduzidas como "gerou" e "filho" nem sempre significam um filho literal, e porque algumas outras genealogias bíblicas deixam de fora nomes (por exemplo, Mateus 1). Mas seis dos dezenove vínculos genealógicos em Gênesis 5 e 11 são comprovadamente ligações pai-filho literais por causa da informação não cronológica fornecida. Mesmo que haja alguns nomes ausentes (que acredito haver boas razões para duvidar disso), não pode haver anos perdidos, porque a idade do pai é dada quando o filho nasce. Então, não importa se, por exemplo, Enoque é neto ou bisneto de Jarede; Enoque nasceu quando Jarede tinha 162 anos de idade.

Assim, Adão foi criado cerca de 2 mil anos antes de Abraão, que, segundo a maioria dos estudiosos, nasceu um pouco antes de 2 mil a.C. Uma vez que Adão foi criado no sexto dia literal da história, isso coloca a criação do universo um pouco mais de 6 mil anos atrás. Mesmo que Adão tenha sido criado de 10 mil a 12 mil anos atrás, como sugerem alguns criacionistas da Terra jovem, isso ainda é irreconciliável com a escala de tempo evolutiva, que data o primeiro *Homo sapiens* 200 mil anos atrás ou antes.[16]

Nenhuma morte antes da Queda

Uma questão crítica que a maioria dos cristãos ignora em relação à idade da Criação é quando a morte e o sofrimento vieram ao mundo. Em minha experiência e nas de outros oradores da AiG conversando com o público cristão em muitos países e lendo literatura cristã da Terra antiga por muitos anos, está claro que a maioria dos cristãos, incluindo a maioria dos estudiosos e teólogos da Bíblia, negligenciaram essa questão ou a trataram de maneira superficial, o que revela que eles não consideraram seriamente, muito menos refutaram, os argumentos criacionistas da Terra jovem.

A Criação pré-Queda

Seis vezes em Gênesis 1 Deus diz que a criação era "boa" e, no final do sexto dia, Ele declarou tudo "muito bom". Isso incluiu o fato de

[16]Os evolucionistas não concordam sobre o que é exatamente um ser humano. Assim, datas para o primeiro ser humano variam de 200 mil a 400 [mil] anos atrás ou mais. Veja, por exemplo, <https://en.wikipedia.org/wiki/Timeline_of_human_evolution e https://en.wikipedia.org/wiki/Neanderthal>. Para argumentos a favor da conclusão de que as genealogias de Gênesis 5 e 11 são cronologias sem lacunas, veja o capítulo 5, *When Was Adam Created?* em *Searching for Adam: Genesis and the Truth about Man's Origin* [Em busca de Adão: Gênesis e a verdade sobre a origem do homem], (Ed.). Terry Mortenson. Green Forest, AR: Master Books, 2016. Disponível em: < em https://answersingenesis.org/bible-characters/adam-and-eve/when-was-adam-created/>.

que tanto o homem como os animais e as aves eram vegetarianos (Gênesis 1:29-30). Para termos alguma compreensão do que significa "muito bom", devemos notar que a única coisa declarada "não boa" antes da Queda foi que Adão ficou sozinho por algumas horas enquanto nomeava animais antes de Deus criar Eva.

A Queda e a maldição

Quando Adão e Eva pecaram, eles imediatamente morreram espiritualmente, fato evidenciado por se esconderem de Deus (Gênesis 3:8).[17] Então, Deus pronunciou juízo. Ele amaldiçoou a serpente que enganou Eva (v. 14). Tenha Deus mudado a anatomia ou apenas o comportamento da serpente, foi um julgamento físico. O versículo diz que Deus amaldiçoou a serpente mais do que (ou acima) todos os rebanhos domésticos e animais selvagens, o que implica que todos os animais foram amaldiçoados. Eva e todas as mulheres depois dela teriam aumentada a dor no parto – um julgamento físico (v. 16). O solo foi amaldiçoado (v. 17) e, como resultado, espinhos e ervas daninhas cresceriam, tornando árdua a futura agricultura (v. 18-19). Isto se referia ao solo fora do jardim, pois Adão e Eva foram expulsos dele (v. 23). Ao contrário do que alguns disseram, essa maldição à terra não era o que o homem faria ao abusar do meio ambiente. Gênesis 5:29 deixa claro, usando as mesmas palavras hebraicas para "maldição" e "terra", que foi o Senhor, não o homem, que amaldiçoou a terra. O aspecto final do julgamento de Deus na Queda é que a morte física entrou na raça humana (v. 19), um fato confirmado por Romanos 5:12 e 1Coríntios 15:21-22, ambos os quais falam de morte física, não apenas espiritual.

Gênesis 3 ensina que Deus julgou a criação não humana por causa do pecado de Adão. Contudo, vemos a mesma realidade na história subsequente. No dilúvio, Deus destruiu não apenas a humanidade pecadora (exceto a família de Noé), mas também todos

[17]Para uma discussão aprofundada sobre a questão de não ter ocorrido morte antes da Queda, veja <https://answersingenesis.org/theory-of-evolution/millions-of-years/the-fall-and-the-problem-of-millions-of-years-of-natural-evil/>.

os animais terrestres e aves que não estavam na arca e na superfície da terra. Deus descreveu o dilúvio como uma maldição sobre a criação (Gênesis 8:21). Em Deuteronômio 28, as bênçãos e maldições de Deus em resposta à obediência ou desobediência de Israel afetam seus filhos, suas colheitas e seus rebanhos. As maldições afetaram até mesmo o clima. E quando Deus ameaçou Nínive com julgamento por causa de sua maldade, Ele disse que o julgamento teria caído sobre seus animais também (Jonas 4:11).

Essa maldição sobre toda a Criação é descrita em Romanos 8:19-23. Paulo nos diz que a Criação não humana foi sujeita à futilidade e colocada em escravidão à corrupção. A "Criação inteira" está gemendo e sofrendo (v. 22), esperando ansiosamente ser liberta de tudo isso quando Jesus vier novamente e der aos cristãos seus corpos ressurretos. Na história da igreja, a grande maioria dos pastores e teólogos que comentaram essa passagem disseram que a sujeição à futilidade e escravidão à corrupção aconteceram em Gênesis 3.[18] Se a criação estivesse sujeita à futilidade e à corrupção desde o primeiro momento, é inconcebível que Deus a chamasse de "muito boa".

A futura obra redentora de Cristo

Jesus Cristo não completou sua obra redentora em sua morte e ressurreição. Ele virá novamente para pôr fim ao pecado, mas também para pôr fim às consequências do pecado na criação não humana. Atos 3:21 fala da restauração futura de todas as coisas. Colossenses 1:15-20 ensina que Cristo é o Criador de todas as coisas e, além de reconciliar os pecadores com Deus, sua obra expiatória na cruz reconciliará todas as coisas na terra e no céu para si mesmo. Quando Cristo voltar, não haverá mais sofrimento e

---

[18]Veja SMITH JUNIOR, Henry B. Cosmic and Universal Death from Adam's Fall: An Exegesis of Romans 8:19-23a, *Journal of Creation* 21:1 (2007): 75-85. Disponível em: <http://creation.com/cosmic-and-universal-death-from-adams-fall-an-exegesis--of-romans-819-23a>. Para uma discussão mais breve, veja MOO, Douglas. The Epistle to the Romans. Grand Rapids: Eerdmans, 1996, 513-14; SCHREINER, Thomas, Romans. Grand Rapids: Baker, 1998, 435; e MURRAY, John. The Epistle to the Romans. Grand Rapids: Eerdmans, 1993, 301-02.

morte causados pela vida neste mundo caído, porque a maldição de Gênesis 3 será removida (Apocalipse 21:3-5; 22:3).

Síntese do testemunho bíblico

Assim, a visão panorâmica da história, de acordo com a Palavra de Deus, é Criação, Queda, redenção e restauração. Mas, a história evolucionária contradiz isso. Nessa visão, o mundo não começou bom e depois caiu. Em vez disso, teria havido um progresso constante de formas de vida simples para complexas. E, desde que há vida, tem havido morte e doença e comportamento carnívoro, juntamente com desastres naturais como furacões, tsunamis e impactos de asteroides, que têm sido uma das forças motrizes da mudança evolutiva. Mais significativamente, os evolucionistas dizem que o registro fóssil (supostamente formado em milhões de anos antes do homem) evidencia cinco grandes eventos de extinção, quando 60% a 90% das espécies vivendo à época foram extintas. Encontramos câncer, artrite e tumores cerebrais em ossos de dinossauros supostamente com milhões de anos de idade. Existem espinhos e cardos fósseis em camadas rochosas que os evolucionistas datam de 300 a 400 milhões de anos.

Não cristãos enxergam bem essa contradição, para a qual a maioria dos cristãos parece cega. Ronald Numbers é um proeminente historiador da ciência e agnóstico. Ele colocou isso desta maneira:

> Para os criacionistas, a história é baseada na Bíblia e na crença de que Deus criou o mundo de 6 a 10 mil anos atrás. [...] Nós humanos éramos perfeitos porque fomos criados à imagem de Deus. E então houve a Queda. A morte aparece e todo o relato [na Bíblia] se torna de deterioração e degeneração. Então, temos Jesus no Novo Testamento, que promete a redenção. A evolução inverte isso completamente. Com a evolução, você não começa com nada perfeito, você começa com pequenas coisas primitivas, que evoluem para macacos e, finalmente, para humanos. Não há um estado perfeito do qual cair. Isso torna todo o plano de salvação tolo porque nunca houve uma queda. O que você tem, então, é uma teoria do

> progresso, de animais unicelulares a humanos, e uma visão muito diferente da história, e não apenas da história humana.[19]

Assim, aceitar milhões de anos de morte de animais, doenças e extinção, bem como terremotos, furacões, tornados e tsunamis, requer uma rejeição consciente ou inconsciente, ou ignorar (por atenção superficial ou incapacidade de aplicar a crença ortodoxa) o ensino claro da Bíblia sobre a criação pré-Queda "muito boa", o impacto cósmico da Queda em toda a criação (não apenas na humanidade) e a obra redentora plena de Cristo no cosmos.

O Dilúvio de Noé: catástrofe global que rearranjou radicalmente a Terra

O dilúvio de Noé é crítico para a questão da história e idade da terra. Mas, em minhas leituras e experiências de falar ao público cristão em muitos países por mais de três décadas, noto que a maioria dos cristãos ignora esse evento ao considerar a idade da terra ou eles negam que foi uma inundação global catastrófica.

Foi histórico

Eu já argumentei que Gênesis 1–11 é história. O restante da Escritura atesta que o dilúvio realmente aconteceu. Ezequiel 14:14-20 e Isaías 54:9 referem-se a Noé como histórico. Lucas lista Noé como parte da genealogia histórica que liga Jesus a Adão (Lucas 3:23-38). Pedro afirma que oito pessoas foram salvas do dilúvio, que foi tão histórico quanto o julgamento de Sodoma, e que aconteceu com tanta certeza quanto Jesus virá de novo (1Pedro 3:20; 2Pedro 2:4-6; e 3:3-7). O próprio Jesus afirmou a historicidade do dilúvio como uma advertência do julgamento vindouro (Mateus 24:37-39). Pessoas que rejeitam a historicidade do dilúvio têm dificuldade em encontrar interpretações plausíveis desses versos.

[19]NUMBERS, Ronald apud EVANS, Gwen. Reason or Faith? Darwin Expert Reflects. Diponível em: <http://www.news.wisc.edu/16176>.

Foi *global*

O dilúvio não foi uma inundação localizada no vale mesopotâmico dos rios Tigre e Eufrates, como muitos cristãos supõem. A Escritura dificilmente poderia ser mais clara. O propósito do dilúvio era destruir não apenas os seres humanos pecadores, mas todos os animais terrestres e aves que não estavam na arca e na superfície da própria terra (Gênesis 6:7,13). Apenas uma inundação global conseguiria isso. O propósito da arca era salvar animais e pássaros para repovoar a terra após o dilúvio (Gênesis 7:1-3). Mas se a inundação fosse local, não incomodaria nenhum animal ou ave fora da zona de inundação e, portanto, não haveria necessidade da arca. A água cobriu todas as montanhas pré-inundação "debaixo dos céus" (Gênesis 7:19-20), e a arca aportou no topo de uma montanha, sem que se visse outras montanhas por 74 dias (Gênesis 8:4-5) – apenas uma inundação global poderia fazer isso. Foram 371 dias desde o início da enchente até o solo estar seco o suficiente para se desembarcar da arca. Nenhuma inundação local poderia durar tanto tempo. Em Gênesis 9:10-17, Deus promete a Noé e seus descendentes, aos animais e aos pássaros e seus descendentes, e à própria terra que Ele nunca mais destruirá o mundo com um dilúvio. Se a inundação fosse local, Deus mentiu, pois desde o tempo de Noé muitas inundações locais destruíram pessoas, animais e partes da terra. Note também que Pedro ligou a formação da terra a partir da água durante a criação e a destruição da terra pela água durante o dilúvio ao impacto global e universal do juízo vindouro (2Pedro 3).

Foi *catastrófico*

O dilúvio teria que ser catastrófico para cumprir seu propósito de destruir a terra. Gênesis 7:11 indica que havia duas fontes de água: águas subterrâneas e chuva. Choveu globalmente sem parar por quarenta dias e noites (7:12), mas continuou a chover até o 150º dia (8:2). Apenas isso já seria catastrófico, causando erosão massiva e deslizamentos de terra.

Contudo, a chuva aparentemente não era a principal fonte de água, já que as fontes ou mananciais de grande profundidade são mencionados primeiro tanto em 7:11, no início do dilúvio, quanto em 8:2, no início do recuo das águas da inundação. A palavra hebraica traduzida por "jorrar" em 7:11 é usada em outras passagens para se referir à quebra de rocha (Juízes 15:19), um terremoto (Números 16:31) e a divisão de uma montanha para criar um vale enorme (Zacarias 14:4). Tais atividades tectônicas no solo oceânico em toda a terra, durante meses, produziriam tsunamis devastadores, que tomariam de assalto as massas de terra pré-inundação, causando destruição além da imaginação.

Agora, o que esperamos encontrar desse dilúvio? Como costumo dizer, bilhões de coisas mortas, enterradas em camadas rochosas, depositadas pela água, por toda a terra. Todos os continentes estão cobertos com camadas de rochas sedimentares contendo bilhões de fósseis, e encontramos criaturas marinhas no topo de nossas montanhas mais altas, incluindo o Monte Everest.

As visões de Jesus, dos apóstolos e de Isaías

Várias passagens mostram que Jesus acreditava que Adão e Eva foram criados no início da criação, não bilhões de anos depois do começo (como todas as visões da Terra antiga implicam), o que confirma a visão criacionista da Terra jovem (Marcos 10:6; 13:19; Lucas 11:50-51).[20] Em 4 mil anos, o sexto dia estava no começo da Criação, em linguagem não técnica que Jesus estava usando.

Paulo também deixou claro que ele era um criacionista da Terra jovem. Em Romanos 1:20, ele diz que a existência de Deus e pelo menos alguns de seus atributos foram claramente entendidos pelas

[20]Não estou dizendo que a idade da Terra era o foco desses versos. No entanto, eles refletem a visão de mundo criacionista da Terra jovem de Jesus. Para uma discussão completa das palavras de Jesus e das tentativas da Terra antiga de reinterpretá-las, incluindo a evidência de que a expressão "criação do mundo" refere-se a toda a semana da Criação e não apenas ao primeiro ato de criação em Gênesis 1:1, veja MOTERSON, Terry. Jesus Evangelical Scholars and the Age of the Earth. In: *Coming to Grips with Genesis*, 315-46. Para uma breve discussão dirigida a leigos, veja MORTENSON, Terry. *But from the Beginning of... the Institution of Marriage?*; <http://www.answersingenesis.org/docs2004/1101ankerberg_response.asp>, uma resposta a um artigo de internet sobre Marcos 10:6, de John Ankerberg e Norman Geisler.

pessoas "desde a criação do mundo",[21] de modo que elas são indesculpáveis por não honrá-lo como Deus. Certamente, esse grande estudante das Escrituras teria em mente o que Davi disse mil anos antes (Salmos 19:1; cf. Salmos 97:6) e o que Jó disse mil anos antes de Davi (Jó 12:7-10). A Criação sempre revelou o Criador aos humanos desde o início.

Da mesma forma, Isaías 40:21 implica que o profeta era um criacionista da Terra jovem. O paralelismo do verso mostra que "desde o princípio" e "desde os fundamentos da terra" (versão King James) referem-se ao mesmo ponto no tempo. O que as pessoas dos dias de Isaías conheciam sobre Deus é o que as pessoas (Adão e Eva, Caim e Abel etc.) conheciam desde a fundação da terra (o começo da criação), que é também o que todos os idólatras dos dias de Paulo conheciam, e os ateus ao longo da história conheceram e hoje em dia conhecem. É um tolo quem diz que não há Criador, pois sua glória é vista em sua Criação (Salmos 14:1; 19:1).

Se a visão evolucionária de 13,8 bilhões de anos é verdadeira, então Jesus, Paulo e Isaías estavam muito enganados e por isso não podem ser completamente confiáveis em outras coisas que ensinam.

Por essas e outras razões, eu e muitos outros cristãos acreditamos que a Palavra de Deus ensina claramente a criação da Terra jovem. Deus foi a testemunha ocular de todos os eventos de Gênesis 1–11, e esse escrito é seu registro inspirado e inerrante. Os seres humanos também foram testemunhas oculares de muitos desses eventos.[22] Portanto, as Escrituras devem controlar nossa

---

[21]Leia as versões [em inglês] NASB, ESV, NKJV, NIV, NLT e NRSV. A KJV, a KJ21, e a HCSB traduzem *apo ktiseos kosmou* como "da criação do mundo." Mas *apo* ("da") aqui certamente significa "desde". Para as razões por trás dessa conclusão, veja MINTON, Ron. Apotolic Witness to Genesis Creation and the Flood. In: *Coming to Grips with Genesis*, 351-54.

[22]É claro que Adão, Noé e Sem foram testemunhas oculares humanas de muitos dos eventos de Gênesis 1–11 durante suas vidas. A referência ao "registro da descendência de Adão" (Gênesis 5:1) e a inteligência claramente implícita de Caim (na construção de uma cidade) e outras passagens em Gênesis 4 (no desenvolvimento de mineração, metalurgia e instrumentos musicais), e Noé e família (na construção da arca), sugere fortemente que o homem tinha a capacidade de escrever desde o início. As onze menções a toledot ("estas são as gerações de") distribuídas ao longo de Gênesis podem indicar, entre outras coisas, que, ao inspirar Gênesis, Deus guiou Moisés no uso de documentos preexistentes ou tradição oral transmitida pelos patriarcas.

interpretação das evidências científicas e nossa crítica das interpretações evolucionárias naturalistas.

EVIDÊNCIA CIENTÍFICA QUE CONFIRMA GÊNESIS

A evidência científica que confirma a verdade literal de Gênesis 1–11 é esmagadora e cresce com o tempo como resultado da pesquisa tanto dos evolucionistas quanto dos criacionistas. Mas, antes de discutir algumas dessas evidências, precisamos distinguir entre dois tipos de ciência para refletir cuidadosamente sobre a controvérsia das origens. Eu gosto de chamá-las de ciência experimental (ou observacional) e ciência histórica.

A ciência experimental é o que a maioria das pessoas pensa quando ouve a palavra ciência. Usa o método de *experimentos repetíveis e observáveis* para determinar como a criação *opera* ou funciona *no presente* para que possamos manipulá-la a fim de desenvolver novas tecnologias, encontrar curas para doenças ou colocar um homem na lua. A maior parte da biologia, química e física, e toda a engenharia e pesquisa médica estão no campo da ciência experimental/observacional. Como todo mundo, os criacionistas amam esse tipo de ciência e os benefícios resultantes de sua pesquisa. Mas, esse tipo de ciência não pode responder à pergunta: como o Grand Canyon ou Saturno se formaram? Ou como as primeiras plantas, animais e pessoas vieram a existir? Esses são eventos históricos que não podem ser repetidos no laboratório.

Em contraste, a ciência histórica inclui geologia histórica, paleontologia, arqueologia e cosmologia. A investigação criminal é também uma forma de ciência histórica. Essas ciências usam depoimentos confiáveis de testemunhas oculares (se houver alguma disponível) e evidências observáveis no presente para determinar ou reconstruir o evento *passado, inobservável, irrepetível* que produziu a evidência que vemos no presente. Criacionistas e evolucionistas estão olhando para a mesma evidência observável. Mas criacionistas da Terra jovem confiam no testemunho ocular do Criador, e os evolucionistas seculares rejeitam esse testemunho devido a um coração pecador rebelde.

Das minhas leituras e de outros palestrantes da AiG, e da interação com evolucionistas, a maioria deles (sejam leigos, estudantes ou cientistas), implícita ou explicitamente, nega essa distinção crítica entre esses dois tipos de ciência, e muitos cristãos não reconhecem tal distinção. Muitos exemplos poderiam ser citados. Vou mencionar apenas dois. Em 2013, Zack Kopplin era um estudante de 19 anos de idade estudando história na Rice University. Como ateu assumido, ele estava comprometido em manter quaisquer críticas científicas à evolução e qualquer discussão de evidência científica favoráveis à criação fora das escolas públicas de seu estado natal, Louisiana. Uma reportagem o citou dizendo:

> O criacionismo confunde os alunos sobre a natureza da ciência. Se os alunos não entenderem o método científico e aprenderem que o criacionismo é ciência, eles não estarão preparados para trabalhar em campos genuínos, especialmente nas ciências biológicas. Estaremos prejudicando as chances de nossos alunos terem empregos em ciência e fazerem descobertas que mudarão o mundo.

O repórter acrescentou sobre Kopplin:

> Ele teme que, se a Louisiana (e o Tennessee, que também tem uma lei semelhante) insistir em ensinar o criacionismo aos estudantes,[23] não serão eles que irão descobrir a cura para a AIDS ou para o câncer. "Não seremos nós os que vão restaurar nossos pantanais arruinados e nos proteger de mais furacões como o Katrina.", diz ele.[24]

---

[23]Os criacionistas não insistem nem defendem isso, e nem as leis nesses dois estados, portanto, isto é uma distorção. O que defendemos é que os estudantes devem ter permissão para ouvir críticas científicas à evolução nas escolas públicas. Veja a discussão em meu artigo citado na próxima nota de rodapé.

[24]DVORSKY, George. *How 19-year-old Activist Zack Kopplin Is Making Life Hell for Louisiana's Creationists.* Disponível em: <https://io9.gizmodo.com/how-19-year-old-activist-zack-kopplin-is-making-life-he-30791988>. Jan 2013. Para uma análise cuidadosa da visão de Kopplin, veja HAM, Ken; GOLDEN, Steve. *The Legacy of Brainwashing.* Disponível em: <http://www.answersingenesis.org/articles/2013/01/21/legacy-of-brainwashing>.

Ou, considere esses comentários por Bill Nye, *the Science Guy* [o *cara* da ciência] no programa *Larry King Now*.

> *Nye*: A minha preocupação sempre foi que não se pode usar o dinheiro de impostos programado para a educação científica para ensinar algo parecido com que a Terra tem 10 mil anos de idade. Porque isso é errado. É muito parecido com dizer que a Terra é plana. Você pode mostrar que a Terra não é plana. Você pode mostrar que a Terra não tem só 10 mil anos. É isso. Não estamos ensinando isso nas escolas.
>
> *King*: Então por que eles [criacionistas] continuam acreditando?
>
> *Nye*: Então, aparentemente pessoas com essas crenças religiosas profundamente arraigadas adotam toda essa interpretação literal da Bíblia, da forma como está escrita em inglês, como visão de mundo. Ao mesmo tempo, eles aceitam aspirina, drogas antibióticas, aviões, mas conseguem manter essas duas visões de mundo. E isso é um mistério. A Bíblia está cheia de história, mas não é um manual de ciências.[25]

No entanto isso não seria mistério se Nye parasse de negar implicitamente a diferença entre ciência experimental e ciência histórica. Nye está certo de que a Bíblia é cheia de história, mas esse registro histórico começa em Gênesis 1:1. Embora Gênesis 1–11 não seja um texto científico (em relação à ciência experimental), é a história inerrante dita pelo Criador, testemunha ocular, cuja existência e atributos são revelados no que ele fez e no livro que ele inspirou, a verdade que Nye suprime em injustiça.

O famoso zoólogo, evolucionista e ateu de Harvard, Ernst Mayr, viu a diferença entre esses dois tipos de ciência quando escreveu:

> A evolução é um processo histórico que não pode ser provado pelos mesmos argumentos e métodos pelos quais fenômenos puramente físicos ou funcionais podem ser documentados. A evolução como

[25]*Larry King Now*, 1 Abril 2013, http://www.hulu.com/watch/473418.

um todo, e a explicação de determinados eventos evolutivos, devem ser inferidos de observações.[26]

Entretanto, as inferências dos evolucionistas são feitas com base nos pressupostos de uma cosmovisão naturalista (ou seja, ateísta). Em seu raciocínio e interpretação das evidências observáveis, eles assumem que (1) a natureza ou a matéria é tudo o que existe e (2) tudo pode e deve ser explicado pelo tempo, pelo acaso e pelas leis da natureza trabalhando na matéria.[27] Os criacionistas bíblicos rejeitam essas suposições, não apenas nos campos da biologia e da antropologia, mas também na geologia e na astronomia, pois são contrárias à Palavra do Criador, que fornece o seu testemunho ocular, do qual precisamos para interpretar corretamente a evidência física para reconstruir o passado.

A controvérsia sobre a evolução e a idade da criação não está no campo da ciência experimental, mas no campo da ciência histórica. E essa última é fortemente influenciada pelas *suposições* decorrentes da visão de mundo que os cientistas usam para *interpretar* as evidências que vemos no presente para reconstruir a história passada da criação, incluindo sua origem.

A diferença entre criacionistas da Terra jovem e todos os nossos oponentes cristãos e não cristãos é que aceitamos o testemunho ocular de Deus nas Escrituras e o usamos para interpretar a evidência física que vemos no presente. Nossos oponentes rejeitam a Palavra de Deus ou ignoram muitos dos detalhes da Palavra e usam as suposições naturalistas e interpretações de evidências físicas do mundo secular para reinterpretar a Palavra de Deus a fim de ajustá-la a algumas partes, ou todas, da história evolucionária sobre o passado. Assim, eu afirmo, independentemente de quaisquer intenções sinceras em contrário, eles estão minando a autoridade da Palavra de Deus. E, na realidade, a questão da idade

[26]MAYR, Ernst. *What Evolution is*. Nova York: Basic Books, 2001, 13.

[27]Nem todos os cientistas acreditam nisso. Muitos acreditam em Deus (qualquer que seja a sua definição), mas a maioria faz seu trabalho científico como se a cosmovisão naturalista fosse verdadeira.

da Terra para os cristãos se reduz à questão de autoridade. Quem é a autoridade suprema, Deus ou homem, ou qual é a autoridade final, a Palavra de Deus ou a palavra do homem?

Raízes históricas da ideia de milhões de anos e da evolução

O controle naturalista da ciência não começou com as ideias de evolução de Darwin, mas mais de cinquenta anos antes, com a ideia de milhões de anos em geologia. No final do século XVIII e início do século XIX, deístas, ateus e muitos cientistas cristãos professos tentaram desvendar a história das rochas e fósseis, rejeitando explícita ou implicitamente a verdade de Gênesis 1–11 e usando (com ou sem conhecimento) as suposições do naturalismo.[28] Um dos homens mais influentes foi James Hutton, na Escócia, considerado por muitos como o pai da geologia moderna.[29] Ele escreveu:

> A história passada do nosso globo deve ser explicada pelo que pode ser visto acontecendo agora [...]. Nenhum poder deve ser empregado que não seja natural ao globo, nenhuma ação deve ser admitida, exceto aquelas das quais conhecemos o princípio.[30]

Insistindo nessa "regra" do raciocínio geológico, ele descartou a Criação e o dilúvio antes mesmo de ver a evidência geológica. Nem os eventos da semana da Criação (Gênesis 1), nem o dilúvio (Gênesis 6–8) estavam acontecendo quando ele escreveu essas palavras. Mas, também, a semana da Criação foi uma série de atos divinos sobrenaturais, e o dilúvio foi iniciado e presenciado por atos

[28]Veja MORTENSON, Terry. *The Great Turning Point*: The Church's Catastrophic Mistake on Geology – Before Darwin [A Grande Virada: O erro catastrófico da Igreja na geologia – antes de Darwin]. Green Forest, AR: Master Books, 2004.
[29]Veja por exemplo, REPCHECK, Jack. *The Man Who Found Time*: James Hutton and the Discovery of the Earth's Antiquity [O homem que encontrou o tempo: James Hutton e a descoberta da antiguidade da Terra]. Cambridge: Perseus Publishing, 2003.
[30]Citado em HOLMES, A. *Principles of Physical Geology*, 2. ed. Edimburgo, Escócia: Nelson, 1965, 43-44.

sobrenaturais de Deus.[31] Assim, Hutton estava excluindo o sobrenatural de sua teoria da história da Terra, não por evidência científica, mas por causa de sua visão de mundo antibíblica (deísta ou ateísta – os historiadores não têm certeza). Em outro lugar, Hutton escreveu: "Mas, certamente, os dilúvios em geral não fazem parte da teoria da Terra; pois, o propósito desta Terra é evidentemente manter a vida vegetal e animal, e não destruí-las".[32] Ele descartou o dilúvio global e insistiu na erosão lenta e gradual e na sedimentação para explicar o registro rochoso, porque ele pensava que o presente é a chave para o passado. Esse é um erro fundamental, pois o testemunho ocular totalmente confiável do Criador em sua Palavra é a chave para entender tanto o passado como o presente.

O geólogo Charles Lyell, de Oxford, que originalmente fora advogado, baseou-se na fundamentação antibíblica, uniformitarista e naturalista das ideias de Hutton para construir sua influente obra *Princípios de geologia* (1830-1833), composta em três volumes. Lyell observou:

> Eu sempre estive fortemente impressionado com o peso de uma observação de um excelente escritor e hábil geólogo que disse que "por causa da revelação, bem como da ciência – da verdade em todas as formas – a parte física da investigação geológica deveria ser conduzida como se as Escrituras não existissem."[33]

Ele escreveu, em uma carta pessoal para um geólogo uniformitarista, que queria "libertar a ciência [da geologia] de Moisés".[34]

---

[31]A atividade sobrenatural de Deus no relato do dilúvio é vista claramente ao menos em Deus trazer os animais para Noé na Arca (Gênesis 7:8-9), o início da liberação das águas no mesmo dia (Gênesis 7:11) e o começo do recuo das águas da inundação, detendo essas mesmas fontes de água (Gênesis 8:2)

[32]HUTTON, James. *Theory of the Earth*. Edimburgo, Escócia: William Creech, 1795, 1:273.

[33]LYELL, Charles. Palestra II no King's College London em 4 de maio de 1832, apud RUDWICK, Martin J. S. Charles Lyell Speaks in the Lecture Theatre, *The British Journal for the History of Science*, v. IX, pt 2, n. 32 (Julho 1976): 150.

[34]LYELL, Charles apud LYELL, Katherine. *Life, Letters and Journals of Sir Charles Lyell, Bart*. Londres: John Murray, 1881, 1:268.

Em outras palavras, ele queria silenciar o testemunho ocular de Deus sobre as origens.

Para desenvolver sua visão antibíblica da história da Terra, Lyell e Hutton usaram as suposições naturalistas descritas acima e também a suposição uniformitarista de que todos os processos de alteração geológica (erosão, sedimentação, vulcões, terremotos etc.) aconteceram no passado sempre com a mesma *taxa*, *frequência* e *potência* média por ano, da forma como observamos hoje. A criação e o dilúvio foram rejeitados por razões filosóficas e religiosas, não por causa de algo verificado nas rochas e fósseis. O renomado historiador da geologia, Martin Rudwick, observou:

> Tradicionalmente, fontes não bíblicas, fossem naturais ou históricas, haviam recebido seu verdadeiro significado ao serem encaixadas na narrativa unitária da Bíblia. Esse relacionamento começou agora a ser revertido: a narrativa bíblica, afirmou-se agora, recebeu seu verdadeiro significado por se ajustar, sob a autoridade de especialistas autodeclarados, em uma estrutura de conhecimento não bíblico. Dessa forma, a plausibilidade cognitiva e o significado religioso da narrativa bíblica só poderiam ser mantidos sob uma forma cada vez mais restrita por considerações não bíblicas [...]. Pelo menos, na Europa, se não na América, os geólogos que se consideravam cristãos, em geral, aceitavam a nova alta crítica bíblica e, portanto, sentiam que a idade da Terra era irrelevante para suas crenças religiosas.[35]

O grande geólogo de Harvard Stephen Jay Gould acrescentou:

> Charles Lyell era um advogado de profissão, e seu livro *Princípios da geologia* é um dos escritos mais brilhantes já publicados por um advogado [...]. Lyell baseou-se em verdadeiras astúcias para estabelecer suas visões uniformitaristas como a única verdadeira geologia. Primeiro, ele montou um homem de palha para demolir... De

---

[35]RUDWICK, Martin J. S. The Shape and Meaning of Earth History. In: *God and Nature*. (Org.). LINDBETG, David C.; NUMBERS, Ronald L. Berkeley, CA: University of California Press, 1986, 306, 311.

> fato, os catastrofistas eram muito mais empíricos do que Lyell. O registro geológico parece exigir catástrofes: as rochas são fraturadas e contorcidas; faunas inteiras são eliminadas. Para contornar esta aparência literal, Lyell impôs sua imaginação à evidência. O registro geológico, argumentou ele, é extremamente imperfeito e devemos interpolar nele o que podemos razoavelmente inferir, mas não podemos ver. Os catastrofistas eram os empiristas durões de sua época, não apologistas teológicos cegos.[36]

Na verdade, os catastrofistas da Terra antiga do início do século XIX (alguns dos quais eram cristãos professos) não eram os empiristas realmente duros de sua época; em vez disso, foram os geólogos versados nas Escrituras e geologicamente competentes que não apenas foram intransigentes quanto à evidência geológica, mas também quanto ao testemunho ocular de Deus, como documentou Mortenson.[37]

Comentando sobre o gradualismo (outro nome para o naturalismo uniformitarista), Gould e seu colega evolucionista Niles Eldredge admitem francamente:

> A preferência geral que muitos de nós têm pelo gradualismo é uma postura metafísica embutida na história moderna das culturas ocidentais; não é uma observação empírica de alta ordem, induzida a partir do estudo objetivo da natureza."[38]

O desenvolvimento da ideia de milhões de anos de história da Terra não foi, como a maioria científica quer que acreditemos, o resultado da busca imparcial e objetiva da verdade e da interpretação da evidência empírica. As suposições derivadas de uma cosmovisão antibíblica foram massivamente influentes.

Darwin aplicou os mesmos princípios à biologia: processos lentos, graduais e naturais explicarão a origem das criaturas vivas, incluindo o homem. De fato, ele escreveu:

---

[36]GOULD, Stephen Jay. Catastrophes and Steady-State Earth. *Natural History* (Fev. 1975): 15-17.
[37]MORTESON, The Great Turning Point.
[38]GOULD, Stephen Jay; ELDREDGE, Niles. Punctuated Equilibria: The Tempo and Mode of Evolution Reconsidered. *Paleobiology* 3 (1977): 145.

> Aquele que souber ler a grande obra de Sir Charles Lyell sobre os *Princípios de geologia*, que o futuro historiador reconhecerá como tendo produzido uma revolução na ciência natural, mas não admite quão incompreensivelmente vastos foram os períodos passados de tempo, pode fechar imediatamente este volume.[39]

Além disso, admitiu ele,

> Sempre sinto como se meus livros viessem metade do cérebro de Lyell, e que nunca reconheço isso suficientemente, nem sei como posso, sem dizer isso em tantas palavras – pois, sempre achei que o grande mérito dos *Princípios* [*de geologia*] foi que alterou-se todo o tom da nossa mente e, portanto, que ao ver uma coisa nunca vista por Lyell, viu-se ainda parcialmente através de seus olhos.[40]

Os astrônomos aplicaram as mesmas suposições em suas hipóteses sobre a evolução das estrelas, galáxias e do sistema solar. A ciência tem sido controlada por uma cosmovisão filosófica/religiosa antibíblica por quase duzentos anos.[41]

Evidências geológicas para o dilúvio global e Terra jovem

Davis Young é professor emérito de geologia no Calvin College. Ele influenciou muitos cristãos, incluindo professores de seminário e pastores, para aceitarem milhões de anos de evolução. Em relação ao Grand Canyon e à geologia, ele diz:

> Se as rochas são documentos históricos, somos levados à conclusão de que a evidência disponível é esmagadoramente oposta à noção

[39]DARWIN, Charles. *The Origin of Species*, reimpr. de 1859. 1. ed. Londres: Penguin Books, 1985, 293.

[40]DARWIN, Charles. *The Correspondence of Charles Darwin*, v. 3. Cambridge: Cambridge University Press, 1987, 55.

[41]Para mais sobre esses desenvolvimentos históricos, veja MORTENSON, *The Great Turning Point*, e seu artigo disponível em: <https://answersingenesis.org/age-of-the-earth/are-philosophical-naturalism-and-age-of-the-earth-related/>.

> de que o dilúvio de Noé depositou rochas do Platô do Colorado há apenas alguns milhares de anos. [...] O cristão que acredita que a ideia de uma Terra antiga é antibíblica faria melhor ao negar a validade de qualquer tipo de geologia histórica e insistir que as rochas devem ser produto de puro milagre, em vez de tentar explicá-las em termos do dilúvio. Um exame da Terra isento de pressuposições ideológicas está fadado a levar à conclusão de que ela é antiga.[42]

Mas, não há tal coisa como "um exame da Terra isento de pressuposições ideológicas". Todo cientista tem uma visão de mundo, que afeta as observações e a interpretação das evidências. Geólogos criacionistas não invocam um milagre para explicar como o dilúvio formou as camadas do Grand Canyon. Em vez disso, eles rejeitam as pressuposições que Young e geólogos seculares usam para interpretar as evidências. As evidências para o dilúvio sempre estiveram lá, mas a maioria dos cientistas não as vê por causa de suas suposições antibíblicas.

Derek Ager, um proeminente geólogo evolucionário do século XX, comentou a influência de Lyell na geologia e esclarece esse ponto:

> Assim como os políticos reescrevem a história humana, os geólogos reescrevem a história da Terra. Por um século e meio, o mundo geológico foi dominado, pode-se até dizer submetido à lavagem cerebral, pelo gradualismo uniformitarista de Charles Lyell. Qualquer sugestão de eventos "catastróficos" era rejeitada como antiquada, anticientífica e até risível.[43]

Ele acrescenta:

> Talvez eu esteja me tornando cínico na minha velhice, mas não posso deixar de pensar que as pessoas encontram as coisas que esperam

[42] YOUNG, Davis A. The Discovery of Terrestrial History [A descoberta da história terrestre]. In: TILL, Howard J. Van. et al, *Portraits of Creation*. Grand Rapids: Eerdmans, 1990, 80–81.

[43] AGER, Derek. *The New Catastrophism*. Cambridge: Cambridge University Press, 1993, xi.

> encontrar. Como disse Sir Edward Bailey (1953), "para encontrar uma coisa, você precisa acreditar que ela seja possível".[44]

Tendo visitado mais de cinquenta países para estudar formações geológicas, Ager viu muitas evidências de grandes catástrofes. Mas, por causa de sua rejeição da verdade de Gênesis 1–11 e descrença no dilúvio de Noé, ele nunca viu evidência para a única inundação global, catastrófica, de um ano de duração. A maioria dos geólogos antes e depois de Ager (incluindo a maioria dos geólogos cristãos) deixa escapar a evidência para o dilúvio pela mesma razão.

A evidência está em toda a Terra. Inclui fósseis marinhos no topo de nossas cadeias montanhosas e depósitos maciços de lava em uma escala muito maior do que a que vemos hoje. Observamos a ausência de evidência de erosão física e química lenta nas fronteiras entre camadas sedimentares (como seria de esperar se passassem milhões de anos entre a deposição de uma camada e a deposição da camada seguinte). A extensão lateral de muitas camadas espessas é continental ou até mesmo intercontinental em escala.

Plantas e animais fossilizados (muitos em detalhes requintados e alguns sem partes duras, como vermes ou águas-vivas) devem ter sido enterrados e fossilizados rapidamente (animais mortos ao longo de uma rodovia não se tornam fossilizados porque são comidos por predadores e submetidos a outros processos de decomposição). Isso significa que as camadas de rocha que sepultam esses fósseis tiveram que ser depositadas rapidamente. Em todo o mundo, frequentemente em associação com depósitos de carvão, há árvores fósseis verticais que cortam muitas camadas de rocha mostrando que as camadas foram depositadas rapidamente antes que as árvores pudessem apodrecer. Há também tecidos moles encontrados em fósseis de dinossauros e sangue no abdômen de mosquitos fossilizados.[45]

---

[44]Ibid., 190–91.

[45]ANDERSON, Kevin. *Echoes of the Jurassic* [Ecos do *Jurássico*]. Chino Valley, AZ: CRS Books, 2016.

Vemos múltiplas camadas de rochas dobradas como uma pilha de panquecas que escorrega do lado de um prato. No Grand Canyon, toda a sequência de arenitos, xistos e lajes calcárias, que os evolucionistas afirmam representar 300 milhões de anos, são dobrados da mesma maneira, sem evidência do tipo de quebra ou metamorfismo esperado, indicando que as camadas ainda estavam relativamente moles e úmidas quando ocorreu o terremoto que as dobrou. A rocha dura pode ser dobrada sem quebrar sob grande calor e pressão, mas quando isso acontece a rocha sofre metamorfose na dobra. Ao contrário disso, os geólogos da criação observam que os muitos exemplos de camadas de rocha dobradas não mostram evidência de grandes rachaduras ou metamorfismos.[46]

Tudo isso e muito mais constitui-se em poderosa evidência geológica e paleontológica da realidade da inundação da época de Noé, descrita em Gênesis 6–8 e afirmada como literalmente verdadeira por Jesus (Mateus 24:37-39) e pelo apóstolo Pedro (1Pedro 3:20, 2Pedro 2:5, 2Pedro 3:3-7).

Dizem-nos que os métodos de datação radiométrica provaram que as camadas de rochas ígneas e sedimentares (como vemos expostas no Grand Canyon, mas estão em todos os continentes) têm milhões de anos. No entanto, existem muitas boas razões científicas (assim como bíblicas) para não acreditar nessas datas. Elas estão baseadas nas mesmas suposições uniformitaristas naturalistas que controlam o resto da ciência, e há muitos exemplos publicados de rochas de idade conhecida, dando datas de centenas de milhares ou milhões de anos, que testemunhas oculares humanas viram se formar há apenas décadas ou séculos.[47]

---

[46]Essa e outras evidências são explicadas e ilustradas por Andrew Snelling nos DVDs disponíveis em Answers in Genesis: https://answersingenesis.org/store/product/geology/?sku=40-1-309. Para mais detalhes, veja os dois volumes de 1128 páginas sobre o passado catastrófico da Terra, de Snelling. O Dr. Snelling é PhD em geologia pela Universidade de Sydney, na Austrália, e fez pesquisas geológicas no Grand Canyon e em quatro continentes. Ele é diretor de pesquisa da Answers in Genesis.

[47]Veja a palestra em vídeo gratuita on-line em quatro partes de Andrew Snelling: https://answersingenesis.org/media/video/age-of-the-earth/radiocarbon-dating/. Veja também SNELLING, Andrew. Radiometric Dating: Problems with the

Espécies criadas, não evolução do micróbio ao microbiologista

Com relação à criação de espécies de animais e vegetais, Gênesis diz que Deus criou "espécies" distintas (em hebraico *min*) de plantas e animais. Os cientistas criacionistas pensam, com base em evidências publicadas de reprodução bem-sucedida, que as espécies criadas são principalmente equivalentes à *família* (não *espécie* ou *gênero*) no sistema de classificação moderno. Darwin não tinha a suposta evidência de uma espécie mudando para outra. É verdade que se pode ver novas subespécies se formarem – mas apenas dentro de cada espécie. Especiação não é evolução no sentido de partir de moléculas até chegar ao homem – nenhuma nova informação é adicionada ao genoma da espécie, o que é necessário para transformar um tipo de criatura em outro tipo, ou seja, para provar a existência de evolução do micróbio ao microbiologista.[48]

Desafios científicos

Embora muitas outras perguntas (por exemplo, sobre os homens-macaco, o Big Bang etc.) possam ser respondidas em detalhes, os cientistas criacionistas da Terra jovem não têm todas as respostas para suas perguntas. Mas, a Palavra de Deus nos dá as principais verdades que eles precisam para buscar essas respostas, como fazem pesquisas científicas em andamento. Duas das questões mais

Assumptions, disponível em: <https:*//answersingenesis.org/geology/radiometric-dating/radiometric-dating-problems-with-the-assumptions/*>; *Radioisotope Dating of Rocks in the Grand Canyon*, disponível em: <*https://answersingenesis.org/geology/radiometric-dating/radioisotope-dating-of-rocks-in-the-grand-canyon/*>; *Significance of Highly Discordant Radioisotope Dates for Precambrian Amphibolites in Grand Canyon*, USA, disponível em: <https://answersingenesis.org/geology/grand-canyon-facts/radioisotope-dates-for-precambrian-amphibolites-in-grand-canyon/>, publicado originalmente em 2008 *Proceedings of the Sixth International Conference on Creationism*, 407–24, e os recursos na nota de rodapé anterior.

[48]Para mais detalhes sobre esse ponto, veja PURDOM, Georgia, *Evidence of New Genetic Information?* Disponível em: <https://answersingenesis.org/genetics/mutations/evidence- of-new-genetic-information/>; *Nylon-eating Bacteria Again*, disponível em:<https://answersingenesis. org/blogs/georgia-purdom/2012/03/01/nylon-eating-bacteria-again/>; e *Bacteria Evolve "Key Innovation" or Not?*, disponível em: <https://answersingenesis.org/blogs/georgia-purdom/2012/11/08/bacteria-evolve-key-innovation-or-not/>.

desafiadoras são estas. Uma, como podemos ver a luz de estrelas e galáxias que estão a milhões de anos-luz de distância, se o universo tem pouco mais de 6 mil anos? Físicos e astrofísicos criacionistas estão trabalhando em vários modelos para lidar com essa questão dentro de uma estrutura bíblica de Terra jovem, mas nenhum deles foi (e talvez nunca possa ser) comprovado como demonstravelmente correto. Contudo, esses cientistas criacionistas apontam que os evolucionistas[49] também têm um problema de viagem da luz e tempo igualmente difícil e não resolvido. O chamado "problema do horizonte" é que, mesmo com 13,8 bilhões de anos para a idade do universo, não houve tempo suficiente para que a luz fosse igualmente distribuída para produzir a temperatura uniforme da radiação de fundo (2,7 graus Kelvin), que é observada onde quer que os astrônomos olhem.[50] Em segundo lugar, os cientistas criacionistas estão fazendo mais pesquisas para descobrir o que os isótopos radioativos estão nos dizendo, uma vez que não estão nos dando a verdadeira idade das rochas. O Dr. Andrew Snelling, geólogo da AiG, está trabalhando na pesquisa sobre esse tópico.[51] Há muitas

---

[49]Alguns leitores podem objetar que o tempo de viagem da luz não tem nada a ver com evolução. Mas, como apenas um exame das capas e dos sumários de muitos livros didáticos seculares de astronomia e geologia mostrará, os astrofísicos falam de "evolução estelar", "evolução galáctica" e os geólogos falam da "evolução da Terra". Como na evolução biológica, essas outras histórias sobre o passado baseiam-se na suposição de que tudo pode ser explicado pelo tempo, pelo acaso e pelas leis da natureza agindo sobre a matéria. A teoria do Big Bang é uma história evolucionária sobre a origem do universo.

[50]LISLE, Jason. Does Distant Starlight Prove the Universe Is Old?. In: HAM, Ken. *The New Answers Book 1*. (Org.). Green Forest, AR: Master Books, 2006, 245–54.

[51]Essa série de artigos técnicos demonstra, a partir da literatura convencional, que as taxas de decaimento de todos esses isótopos radioativos usados convencionalmente para datar rochas como tendo milhões e bilhões de anos foram todas calibradas (ou ajustadas) de modo que as idades derivadas delas concordem com tempo de decaimento do 238U (U-Pb). Veja *Determination of the Radioisotope Decay Constants and Half-Lives: Rubidium-87 (87Rb)*, Answers Research Journal 7 (2014): 311–22, disponível em: <https://answersingenesis.org/geology/radiometric-dating/determination-radioisotope-decay-constants-and-half-lives-rubidium-87-87rb/>; *Determination of the Radioisotope Decay Constants and Half-Lives*: Lutetium-176 (176Lu), ARJ 7 (2014): 483–97, disponível em: <https://answersingenesis.org/geology/radiometric-dating/determination-radioisotope-decay-constants-and-half-lives-lutetium-176/>; *Determination of the Radioisotope Decay Constants and Half-Lives: Rhenium-187* (187Re), ARJ 8 (2015): 93–111, disponível em: <https://answersingenesis.org/geology/radiometric-dating/determination-radioisotope-decay-constants-and-half-live-rhenium-187/>; *Radioisotope*

outras questões em biologia, geologia e astronomia para explorar também dentro da estrutura interpretativa do testemunho ocular do Criador.

POR QUE GÊNESIS É IMPORTANTE

Uma questão que envolve o evangelho

A Bíblia chama a morte de "inimigo" (1Coríntios 15:26). Quando Deus vestiu Adão e Eva com casacos de pele (Gênesis 3:21), pode-se dizer que esta foi a primeira morte – a morte e derramamento de sangue de um animal. Em outra passagem nas Escrituras, aprendemos que sem o derramamento de sangue não há remissão de pecados (Hebreus 9:22), e a vida da carne está no sangue (Levítico 17:11). Dado que Adão pecou, um pagamento pelo pecado era necessário. Como a morte era a penalidade pelo pecado, a morte e o derramamento de sangue eram necessários para expiar o pecado. Então, Gênesis 3:21 descreveria o primeiro sacrifício de sangue como penalidade pelo pecado – aguardando aquele que seria o Cordeiro de Deus (João 1:29) para morrer "de uma vez por todas" (Hebreus 10:10-14) para que todos que confiam Nele sejam perdoados e recebam a vida eterna.

Os israelitas sacrificavam animais repetidamente como uma cobertura cerimonial para o pecado. Contudo, Hebreus 10:4 nos diz que o sangue de touros e bodes não pode tirar nosso pecado – não estamos fisicamente relacionados a animais. Precisávamos de um sacrifício humano perfeito. Assim, todo esse sacrifício de animais estava apontando adiante para o chamado Messias (Jesus Cristo).

Agora, se houve milhões de anos de morte e derramamento de sangue de animais inocentes antes da queda de Adão, então

Decay Constants and Half-Lives: Samarium-147 (147Sm), ARJ 8 (2015): 305–21, disponível em: <https://answersingenesis.org/geology/radiometric-dating/determination-radioisotope-decay-constants-and-half-lives-samarium-147/>; *Determination of the Radioisotope Decay Constants and Half-lives*: Potassium-40 (40K), ARJ 9 (2016): 171–96, disponível em: <https://answersingenesis.org/geology/radiometric-dating/determination-radioisotope-decay-constants-half-lives-potassium-40/>; *Determination of the Radioisotope Decay Constants and Half-lives*: Uranium-238 (238U) and Uranium-235 (235U), ARJ (em preparação).

como a morte animal substitutiva poderia ser uma cobertura para o pecado depois da Queda? Se toda essa suposta morte antes da Queda foi declarada por Deus como "muito boa", como pode o sacrifício de animais após a Queda ser associado ao perdão do pecado? Qualquer cenário de Terra antiga torna absurda a doutrina da expiação. Além disso, se houve morte, doença, derramamento de sangue e sofrimento antes do pecado, então todo esse mal natural seria culpa de Deus – não culpa nossa! Por que Deus exigiria a morte como sacrifício pelo pecado se Ele foi o único responsável pela morte e derramamento de sangue, tendo criado o mundo com essas coisas ruins?

Percebam isso ou não, todos os proponentes da Terra antiga na igreja têm uma visão da morte e do mal natural que é irreconciliável com o ensino da Bíblia sobre criação pré-Queda, maldição sobre a Criação na Queda e remoção futura dessa maldição na Segunda Vinda de Jesus Cristo (Apocalipse 22:3). Posto de maneira simples, todas as visões de Terra antiga colocam a morte antes do homem. A Bíblia coloca o homem antes da morte.

Uma das perguntas mais frequentes de hoje é como os cristãos podem acreditar em um Deus amoroso com tanta morte e sofrimento no mundo. A resposta correta é que a maldição justa de Deus por causa do pecado de Adão resultou nessa morte e sofrimento tanto na criação humana quanto na não humana. Nós somos culpados. Deus não é o Criador sem amor ou incompetente de um mundo "muito ruim". Ele é um Deus absolutamente bom que fez um mundo "muito bom", que Ele amaldiçoou justamente por causa da rebelião do homem. Desde a eternidade, Deus tinha um plano amoroso para resgatar as pessoas do pecado e suas consequências, e da separação eterna de Deus no inferno, para restaurar e redimir toda a criação arruinada pelo pecado (Atos 3:21; Colossenses 1:15-20).

Então, acreditar em milhões de anos é uma questão que envolve o evangelho. Essa crença, em última análise, contesta o caráter do Criador e Salvador e mina a fundação do evangelho que salva a alma.

Um problema para a salvação?

A idade da criação não é um problema para a salvação. Muitos cristãos acreditam em milhões de anos e são verdadeiramente nascidos de novo. Sua crença em milhões de anos não afeta sua própria salvação e pode não afetar sua vida cristã diária. Mas ela afeta sim *outras* pessoas, tais como seus filhos ou pessoas que eles ensinam na igreja ou amigos, vizinhos e colegas de trabalho incrédulos, que eles tentam evangelizar. Quando um cristão não acredita em Gênesis, mas aceita o que a maioria científica diz sobre a idade da criação, ele manda uma mensagem para os outros que se pode escolher em quais partes da Bíblia crer. O exemplo do cristão que aceita a Terra antiga torna-se uma pedra de tropeço para os outros. Por exemplo, dizer aos jovens que eles podem reinterpretar Gênesis para ajustá-lo a milhões de anos é um exemplo mortal. Ao invés de interpretar as Escrituras de forma contextualizada e de checar a coerência interna das Escrituras, esses jovens podem começar a tomar como referência algo fora das Escrituras, como alguma autoridade humana (por exemplo, a visão da maioria dos cientistas ou dos teólogos, ou a visão do seu líder cristão favorito), e usar os pontos de vista deles para acrescentar ideias às Escrituras.

Com o tempo, essas pessoas podem ter (e muitas têm) a ideia de que a Bíblia não é a Palavra de Deus infalível. Isso cria dúvidas na Palavra de Deus – e a dúvida muitas vezes leva à incredulidade. Eventualmente, elas podem rejeitar completamente as Escrituras. Como o evangelho vem de um livro em que eles não confiam ou não acreditam ser verdadeiro, eles podem facilmente rejeitar o próprio evangelho.

O que o grande evolucionista do século XIX, T. H. Huxley, que cunhou o termo “agnóstico” para descrever sua visão, disse em 1893 tem sido repetido desde então, em palavras cada vez mais breves, por outros não cristãos:

> Não consigo compreender como alguém pode duvidar, por um momento, que a teologia cristã deve se sustentar em pé ou cair

> juntamente com a confiabilidade histórica das Escrituras judaicas. A própria concepção do Messias, ou Cristo, está inextricavelmente entrelaçada com a história judaica; a identificação de Jesus de Nazaré com aquele Messias baseia-se na interpretação das passagens das Escrituras hebraicas que não têm nenhum valor evidencial, a menos que possuam o caráter histórico atribuído a elas. Se o pacto com Abraão não foi feito; se a circuncisão e os sacrifícios não foram ordenados por Javé; se as "dez palavras" [ou seja, os Dez Mandamentos] não foram escritas pela mão de Deus nas tábuas de pedra; se Abraão for um herói mais ou menos mítico, como Teseu; se a história do dilúvio for uma ficção; a da Queda uma lenda; e a da criação o sonho de um vidente; se todas essas narrativas definidas e detalhadas de eventos aparentemente reais não têm mais valor como história do que as histórias do período régio de Roma – o que dizer sobre a doutrina messiânica, que é muito menos claramente enunciada? E o que dizer sobre a autoridade dos escritores dos livros do Novo Testamento, que, nessa teoria, não apenas aceitaram frágeis ficções como verdades sólidas, mas construíram os fundamentos do dogma cristão sobre areias movediças lendárias?[52]

Portanto, a idade da Terra e do universo não é uma questão de salvação em si – alguém pode ser salvo mesmo sem acreditar no que a Bíblia diz sobre essa questão. Mas, é uma questão de salvação indiretamente. Cristãos que se comprometem com a evolução e/ou milhões de anos estão, contrariamente às suas intenções, encorajando os outros para a incredulidade a respeito da Palavra de Deus e do evangelho.

CONCLUSÃO

A Bíblia ensina claramente a criação da Terra jovem e essa era a crença quase universal da igreja até o início do século XIX.

[52]HUXLEY, Thomas H. *Science and Hebrew Tradition* [Ciência e Tradição Hebraica]. Nova York: D. Appleton, 1893, 207–08. Veja <http://infidels.org/library/modern/mathew/sn-huxley.html> para a explicação de Huxley de sua visão e da invenção da palavra "agnóstico".

É a ortodoxia cristã histórica[53] e todas as visões criacionistas da Terra antiga e teístas evolucionistas são novidades relativamente recentes. E um pequeno, mas crescente número de cientistas PhD em biologia, genética, geologia e astronomia/física (muitos dos quais eram evolucionistas ou não acreditavam em Gênesis em relação ao dilúvio global e à idade da criação) acreditam que a evidência científica confirma esmagadoramente a verdade literal do Gênesis 1–11.[54]

Nos últimos duzentos anos, a maioria dos cristãos tentou várias maneiras de harmonizar a Bíblia com a evolução e/ou milhões de anos. Durante esse tempo, o Ocidente cristão (Europa Ocidental, Grã-Bretanha e América do Norte) não se tornou mais cristão ou mais aberto ao evangelho, mas tornou-se cada vez mais moral e espiritualmente perverso e contrário a ele. Além disso, grande parte da igreja no Ocidente tornou-se espiritualmente e doutrinariamente corrupta à medida que as culturas se tornaram controladas por uma cosmovisão naturalista e ateísta. E, como eu e outros palestrantes da AiG sabemos por palestras em mais de quarenta países em todos os continentes e pelo site da AiG sendo visitado por pessoas de mais de cem países, a evolução cosmológica, geológica

---

[53]Alguém pode objetar que a ortodoxia cristã é refletida nos credos ecumênicos (Credo dos Apóstolos, Credo Niceno e Credo Atanasiano) e nenhum deles diz nada sobre o como e o quando da Criação, ou sobre a extensão, natureza e duração do dilúvio de Noé. Assim, argumenta-se, isso não faz parte da ortodoxia cristã. Contudo, essa é uma visão equivocada desses credos, que, apesar de um importante testemunho de algumas verdades do cristianismo ortodoxo, foram escritos para tratar de questões específicas naqueles tempos, e não resumem todas as verdades nas quais os cristãos ortodoxos acreditavam e que são importantes. Por exemplo, nenhum deles menciona os milagres que Jesus fez, nem se referem à crença universal da igreja de que a Bíblia é a Palavra de Deus inspirada. Da mesma forma, eles não mencionam a crença numa Terra jovem e num dilúvio global, pelo simples fato de que esses não eram pontos de desacordo entre os cristãos que acreditavam na Bíblia até o século XIX. Veja Mortenson, *The Great Turning Point*, 40-44. Veja também o comentário do geólogo partidário da Terra jovem Davis Young: "Não se pode negar, a despeito das frequentes interpretações de Gênesis 1 que se afastaram do rigidamente literal, que a visão quase universal do mundo cristão até o século XVIII era que a Terra tinha apenas alguns milhares de anos." YOUNG, Davis A. *Christianity and the Age of the Earth* [Cristianismo e a Idade da Terra]. Thousand Oaks, CA: Artisan Sales, 1988, 25, com declarações semelhantes nas páginas 13, 20, 22 e 39.

[54]Para uma lista parcial de cientistas criacionistas modernos e históricos, veja <*https://answersingenesis.org/creation-scientists/*>.

e biológica se tornou um grande impedimento ao evangelho em todos os outros países do mundo também. As pessoas raciocinam que se os capítulos iniciais de Gênesis não são verdadeiramente históricos (como muitos não cristãos imaginam que o autor bíblico claramente pretendia ser entendido), então por que confiar no restante da Bíblia, incluindo sua moralidade, o evangelho e seus ensinamentos sobre o fim do mundo?

Em contraste, onde a apologética criacionista (bíblica e científica) tem sido bem ensinada nas famílias e igrejas, adultos e crianças têm sido fortalecidos em sua fé e submissão à Palavra de Deus e encorajados em seu testemunho. E muitas pessoas perdidas alcançaram a fé em Jesus Cristo depois de ver que a evidência científica realmente confirma a verdade histórica literal de Gênesis 1–11. Elas concluem que o evangelho é verdadeiro porque os fundamentos históricos do evangelho são verdadeiros.

Logo após surgir o livro *The Descent of Man* [A descendência do homem], de Darwin (1871), muitos na igreja não apenas aceitavam a evolução como explicação para a origem de plantas e animais, mas muitos também começaram a rejeitar a criação sobrenatural de Adão do pó e Eva de sua costela. Na década de 1880, o então editor de um periódico cristão estimou que "talvez um quarto, talvez metade dos ministros instruídos em nossas principais denominações evangélicas" acreditasse "que a história da criação e queda do homem, contada em Gênesis, não é mais confiável como registro de ocorrências reais do que a parábola do Filho Pródigo."[55]

Assim, aqui está a progressão das concessões nos últimos duzentos anos. Primeiro, a igreja aceitou que a Terra tem milhões de anos, mas insistiu que plantas e animais foram criados sobrenaturalmente (não evoluídos) e que Adão foi criado sobrenaturalmente por Deus cerca de 6 mil anos atrás. Então, veio a visão de que a Terra é antiga e que animais e plantas evoluíram ao longo de milhões de anos, mas que Deus criou Adão e Eva cerca de 6 mil anos atrás. Mais tarde, muitos cristãos insistiram que Adão foi criado

[55]Apud NUMBERS, Ronald. *The Creationists*. Nova York: Alfred A. Knopf, 1992, 3.

sobrenaturalmente, mas muito antes de 6 mil anos atrás. Outros disseram que o corpo de Adão evoluiu de algum animal inferior, que se transformou em humano pela infusão da imagem divina. Agora temos evangélicos professos que afirmam acreditar na inerrância e ainda acreditam que Adão nunca existiu como indivíduo, mas sim a humanidade evoluiu espiritualmente e fisicamente de algumas criaturas semelhantes a macacos ao longo de dezenas de milhares de anos.

A concessão que a igreja fez [à ideia de] milhões de anos abriu as portas para um comprometimento maior da verdade bíblica nos dois séculos seguintes, incluindo a crescente negação atual de um Adão literal e uma queda literal. Uma vez que o desvio começou com a idade da Terra, não houve mais como parar o comprometimento teológico, exceto para aqueles que retornaram à autoridade suprema das Escrituras e creram em Deus, ao invés de crer na maioria dos cientistas. A alegação de milhões de anos é a base dessa batalha atual sobre Adão e também da controvérsia em nossa cultura sobre casamento, gênero e sexo. Não podemos argumentar, com consistência exegética ou hermenêutica, que existem apenas dois gêneros (masculinos e femininos) designados por Deus como um presente durante a concepção e que o casamento é entre um homem e uma mulher para toda a vida, e que sexo é somente para ser praticado dentro do casamento, se não houve Adão e Eva literais, cuja criação é descrita em Gênesis 1–2. Mas, não podemos apenas lutar por um Adão literal, por mais crítico que isso seja. Devemos também lutar por uma Terra jovem, porque a mesma Palavra de Deus que ensina um Adão literal e uma queda literal, também ensina que toda a criação tem pouco mais de 6 mil anos.[56]

[56]<https://answersingenesis.org/who-is-god/god-is-good-the-god-of-an-old-earth/>.

1.1

Resposta do CRIACIONISMO (PROGRESSIVO) DA TERRA ANTIGA

Hugh Ross

Eu concordo com muito do que Ham escreveu. Estou completamente convencido, assim como ele, que a Bíblia é a "Palavra infalível [e inerrante] de Deus". Defendo "a autoridade suprema das Escrituras". Acredito que Gênesis 1–11 comunica "verdade histórica literal" e que "a evidência científica confirma esmagadoramente a verdade literal de Gênesis 1–11". Gênesis 1, como eu vejo, descreve claramente uma cronologia de eventos sobrenaturais que ocorreram na história. Concordo que os dias da criação são "sequenciais e não sobrepostos", e que Gênesis 1 nos diz "como e quando Ele [Deus] criou".

Ham e eu compartilhamos também a visão de que apresentar evidências científicas para a exatidão histórica de Gênesis 1–11 é uma maneira eficaz de levar as pessoas à fé em Cristo. Ambos diríamos que "acreditar na inerrância e ainda assim acreditar que Adão nunca existiu como indivíduo" (p. 62) parece contraditório. Assim como Ham, estou convencido de que o dilúvio de Noé inundou mais do que apenas a Mesopotâmia e, de fato, exterminou todos os seres humanos, exceto aqueles na arca.

No entanto, minha interpretação literal dos textos inerrantes de criação da Bíblia difere de Ham em vários pontos. Neste espaço limitado, posso oferecer apenas alguns exemplos:

1. Eu vejo a superfície das águas da Terra (Gênesis 1:2) como a estrutura de referência para a narrativa dos seis dias da criação.
2. Ao contrário de Ham, creio que a poesia e as imagens hebraicas transmitem verdades explícitas sobre a história da criação. Por exemplo, Jó 38:8-9 diz que Deus "envolveu o mar em densas trevas", fazendo "as nuvens suas vestes". Jó afirma, aqui, que uma atmosfera primordial opaca, não a inexistência do sol, causou a escuridão "sobre a superfície das profundezas".
3. Uma integração de Gênesis, Jó e Salmos me leva a crer que a atmosfera da Terra era opaca antes do primeiro dia, tornou-se translúcida no primeiro dia e depois se tornou transparente, pelo menos ocasionalmente, do quarto dia em diante, não que o sol foi criado no quarto dia. Essa sequência se alinha com as necessidades da vida. A primeira vida da Terra precisa de luz para a fotossíntese. Os animais criados após o quarto dia precisam de luzes no céu como "sinais" para regular seus complexos relógios biológicos. O texto reafirma que Deus fez o sol, a lua e as estrelas.
4. Eu concordo com o estudioso do hebraico Jack Collins[1] que a estrutura da sentença de Gênesis 1:1-2 implica em tempo transcorrido entre o evento inicial da criação e a Terra "sem forma e vazia", e entre a Terra primordial e o primeiro dia da criação.
5. Enquanto Ham afirma, que "a criação dá uma mensagem confusa sobre o Criador" (p. 27-28), eu discordo, citando Romanos 1:20: "As qualidades invisíveis de Deus – seu eterno poder e natureza divina – foram claramente vistas, sendo entendidas a partir de o que foi feito."
6. Ham diz que "a criação é amaldiçoada" e que não se pode confiar que revele a verdade por si mesma. A afirmação contradiz Romanos 1, Salmos 19 e muitas outras passagens. Quando o pecado entrou no mundo por meio de Adão, a pecaminosidade da humanidade se tornou o flagelo da Terra. Como Gênesis 3:17

[1]COLLINS, C. John. *Genesis* 1–4: A Linguistic, Literary, and Theological Commentary. Phillipsburg, NJ: P&R, 2006, 51

afirma: "Maldito é o solo por sua causa." A humanidade mudou, mas não as leis físicas estabelecidas por Deus no princípio. As leis da natureza foram projetadas desde o início para servir ao propósito redentivo e plano de Deus, posto em prática antes do início dos tempos.

7. Ham vê Êxodo 20:11 como uma "muralha intransponível" para o Criacionismo da Terra Antiga, talvez porque o texto em inglês diga: "Pois em seis dias..." No entanto, o texto hebraico diz: "Pois seis dias..." e usa o verbo *'asah* ("feito, formado"), não *bara'* ("criar"). Deus é retratado como um artesão divino. Êxodo 20:11 está afirmando que Deus molda o universo, a Terra e a vida a partir de suas histórias.
8. Ham se pergunta por que Deus esperaria passar milhões de anos entre seus atos de criação. Creio que Jó e Salmos fornecem uma resposta. O plano de Deus era cumular a Terra com a maior quantidade de vida possível, tão diversa quanto possível, pelo maior tempo possível tal que, dadas as leis físicas imutáveis, nós humanos tivéssemos os recursos (biodepósitos) necessários para cumprir a Grande Comissão em uma janela de tempo relativamente breve.
9. Eu concordo com Ham que os milagres de criação de Deus ocorreram instantaneamente, mas eu discordo que eles ocorreram quase simultaneamente. Do texto e do registro da natureza, emerge o quadro de inúmeros milagres (instantâneos) realizados ao longo de bilhões de anos.
10. A insistência de Ham na completude das genealogias de Gênesis 5 e 11 contradiz a pesquisa de muitos eruditos bíblicos conservadores.[2] Uma leitura cuidadosa do texto hebraico original revela que nenhuma das genealogias é exaustiva.
11. Igualar "o começo da criação" em Marcos 10:6 e "o começo do mundo" em Lucas 11:50-51 com o evento da criação cósmica é identificar incorretamente o contexto desses versículos.

[2]KAISER JUNIOR, Walter C. *Hard Sayings of the Bible* [Ensinamentos difíceis da Bíblia]. Downers Grove, IL: InterVarsity Press, 1996, 48-50, 102-104.

Em Marcos, Jesus se referiu à criação do primeiro casal humano, e em Lucas, à história da humanidade de Abel em diante.

12. Ham afirma que, se Deus criasse em longas eras, ele teria inspirado Moisés a usar palavras hebraicas diferentes de *yom*. Entretanto, nenhuma das palavras que Ham sugere se refere a uma época específica e finita do tempo.

Por um lado, Ham afirma que "os seres humanos também foram testemunhas oculares de muitos desses eventos [da criação]", mas por outro lado ele afirma que eles são "inobserváveis" (p. 41). Adão e Eva foram criados no final do sexto dia. Eles não poderiam ter sido testemunhas oculares de eventos da criação anteriores. Eu acrescentaria que, como a velocidade da luz é finita e constante, os astrônomos hoje podem testemunhar eventos passados. Ao observar alcances distantes do espaço, os astrônomos testemunham diretamente o trabalho preparatório que Deus fez muito antes da Terra e Adão existirem.

A mensagem central de Ham é a seguinte: "a questão da idade da Terra para os cristãos se reduz à questão de autoridade [da Palavra de Deus]" (p. 45-46). Ele sugere que a discordância de sua opinião nega a autoridade bíblica. Ao fazer tal declaração, ele (inadvertidamente) iguala a sua interpretação particular de Gênesis com a "Palavra de Deus". Embora o texto seja inerrante, nenhum mero leitor do texto é [inerrante]. Deixe-me acrescentar que eu também abraço totalmente a autoridade da Palavra de Deus.

As "raízes históricas da ideia de milhões de anos", como apresentadas por Ham, representam uma séria distorção da história. Antigos escritos cristãos, anteriores a Isaac Newton (que, muito antes de James Hutton e Charles Lyell, explicitamente expressou sua interpretação de Gênesis 1 como Terra antiga em uma carta ao capelão do rei em 1681[3]),

[3]NEWTON, Isaac. Newton to Burnet, letter 247. In: TURNBULL, H.W. (Org.). The Correspondence of Isaac Newton. V. 2, 1676-1687. Cambridge: Cambridge University Press, 1960, 333; ROSS, Hugh. A Matter of Days: Resolving a Creation Controversy [Uma questão de dias: resolvendo uma controvérsia sobre a criação], 2. ed. Covina, CA: RTB Press, 2015, 5.

mostram que estudiosos bíblicos antigos viam a idade da Terra como doutrinariamente insignificante. Entre mais de 2 mil páginas de antigos comentários cristãos sobre Gênesis 1, apenas cerca de duas páginas abordam a escala de tempo da criação. Alguns estudiosos dizem que essas duas páginas endossam a crença da Terra jovem, outros a crença da Terra antiga. Podemos dizer com mais justiça que elas se apresentam como hesitantes. O ponto mais importante a notar é que os pais da igreja primitiva permaneceram caridosos em relação àqueles que possuíam pontos de vista diferentes sobre a escala de tempo da criação.

Ham rejeita a datação radiométrica porque certas alegações sobre datações radiométricas provaram-se errôneas. É claro que datas radiométricas serão imprecisas se o método for mal aplicado. Para termos datas precisas, as amostras devem estar dentro de um intervalo apropriado: não mais jovem que um sexto e não mais velhas do que seis vezes a meia-vida do radioisótopo em particular. A amostra ser de grande tamanho e pureza também são essenciais para discernir datas radiométricas precisas.

Muitos cientistas criacionistas da Terra jovem admitiram que, se as meias-vidas radioisotópicas são invariantes, o universo e a Terra devem, de fato, ter bilhões de anos.[4] Acredito que a própria Bíblia declara a invariância da física, e os espectros observáveis de estrelas e galáxias distantes atestam a constância do passado. Na Terra, os físicos medem as razões de isótopos de xenônio mostrando que o plutônio estava presente na Terra primitiva e decaia à mesma taxa que ocorre hoje em reatores nucleares. Um reator nuclear natural (agora exaurido) no Gabão remonta a um tempo em que o urânio-235 ainda não havia decaído para o seu baixo nível atual.

A datação radiométrica representa apenas um dos muitos indicadores da idade da Terra.[5] O núcleo de gelo da Base Concórdia, na

---

[4]VARDIMAN, Larry; SNELLING, Andrew A; CHAFFIN, Eugene F. (Orgs.). *Radioisotopes and the Age of the Earth* [Radioisótopos e a Idade da Terra]. El Cajon, CA: Institute for Creation Research, 2000, 42-44, 306-07, 312-13, 316-18, 334-37, 374, disponível em: <http://www.icr.org/i/pdf/research/rate-all.pdf>.

[5]Para documentação das evidências seguintes e muito mais veja meu livro: *A Matter of Days*: Resolving a Creation Controversy, 2. ed. Covina, CA: RTB Press, 2015.

Antártica, nos mostra oitocentas mil camadas anuais, confirmadas como sendo anuais pelos sinais de poeira de erupções vulcânicas com datas históricas conhecidas. Os núcleos revelam oito ciclos de variação de 100 mil anos na excentricidade da órbita da Terra. Os núcleos de sedimentos fornecem um registro contínuo dos ciclos orbitais da Terra nos últimos 3,9 milhões de anos. A grande quantidade de biodepósitos da Terra indica que a vida existiu na Terra a uma abundância quase máxima possível por pelo menos várias centenas de milhões de anos.

Sou encorajado pelo reconhecimento de Ham quanto ao problema da luz de galáxias distantes. No entanto, ele se enganou ao afirmar que os criacionistas da Terra antiga não têm solução para o "problema do horizonte". A inflação cósmica é a solução para ele. A inflação cósmica é um resultado esperado da quebra de simetria que ocorre quando (devido ao resfriamento cósmico) a força forte-eletrofraca se separa em força nuclear forte e força eletrofraca. Uma assinatura inconfundível da inflação cósmica é o índice espectral escalar de radiação remanescente do evento de criação. A medição mais precisa até hoje não deixa dúvidas de que ocorreu um evento de inflação cósmica.[6]

Ham se pergunta por que existem fósseis marinhos no monte Everest se a inundação de Noé não foi global. A resposta é que o Himalaia já foi o fundo do mar, que "enrugou" pela colisão tectônica entre o subcontinente indiano e a Ásia.

Ham pensa que um mundo com "morte, doença, derramamento de sangue e sofrimento antes do pecado" é "um mundo muito ruim", um mundo que Deus nunca chamaria de "muito bom" (p. 57). Deus certamente poderia ter criado um mundo sem morte, doença ou dor. No entanto, esse seria um mundo onde os humanos ou não teriam livre arbítrio (sem possibilidade de amor) ou enfrentariam continuamente o terrível risco de rebelião. O objetivo de Deus foi

[6]CRITES A. T. et al. Measurements of E-Mode Polarization and Temperature-E-Mode Correlation in the Cosmic Microwave Background from 100 Square Degrees of SPTpol Data, *Astrophysical Journal* 805 (Maio 2015): id. 36, doi:10.1088/0004-637X/805/1/36.

dar aos humanos uma esfera na qual o amor é real e, por sua intervenção amorosa, o pecado e o mal poderiam ser permanentemente conquistados e eliminados, mantendo intacto o livre-arbítrio. A nova criação (Apocalipse 21) – onde o livre-arbítrio está seguro porque já foi testado pela tentação mais forte possível – é o seu plano final.

A predação animal, por mais terrível que pareça, serve a um propósito benéfico. Estudos mostram, por exemplo, que rebanhos herbívoros prosperam na presença de carnívoros e se deterioram sem eles. Ainda não entramos na nova criação.

Como explico em meu livro *Why the Universe Is the Way It Is* [Por que o universo é da forma como é], Deus tem boas razões para criar gravidade, eletromagnetismo, forças nucleares e termodinâmica. Sim, essas leis físicas resultam em morte e decadência, mas elas servem criticamente ao seu plano final de conquistar e eliminar o pecado e o mal. Da mesma forma, o que frequentemente chamamos de "males" naturais, na verdade, são benéficos para a humanidade. Terremotos, furacões e incêndios florestais, por exemplo, servem a bons propósitos em que Deus projetou o número e a intensidade desses eventos para maximizar os bons resultados.

O sofrimento, também, que ninguém tende a acolher, igualmente serve aos bons propósitos de Deus, auxiliando o nosso crescimento e o avanço de seu reino. O seu povo não está imune à dor e ao sofrimento que os incrédulos enfrentam, mas sua graça nos permite glorificá-lo em meio ao sofrimento – um testemunho impactante. De acordo com Tiago 1:2, as provações que experimentamos à medida que nosso caráter é moldado em uma maior semelhança com Cristo podem até nos trazer "alegria pura".

Eu acho muito irônica a afirmação de Ham de que o Criacionismo da Terra Antiga "cria dúvidas na Palavra de Deus" (p. 58). Ao longo dos meus 43 anos como pastor e evangelista, tenho visto o oposto. Minha própria história e inúmeras outras contradizem essa afirmação. Quanto mais estudei o mundo da natureza, mais razões encontrei para total confiança na verdade de sua Palavra.

1.2
Resposta da CRIAÇÃO EVOLUCIONÁRIA

Deborah B. Haarsma

Sou grata por esta primeira oportunidade de interagir diretamente com Ken Ham e as visões de *Answers in Genesis* (AiG) sobre o criacionismo da Terra Jovem (CTJ). Nem todos os criacionistas da Terra jovem compartilham de todas as visões de AiG, assim vou indicar minhas respostas adequadamente.

CTJ e CE concordam sobre o cerne da fé cristã.

A criação evolucionária (CE) se junta ao CTJ na crença de que o Deus da Bíblia é o criador de todo o universo e que Jesus Cristo é o único caminho para a salvação. Muitas vezes, Ham rotulou os criacionistas evolucionários como "cristãos que comprometem a fé", e, portanto, foi bom ver Ham afirmar aqui que "a idade da criação não é um problema para a salvação. Muitos cristãos acreditam em milhões de anos e são verdadeiramente nascidos de novo" (p. 58) e que os criacionistas evolucionários têm "intenções sinceras" (p. 45).

A sociedade americana está enfrentando sérios problemas, mas a ciência evolutiva não é a causa.

As causas do pecado e da injustiça são sérias e complexas, decorrentes de visões de mundo dominadas pelo egoísmo, orgulho e relativismo, bem como pelo cientificismo ateísta. Alguns ateus falsamente citam a ciência para justificar o comportamento imoral ou a rejeição de Deus, e tais afirmações precisam ser profundamente rejeitadas por todos os cristãos. No entanto, a ciência em si não faz tais alegações baseadas em cosmovisões, e a ciência evolucionária, como outras áreas da ciência, pode ser vista de uma perspectiva completamente cristã. O evolucion*ismo* deve ser rejeitado, mas a ciência evolucionária não destrói os fundamentos da fé cristã; nenhuma descoberta científica pode fazer isso.

Answers in Genesis (AiG) retrata falsamente as visões e práticas dos cientistas.

Lamentavelmente, Ham e a AiG repetem falsidades sobre pontos importantes. É simplesmente falso afirmar que a "evidência científica que confirma a verdade literal de Gênesis 1–11 é esmagadora e cresce com o tempo" (p. 42). De fato, a evidência científica é esmagadora e cada vez mais contra a visão da criação da Terra jovem. Embora Ham afirme que a evolução e uma Terra antiga são o resultado de visões de mundo "antibíblicas" entre os cientistas (p. 51), o fato é que cientistas de muitas culturas e cosmovisões examinaram e aceitaram essa evidência por seus méritos.[1] A discussão de Ham sobre os primeiros geólogos não menciona os primeiros geólogos cristãos, que entraram no campo sem preconceito anticristão, até mesmo pretendendo encontrar uma Terra jovem e uma inundação global, e foram convencidos do contrário pelas evidências na criação de Deus.[2] Jesus nos ordena amar nossos próximos cientistas e compartilhar o evangelho com eles, o que é difícil de conciliar com deturpação de seu trabalho e acusá-los de preconceito não profissional. Outros criacionistas da Terra jovem evitam essas falsidades

---

[1]Noventa e nove por cento dos biólogos aceitam que os humanos evoluíram. PEW RESEARCH CENTER, *An Elaboration of AAAS Scientists' Views*, Julho 23, 2015, disponível em: <http:// www.pewinternet.org/2015/07/23/an-elaboration-of-aaas-scientists-views/>.

[2]Veja YOUNG, Davis; STEARLEY, Ralph. The Bible, Rocks, and Time [A Bíblia, rochas e o tempo]. Downer's Grove, IL: InterVarsity Press, 2008.

sobre a ciência e a comunidade científica, embora mesmo assim defendam uma Terra jovem.[3]

A ciência histórica é confiável e integralmente ligada à ciência experimental e observacional.

A AiG acredita que a ciência histórica é fundamentalmente diferente e menos confiável do que a ciência experimental. Contudo, as ciências histórica e experimental estão intimamente ligadas. Por exemplo, as observações astronômicas de gases em galáxias, cuja luz se originou milhões de anos atrás, são regularmente comparadas, hoje em dia, a experimentos de laboratório em gases semelhantes. Os métodos genéticos que se mostraram confiáveis no estudo do câncer de hoje são os mesmos métodos usados para medir as mudanças genéticas na evolução.[4]

Preocupações teológicas sobre a morte e o sofrimento têm melhores respostas do que rejeitar a ciência estabelecida.

Veja o meu ensaio inicial (Capítulo 3) e as referências lá citadas para mais sobre esse ponto importante.

A interpretação do CTJ para Gênesis ignora o contexto original e desvia da intenção original.

O CE considera a Bíblia seriamente como inspirada por Deus e, portanto, santa, confiável e com autoridade sobre nossas vidas.[5]

[3]Incluindo dois com quem me juntei para diálogos e painéis de debate: o biólogo Todd Wood, da Core Academy of Science, e o scholar bíblico Roy Gane, da Andrews University.

[4]Veja SWAMIDASS, S. Joshua. *Cancer and Evolution*. BioLogos blog post, Janeiro 11, 2017, disponível em: <http://biologos.org/blogs/guest/cancer-and-evolution>.

[5]Alguns criacionistas evolucionários também reivindicam o termo "inerrante" para as Escrituras, pois veem a Bíblia como inerrante no que ela pretende ensinar. Um exemplo seria B. B. Warfield, o conservador presbiteriano que deu origem ao conceito moderno de inerrância e também aceitou as evidências para a evolução. Outros criacionistas evolucionários não usam o termo inerrante, achando-o inútil ou divisivo, mas sustentam a inspiração e autoridade das Escrituras.

Os criacionistas evolucionários enfatizam que as Escrituras foram reveladas em um contexto pré-científico, no qual Deus acomodou sua mensagem para a compreensão das pessoas daquela época. A Bíblia é a revelação de Deus para pessoas de todos os tempos, mas foi a palavra de Deus dirigida a pessoas de uma época antes de chegar a nós. Esse contexto é essencial. A "leitura mais natural" das Escrituras (p. 26) não é um simples significado universal – uma leitura "natural" depende da cultura e da mentalidade que um leitor traz para ela.

Ham pergunta: "Quem é a autoridade suprema, Deus ou homem, ou qual é a autoridade final, a Palavra de Deus ou a palavra do homem?" (p. 46) Naturalmente, todos os cristãos concordam que Deus é a autoridade suprema. Mas o argumento de Ham cria uma falsa escolha. Ele iguala a interpretação da Escritura feita pelos adeptos da Terra jovem com a própria Escritura, esquecendo-se de que nossas interpretações humanas podem estar erradas e, portanto, não carregam a autoridade de Deus. O argumento também ignora que a ciência, embora de fato seja realizada por homens e mulheres falíveis e decaídos, está investigando a própria criação de Deus e, portanto, merece ser levada a sério. Deus se revelou tanto na Escritura quanto na natureza e ambas carregam sua autoridade (Salmos 19). A escolha diante de nós não é entre seres humanos *versus* Deus, nem ciência *versus* Bíblia, mas ciência humana *versus* interpretação bíblica humana.

Muitos estudiosos do Antigo Testamento, incluindo evangélicos, não veem o texto de Gênesis 1 como *exigindo* uma criação literal de seis dias de 24 horas.[6] Pesquisadores do hebraico entendem que Gênesis 1–11 é um gênero diferente de outras passagens do Antigo Testamento; embora esses capítulos possam se referir a eventos históricos, eles o fazem em uma mentalidade muito diferente daquela de um relato histórico moderno. Deus acomodou

[6]Por exemplo, Johnny V. Miller e John M. Soden do Lancaster Bible College em: *In the Beginning We Misunderstood*: Genesis 1 in Its Original Context [No princípio entendemos mal: Gênesis 1 em seu contexto original]. Grand Rapids: Kregel, 2012.

sua mensagem à mentalidade antiga usando imagens e metáforas comuns no antigo Oriente Próximo, para ensinar verdades fundamentalmente novas. Note-se que esses capítulos não têm o gênero de "testemunho ocular de Deus", e que uma interpretação desse tipo exigiria uma visão de inspiração como sendo um ditado. Outras passagens bíblicas referem-se a Gênesis no mesmo espírito de acomodação (por exemplo, criação em uma semana nos Dez Mandamentos, acomodando-se ao padrão de sete dias comum no mundo antigo).

O CE não usa a ciência para orientar a interpretação das Escrituras, nem a ciência nos ensina a "escolher em quais partes da Bíblia crer" (p. 58). Como explico em meu ensaio, a ciência pode, às vezes, nos levar a examinar mais de perto uma passagem (por exemplo, as observações de Galileu sobre o sistema solar levaram a um novo olhar para Salmos 93:1), mas a ciência simplesmente não tem as ferramentas para determinar a melhor interpretação. O CE nunca usa a ciência para descartar uma passagem, mas procura boas práticas de hermenêutica bíblica. Se a hermenêutica bíblica permite múltiplas interpretações possíveis, a ciência pode informar a nossa escolha. Por exemplo, os evangélicos estão atualmente discutindo muitas visões de Adão e Eva: a genética exclui Adão e Eva como progenitores únicos, mas ela é consistente tanto com visões históricas quanto com não históricas. Muitos criacionistas evolucionários veem Adão e Eva como pessoas históricas reais, líderes da população humana primitiva.

Muitos argumentos do CTJ têm sérios erros científicos.

Os criacionistas evolucionários acreditam que Deus poderia ter criado da maneira que quisesse. Deus é poderoso o suficiente para criar por meio de um ato sobrenatural instantâneo e poderoso o suficiente para planejar processos naturais que levem ao mesmo resultado ao longo de bilhões de anos. As evidências embutidas na criação nos mostram qual método Deus escolheu usar, e a CE aceita que as evidências apontam para este último.

Ham menciona vários argumentos científicos com poucos detalhes sobre cada um deles (p. 52). Aqui estão respostas:[7]

- Fósseis marinhos em topos de montanhas. Sim, eles existem, mas não necessitam de uma inundação global. Em vez disso, a rocha formou-se a partir de sedimentos em uma plataforma continental abaixo do nível do mar, e depois foi elevada à altitude de montanha pelo movimento da placa continental.
- Camadas de rocha espessa são da extensão de continentes. Sim, mas essas rochas não são uma camada uniforme sobre um continente inteiro, como previsto pelo modelo de inundação global. Em vez disso, a rocha encontra-se em muitas seções sobrepostas, mostrando que ela se formou em vários períodos à medida que a placa continental subia e descia em relação ao nível do mar.
- Bilhões de coisas mortas estão enterradas em rochas. Sim, mas as espécies não estão misturadas como esperado da violência de uma inundação global. Em vez disso, formações rochosas como o Grand Canyon mostram camadas discretas, cada uma contendo apenas organismos de um ecossistema particular (alguns apenas da terra, outros apenas dos rios etc.). Além disso, não se encontram mamíferos, pássaros, dinossauros ou plantas com flores nos fósseis do Grand Canyon, o que é altamente inconsistente com a alegação de uma inundação global.
- Ausência de erosão entre camadas sedimentares. Não, essa erosão é vista claramente em vários lugares no Grand Canyon

[7]Para mais respostas aos argumentos do CTJ, veja MOSIER, Stephen et al. *Flood Geology and the Grand Canyon*: What Does the Evidence Really Say? [Geologia do Dilúvio e o Grand Canyon: o que a evidência realmente diz?] BioLogos blog post, 29 de Junho de 2016. Disponível em: <http://biologos.org/blogs/archive/flood-geology-and-the-grand-canyon-what-does-the-evidence-really-say>; HILL, Carol et al. (Orgs.). *The Grand Canyon*: Monument to an Ancient Earth [O Grand Canyon: monumento a uma Terra antiga]. Grand Rapids: Kregel, 2016; YOUNG, Davis A.; STEARLEY, Ralph F. The Bible, Rocks, and Time. Downer's Grove, IL: InterVarsity Press, 2008.

e em outros lugares quando uma camada inferior mostra áreas de erosão (canais de rios, cavernas etc.) que foram preenchidas por sedimentos da camada acima.

Vamos rejeitar o modo como os ateus concebem a relação entre ciência e cristianismo.

Ham cita vários ateus, não tanto para contradizê-los, mas para afirmar a dicotomia que os ateus veem entre descobertas científicas e uma leitura literal das Escrituras, e entre a prática da ciência e uma cosmovisão cristã. O ensaio conclui que "a ciência tem sido controlada por uma cosmovisão filosófica/religiosa antibíblica por quase duzentos anos" (p. 50). O CE discorda fortemente dessa dicotomia e desafia a concepção ateísta. O CE contesta os ateus mostrando que as melhores interpretações das Escrituras não estão em conflito com as descobertas científicas, e que a prática da ciência surge naturalmente de uma cosmovisão cristã. Ao longo dos séculos, cristãos na ciência afirmaram tanto a Bíblia quanto novas descobertas científicas, incluindo o botânico Asa Gray, da Universidade de Harvard, um cristão devoto que estava entre os primeiros americanos a aceitar a teoria de Darwin, e muitos outros.

A abordagem AiG impede o discipulado cristão e o evangelismo ao amarrar a fé à ciência incorreta.

As organizações AiG e BioLogos têm sérias preocupações uma em relação à outra quanto às respectivas abordagens visando discipulado e evangelismo. O conselho de Ham para a igreja em relação aos jovens cristãos é ensinar a apologética do CTJ o mais fortemente possível; infelizmente, isso treina os jovens a usar ciência incorreta como base de sua fé. Na BioLogos, ensinamos aos jovens cristãos ciência de alta qualidade e forte hermenêutica bíblica, dando-lhes uma base sólida para sua fé. A resposta de Ham às cosmovisões antibíblicas disseminadas entre o público em geral é afirmar que a ciência confirma uma criação literal de seis dias; infelizmente, isso leva as pessoas inquiridoras, de mente propensa à ciência, a duvidar da credibilidade intelectual da fé cristã. Ao contrário disso, a BioLogos promove as vozes de cientistas de ponta, que são cristãos devotos, mostrando às pessoas que a ciência bem estabelecida se encaixa melhor dentro de uma cosmovisão cristã do que dentro do ateísmo.

Outros criacionistas da Terra jovem não vinculam evangelismo e discipulado tão intimamente ao seu compromisso com uma Terra jovem. Minha própria igreja de infância ensinou CTJ, mas nunca como um princípio central da fé, permitindo que minha fé fosse forte mesmo quando aprendi sobre as evidências científicas favoráveis a uma Terra antiga. Como a AiG diz que isso não é uma questão de salvação, minha esperança é que a AiG e outros criacionistas da Terra jovem se unam à BioLogos para encorajar as igrejas a apresentar a questão das origens como uma questão secundária. Nós podemos todos encorajar as igrejas a apresentar e discutir as múltiplas visões deste livro, incluindo o CE, como uma opção que defende a Palavra de Deus e o evangelho. Vamos mostrar aos nossos jovens que nossa unidade em Cristo é maior do que nossas divergências. Que o mundo saiba que somos cristãos pelo nosso amor uns pelos outros e pelo mundo.

1.3
Resposta do DESIGN INTELIGENTE

Stephen C. Meyer

Em meu artigo defendendo o design inteligente (p. 225ss), e em minha resposta a Hugh Ross, observo que o design inteligente é uma teoria neutra, que não toma posição quanto à interpretação do livro de Gênesis ou à idade da Terra. Esse aspecto da teoria dá origem a uma interessante assimetria. Embora todos os criacionistas sejam proponentes do design inteligente, nem todos os proponentes do design inteligente são criacionistas da Terra jovem ou da Terra antiga. Em vez disso, os defensores do design inteligente incluem tanto criacionistas da Terra jovem quanto criacionistas da Terra antiga e alguns evolucionistas teístas (em particular, aqueles que acreditam que o direcionamento divino no processo evolutivo é *detectável* em retrospectiva contra o pano de fundo do que a natureza faz ordinariamente). Como todos os criacionistas são necessariamente proponentes do design inteligente, falando como representante da teoria, eu não tenho muitas críticas a oferecer sobre as posições de Ken Ham ou Hugh Ross sobre a idade da Terra. Contudo, posso oferecer uma resposta pessoal ao artigo de Ken Ham (como faço para o artigo de Hugh Ross).

Embora eu ache que o Sr. Ham tenha explicado sua posição claramente, não me sinto convencido por seus argumentos bíblicos e nem por seus argumentos científicos. Como Hugh Ross, acho que os escritores da Bíblia parecem assumir muito mais tempo ao descrever os atos criativos de Deus do que a posição da Terra jovem permite. Além disso, eu não acho que uma leitura cuidadosa (mesmo literal) de Gênesis 1 apoie uma visão de Terra jovem. Além dos argumentos bíblicos de Ross contra uma Terra jovem, uma consideração adicional provou ser um preceito para mim.

Gênesis 1:14 descreve como Deus, no quarto dia da criação, fez ou "fez aparecer" (dependendo de como se traduz o verbo hebraico *hayah*) o Sol e a Lua. O texto também afirma especificamente que esses corpos celestes foram dados para marcar as estações, os dias e os anos.[1] Da forma como a NVI traduz a passagem: "Disse Deus: 'Haja luminares no firmamento do céu para separar o dia da noite. Sirvam eles de sinais para marcar estações, dias e anos...'"

O texto ensina claramente que o Sol e a Lua foram feitos para desempenhar uma função para os seres humanos, ou seja, a marcação do tempo, incluindo o período de tempo associado a um dia. Estranhamente, porém, três "dias" de criação já haviam precedido o dia em que os corpos celestes, que marcariam o tempo, foram criados ou revelados. Isso levanta uma questão óbvia. Se os marcadores de tempo divinamente designados para isso ainda não existiam ou ainda não eram visíveis do planeta Terra, como o tempo na Terra foi marcado durante os dias um, dois e três da Criação? Claramente, o tempo não estava sendo marcado da maneira como os seres humanos marcavam o tempo, observando o aparente movimento do Sol através da eclíptica enquanto a Terra girava em seu eixo. Com o Sol ainda não existente ou pelo menos ainda não visível, seus movimentos aparentes não marcariam um dia solar de 24 horas como fazemos hoje.

Assim, é lógico concluir que, na ausência de corpos celestes visíveis para marcação temporal, os primeiros três dias da criação não foram nem dias marcados com luz solar nem necessariamente períodos de 24 horas. Consequentemente, muitos estudiosos, incluindo o filólogo hebraico e estudioso da bíblia Jack Collins, têm

[1]Sou grato a minha filha Bethan K. Meyer por me apontar isso pela primeira vez.

insistido que uma leitura atenta do texto de Gênesis aponta que os dias da Criação não são dias típicos medidos por seres humanos no planeta Terra usando o movimento aparente do Sol.[2] Em vez disso, Collins argumenta que os dias da Criação descritos em Gênesis são os dias *de Deus* – marcando o começo e o fim de uma série definida de atos criativos dentro de um período de tempo indeterminado da forma como medido do ponto de vista humano ligado à Terra.

Além disso, uma vez que o primeiro uso de um termo na Bíblia em um contexto particular tipicamente determina seu significado em todos os usos subsequentes em contextos similares, é razoável supor que a palavra hebraica para dia (*yom*), usada no relato de Gênesis para os dias subsequentes da Criação (e no relato do repouso continuado de Deus no sétimo dia), designa da mesma forma um dos dias da criação *de Deus* – um dia de duração indeterminada do ponto de vista humano.

Outro texto bíblico relacionado reforça essa conclusão para mim. Salmos 90:4 nos lembra de que "mil anos para ti [Deus] são como o dia de ontem que passou...". O salmista claramente afirma aqui que a contagem do tempo de Deus – na verdade, a contagem de "um dia" – não é necessariamente a mesma que a nossa. Curiosamente, esse salmo é o único atribuído a Moisés, o autor tradicional de Gênesis e a pessoa que Jesus identificou como tal. Se aceitarmos a visão conservadora sobre a autoria de Salmos 90 e de Gênesis 1, como os defensores da Terra jovem tipicamente fazem, então devemos concluir que o único salmo na Bíblia escrito pelo autor de Gênesis enfatiza que um dia visto da perspectiva de Deus pode ser muito mais longo do que 24 horas, abrangendo muitos dias ou anos do ponto de vista humano. Embora o salmo não ofereça especificamente uma interpretação do texto de Gênesis, ele sugere uma razão para duvidar que os dias de Gênesis descritos por Moisés sejam necessariamente períodos de 24 horas

[2]COLLINS, C. John. *Science and Faith*: Friend or Foes? [Ciência e fé: amigas ou inimigas?]. Wheaton, IL: Crossway, 2003, 77-96, 105-10.

– particularmente quando o próprio Gênesis 1 parece indicar que não devemos interpretar esses dias como períodos de tempo determinados pelo movimento aparente do Sol.

Alguns defensores da Terra jovem responderam a esse argumento alegando que Deus poderia ter usado sua presciência para saber que o movimento aparente do Sol em toda a volta da Terra *iria* marcar um período de 24 horas. Sob esse ponto de vista, ele poderia ter usado esse conhecimento de futuros dias solares de 24 horas para limitar os primeiros três dias da criação a 24 horas também. É claro, essa é uma possibilidade lógica, mas para a qual o texto de Gênesis nem sequer alude. Consequentemente, ninguém poderia derivar essa visão da leitura do texto, menos ainda de uma leitura literal. Outros proponentes da Terra jovem postulam que Deus proveu alguma outra fonte de luz para marcar o tempo antes da criação do sol (apelando até mesmo para a luz perpétua do dia na Nova Jerusalém, conforme descrito em Apocalipse 21:23). No entanto, tal interpretação não explica como, mesmo na presença de outra fonte de luz, o tempo teria sido marcado como é hoje antes do sol aparecer. Tem também o fato de que esse argumento constitui uma especulação derivada de considerações externas ao texto de Gênesis, quando os proponentes da Terra jovem afirmam que sua visão é baseada em uma leitura literal desse livro.

Como duvido que o texto de Gênesis, mesmo lido literalmente, ensine que a Terra é jovem, nunca me senti compelido a interpretar as evidências científicas relativas à idade da Terra à luz dessa suposição. Embora tenha uma visão elevada da inspiração e da autoridade das Escrituras, penso que as próprias Escrituras estão nos dizendo que, pelo menos, a duração dos primeiros três dias da Criação não poderia ter sido medida como medimos o tempo hoje.

Como eu também acho que faz mais sentido interpretar usos subsequentes de *yom* no texto de Criação de Gênesis 1 como representando períodos de duração igualmente indeterminados do ponto de vista humano, duvido que possamos datar a idade da Terra como o Bispo Ussher notoriamente tentou fazer, adicionando o número de dias de Gênesis ao resto da história humana registrada para calcular uma idade absoluta da Terra, resultando em alguns milhares de anos.

Em vez disso, olhei para as evidências científicas do "livro da natureza" para responder a perguntas sobre a idade da Terra. Acho que a longa idade da Terra e do universo é bastante convincente por muitas das mesmas razões científicas que Deborah B. Haarsma e Hugh Ross explicaram em seus ensaios. (De fato, apesar de minhas profundas discordâncias com a Dra. Haarsma sobre o status da teoria evolucionária contemporânea, concordo com os argumentos dela sobre a idade do universo e a Terra).

Tendo dito isso tudo, penso que é importante não exagerar a questão da idade da Terra ou torná-la um *casus belli* entre os cristãos. Teologicamente, parece muito mais importante para mim (falando pessoalmente de novo como cristão leigo) saber *que* existe um Deus que criou a vida e o universo do que saber exatamente há quanto tempo ele fez sua criação.

Entendo que alguns amigos partidários da Terra jovem responderão que a autoridade das Escrituras está em jogo nos debates sobre a idade da Terra. Mas, pelas razões expostas acima, eu discordo. Posso estar errado, mas espero que meus amigos da Terra jovem, ao ler o que escrevi, reconheçam que estou procurando entender o texto de Gênesis em seus próprios termos sem impor a ele uma estrutura interpretativa orientada externamente, em desacordo com seu claro significado.

Falando como cristão, uma das minhas preocupações com a evolução teísta é que muitos teístas evolucionários – embora sinceros em suas crenças cristãs – fazem exatamente isso. De fato, muitos defensores da evolução teísta reconhecem abertamente que eles pressupõem a verdade da teoria evolutiva contemporânea.[3] Eles, então, passam a interpretar o texto bíblico à luz desse

[3]Veja, por exemplo, a declaração no site da fundação BioLogos: "Na BioLogos, apresentamos o ponto de vista da Criação Evolucionária (CE) sobre as origens. Como todos os cristãos, afirmamos plenamente que *Deus é o criador de toda a vida* – incluindo os

pressuposto, importando nele ideias evolucionárias estranhas ao seu significado natural. Por exemplo, a maioria dos evolucionistas teístas insiste que a atividade criativa de Deus *não* é detectável nas características observáveis dos sistemas vivos ou do mundo natural. No entanto, Romanos 1:20 afirma que "os atributos invisíveis de Deus – seu eterno poder e sua natureza divina" podem ser vistos claramente e compreendidos "*por meio das coisas criadas*" (ênfase adicionada).

Na minha opinião, uma coisa é procurar fontes externas de informação científica, histórica ou arqueológica para fornecer contexto ou ajudar a esclarecer possíveis significados de passagens bíblicas ambíguas. Outra bem diferente é impor uma estrutura interpretativa a uma passagem, contradizendo frontalmente seu significado central, como temo que os principais teístas evolucionários estejam fazendo em suas leituras evolucionárias de Gênesis 1. Contudo, não creio que essa mesma acusação possa ser aplicada àqueles que pensam que o texto bíblico permite a possibilidade de uma Terra antiga. De fato, como argumentei, uma vez que o texto de Gênesis deixa a duração exata dos dias da criação não especificada, não violenta o texto quem confia em fontes externas de informação, provenientes das ciências naturais, para ajudar a responder perguntas sobre a idade da Terra e do universo.

Mesmo assim, é importante reconhecer que as pessoas que têm visões elevadas da autoridade bíblica (e princípios hermenêuticos semelhantes) podem discordar honestamente sobre o que Gênesis ensina sobre a idade da Terra. Por essa razão, tornar essa questão uma pedra de toque da ortodoxia tem sido uma questão desnecessariamente divisiva dentro da igreja. E também tem distraído a

seres humanos à sua imagem. Afirmamos plenamente que a Bíblia é a palavra inspirada e fidedigna de Deus. *Aceitamos também a ciência da evolução como a melhor descrição de como Deus trouxe a diversidade da vida na Terra.*" (Ênfase adicionada); <http://biologos.org/common-questions/christianity-and-science/biologos-id-creationism>. Veja também de ALEXANDER, Denis. *Creation or Evolution: Do We Have To Choose?* 2. ed. (Oxford e Grand Rapids: Monarch, 2014), 282–304 [Ed. bras.: *Criação ou Evolução:* precisamos escolher? Viçosa, MG: Ultimato, 2017, 237-254]. Nessa passagem, Alexander oferece várias interpretações revisionistas ou "modelos" do texto de Gênesis que pressupõem a verdade da teoria evolucionária contemporânea.

atenção de questões e evidências mais importantes, incluindo a evidência convincente da existência de um Criador inteligente e transcendente.

Finalmente, falando como um defensor da teoria do design inteligente, quero deixar claro que cientistas de ambas as persuasões sobre a questão da idade da Terra são bem-vindos dentro de nossas fileiras crescentes. Os proponentes da teoria [do design inteligente] procuram determinar o que deu origem a diferentes sistemas vivos, o universo e seu ajuste fino. Queremos também descobrir mais sobre a natureza e as complexidades do design presente nos sistemas físicos e biológicos. Métodos estabelecidos de detecção de design nos permitem discernir a atividade de uma inteligência designante em eventos passados e em certas características da vida e do universo.[4] Embora esses métodos possam ajudar outros que tentam construir narrativas históricas naturais (como Hugh Ross com seus "modelos de criação testáveis" e geólogos da Terra jovem estão tentando fazer), o propósito primário da teoria do design inteligente não é construir uma história natural abrangente. Assim, questões de idade são periféricas às principais preocupações da teoria.

Os defensores da teoria estão preocupados em entender a(s) causa(s) verdadeira(s) da origem dos sistemas vivos e do universo – tenham eles se originado há muitos milhares ou milhões ou bilhões de anos atrás. Qualquer cientista disposto a seguir as evidências em busca do conhecimento dessas causas, qualquer que seja sua visão sobre a idade da Terra, é bem-vindo em nossas fileiras.

---

[4]DEMBSKI, William A. *The Design Inference*. Cambridge: Cambridge University Press: 1998. MEYER, Stephen C. *Signature in the Cell*: DNA and the Evidence for Intelligent Design [Assinatura na célula: o DNA e as evidências para o design inteligente]. San Francisco: HarperOne, 2009. 324-72.

RÉPLICA

Ken Ham

Leitores perspicazes perceberão que não tenho como apresentar refutações a todos os pontos de que discordo nos argumentos dos outros autores deste livro. Contudo, direi que os três repetidamente igualam "ciência" ao que a maioria científica acredita, e que eles igualam "ciência" ou "evidência" ou "fatos" com o que são, na verdade, pressupostos uniformitaristas naturalistas. Meyer e Ross, de alguma forma, veem essas premissas controlando a biologia, mas eles e Haarsma não percebem ou ignoram que essas suposições controlam a geologia e a astronomia.[1] Eles também confundem o fato bíblico de que a criação revela infalivelmente o Criador a toda pessoa que já viveu com a falsa ideia de que a criação infalivelmente revela como e quando Deus criou.[2] Assim, exorto os

[1]Por exemplo, os argumentos da Terra antiga sobre núcleos de gelo, anéis de árvores e sedimentos de lagos são baseados em falsas suposições, raciocínio circular e leitura equivocada da literatura técnica citada pelos partidários da Terra antiga. Veja <http://www.icr.org/article/icr-aig-refute-biologos-old-earth-argument/>; <https://answersingenesis.org/age-of-the-earth/do-varves-tree-rings-radiocarbon-measurements-prove-old-earth/>; e <http://www.icr.org/article/ice-cores-seafloor-sediments-age-earth>.

[2]O mantra vago de que "toda verdade é a verdade de Deus" também é enganoso, porque nem todas as pretensões de verdade são verdadeiras e a história da ciência está repleta de alegações hoje abandonadas que outrora foram chamadas de "verdade estabelecida".

leitores a considerarem os recursos citados nas notas de rodapé de minhas seções.

Mas, nesta conclusão, quero enfatizar alguns pontos. Primeiro, a verdade não é determinada pelo voto da maioria na ciência ou na teologia, e há estudiosos muito competentes em todos os lados deste debate. Devemos ser como os judeus bereanos em Atos 17:11 e testar pela Escritura toda alegação de verdade.

Segundo, embora eu me apegue a uma criação da Terra jovem, não é a "interpretação de Ken Ham". Milhões de cristãos de hoje em todo o mundo sustentam essa visão, assim como Jesus, os apóstolos e virtualmente todos os cristãos ortodoxos anteriores a 1800.[3]

Terceiro, enquanto Ross professa a crença na inerrância, Meyer não o diz explicitamente. Haarsma evidentemente rejeita a doutrina da inerrância e está muito enganada quando diz que B. B. Warfield "originou o conceito moderno de inerrância".[4] Todos eles dizem acreditar que a Bíblia é inspirada e possui autoridade. Mas, com relação às passagens críticas das Escrituras abaixo, relacionadas à evolução e à idade da Terra, claramente as alegações de verdade da maioria científica são a autoridade pela qual eles evitam ou negam o que a Palavra de Deus tão claramente ensina.

ÊXODO 20:8-11

C. John Collins influenciou o pensamento de Meyer e Ross (e suspeito também o de Haarsma). Mas Collins simplesmente não entendeu a questão em Êxodo 20:8-11. A passagem não *contrasta* a obra e repouso de Deus com a obra e repouso do homem. Ao contrário, ela *iguala* a duração da semana de trabalho do homem com a semana da criação de Deus. Além disso, está claro em Gênesis 1 e implícito em Êxodo 20:8-11 que os dias de Gênesis 1 são sequenciais, e não sobrepostos. Haarsma e Meyer ignoram esses versos. A afirmação

[3]Veja os capítulos 1-3 e 11-12 de MORTENSON, Terry; URY, Thane H. (Orgs.). *Coming to Grips with Genesis*, Green Forest, AR: Master Books, 2008.

[4]Inerrância é a crença ortodoxa da igreja ao longo dos séculos. Veja os capítulos 12-13 de Norman L. Geisler, Inerrancy. Grand Rapids: Zondervan, 1980.

enfática de Ross sobre o significado de Êxodo 20:11, baseada em um comentário enganoso sobre *'asah* e *bara'*, de modo algum apoia sua visão da Terra antiga.[5] Assim, Êxodo 20:11 realmente permanece como uma muralha contra qualquer tentativa de colocar milhões de anos antes de Adão, seja nos dias, entre os dias, ou antes dos dias de Gênesis 1. A Palavra de Deus ensina claramente que Ele criou "os céus e a terra, o mar e *tudo o que neles há*" (ênfase adicionada) em seis dias literais (de 24 horas).[6]

NENHUMA MORTE ANTES DA QUEDA DE ADÃO

Ross, Meyer e Haarsma deram pouca ou nenhuma resposta ao meu argumento bíblico sobre esse ponto, que é completamente defendido no artigo que citei no rodapé.[7] Meu capítulo (citando Gênesis 5:29) explica por que Ross está errado sobre a maldição no solo (Gênesis 3:17): não é o que o homem faz, mas o que Deus fez com a criação. A ideia de milhões de anos de morte, doença, violência e extinção de animais é totalmente incompatível com o ensino da Bíblia e com o ensino cristão ortodoxo realizado por 2 mil anos.

O DILÚVIO DE NOÉ

O espaço me impediu de dar muitas evidências geológicas do dilúvio, mas o trabalho de Andrew Snelling, citado no meu capítulo (notas 46-47), o fará. Mas a questão real é o que o testemunho ocular de Deus em Gênesis descreve: uma inundação catastrófica global de um ano que destruiu todos os animais terrestres, pássaros e pessoas que não estavam na arca e destruiu a superfície da terra. Por implicação lógica, ela teria enterrado bilhões de criaturas

---

[5]https://answersingenesis org/genesis/did-god-create-bara-or-make-asah-in-genesis-1/>.

[6]Ross tem razão de que não é dito "em" seis dias no texto em hebraico. Mas, tire isso do texto e o verso ainda diz que Deus criou tudo durante um período de seis dias literais (24 horas).

[7]Veja <https://answersingenesis.org/theory-of-evolution/millions-of-years/the-falland-the-problem-of-millions-of-years-of-natural-evil/>.

em sedimentos que teriam se transformado em camadas de rochas e fósseis. O dilúvio de Noé produziu a maior parte da evidência geológica que os evolucionistas atribuem a milhões de anos. Os escritos dos geólogos da Terra antiga que Haarsma cita na nota 7 de sua resposta, para mim, fornecem pouca ou nenhuma discussão sobre Gênesis 6–9. Haarsma e Ross negam que a inundação tenha sido global e suspeito que Meyer também. Contudo, uma inundação local, simplesmente, não é o que a Palavra inerrante de Deus ensina. Então, onde está o compromisso deles com a autoridade das Escrituras?

A ORDEM DA CRIAÇÃO

Haarsma, Meyer e Ross ou negam (explícita ou implicitamente) ou ignoram a ordem dos eventos nos dias claramente sequenciais de Gênesis 1, que contradiz categoricamente a ordem dos eventos na história da Terra antiga. Então, onde está o compromisso deles com a autoridade das Escrituras?

AS CRONOGENEALOGIAS DE GÊNESIS 5 E 11

A maioria dos estudiosos evangélicos da Bíblia no século XX diz que essas genealogias não nos dizem quantos anos a Terra tem. Mas eles foram enganados por um artigo errôneo de 1890, de William H. Green, que agora foi completamente refutado.[8]

CONCLUSÃO

Gênesis 1–11 é fundamental para o evangelho, e as ideias de evolução e milhões de anos causam danos massivos à verdade e autoridade desse fundamento. Neste ano do 500º aniversário de

[8]SEXTON, Jeremy. Who Was Born When Enosh Was 90? A Semantic Reevaluation of William Henry Green's Chronological Gaps, Westminster Theological Journal 77 (2015): 193- 218; <http://pastorsexton.com/articles/>. Veja também <https://answersingenesis.org/bible-characters/adam-and-eve/when-was-adam-created/>.

Martinho Lutero pregando as *Noventa e Cinco Teses* na porta da Igreja de Wittenberg, eu e minha equipe da *Answers in Genesis*, juntamente com Lutero, dizemos que nossas consciências estão cativas à Palavra de Deus. A menos que sejamos persuadidos pelas Escrituras de que estamos errados, não negaremos nosso ensino e defesa da criação da Terra jovem, que historicamente é a fé biblicamente ortodoxa da igreja. Portanto, nós da *Answers in Genesis* estamos fazendo tudo que podemos para ajudar a chamar a igreja de volta à Palavra de Deus.

2
CRIACIONISMO (PROGRESSIVO) DA TERRA ANTIGA

Hugh Ross

A *Confissão Belga* (1561) declara o reino natural o "livro mais elegante", revelando a natureza divina e o poder de Deus, um livro tão claro que remove nossa desculpa para a ignorância e rebelião, e que expõe a nossa desesperança se apartados da boa vontade do Criador para conosco. Por meio da revelação especial, as Sagradas Escrituras, Deus afirma e esclarece seu propósito redentor e o plano específico pelo qual ele torna a redenção disponível para todas as pessoas. Tanto as palavras das Escrituras quanto as obras da Criação originam-se do Único que é a verdade e revela a verdade. Ambas estão sujeitas a interpretação e, portanto, a erro humano. No entanto, Deus enviou seu Espírito para nos guiar persistentemente para a verdade.

A partir dessas crenças fundamentais, os criacionistas da Terra antiga antecipam que os "dois livros" de Deus serão consistentes internamente, externamente e mutuamente. Um fornece mais detalhes sobre a história redentora, o outro mais detalhes sobre a história da criação, mas eles falam em perfeita harmonia. Nenhum nega ou prejudica o outro.

As Escrituras e o registro da natureza concordam que Deus criou, de forma transcendente, o universo com suas leis físicas. Preparou, então, dentro dele um habitat para a humanidade, onde um vasto número de pessoas acaba recebendo a redenção que ele oferece. As Escrituras e a história natural revelam ainda que Deus introduziu a vida e então produziu uma sequência de formas de vida cada vez mais diversas e complexas, cada uma desempenhando um papel vital na preparação para a existência e redenção de um incontável número de seres humanos. A formação de nosso aglomerado de galáxias, de nossa galáxia, sistema planetário, planetas e diversidade de formas de vida é chamada *progressiva*, pois cada ato criativo sucessivo prepara para o próximo, levando a uma vida mais diversificada, complexa e avançada, até a criação de humanos.

No que diz respeito à progressão da vida, os criacionistas da Terra antiga consideram os eventos de especiação em massa como intervenções divinas, ocasiões em que Deus introduz diversas espécies adequadas às condições mutáveis da Terra e em ótimas relações ecológicas. Entre esses eventos, vemos vários longos períodos durante os quais a vida na Terra experimenta mudanças microevolutivas, adaptações impelidas por uma combinação de condições ambientais, desafios de espécies invasoras e fatores genéticos. No entanto, rejeitamos o conceito de descendência comum universal, a noção de que toda a vida é parte de um *continuum* genético ininterrupto a partir de um último ancestral comum universal (LUCA: *last universal common ancestor*). Nossas observações do mundo natural confirmam a mensagem que vemos nas Escrituras: que "espécies" se reproduzem de acordo com sua espécie. Assim, a maioria dos criacionistas progressivos rejeita a alegação, por exemplo, de que os neandertais e os humanos compartilham um ancestral comum ou que os pássaros e os dinossauros compartilham um ancestral comum.

Ao contrário dos criacionistas da Terra jovem e dos criacionistas evolucionários, os criacionistas da Terra antiga não reconhecem nenhum conflito entre a ordem da Criação de Gênesis 1 e a cronologia científica dominante. Essa afirmação de congruência (não deve ser confundida com fusão ou total sobreposição) repousa sobre um número de opções interpretativas literais, descritas abaixo, e difere da ciência dominante apenas na identificação dos meios pelos quais a vida progride, não no registro histórico real.

O Criacionismo da Terra Antiga é uma grande tenda. Ele inclui múltiplas interpretações do relato da criação em Gênesis:

1. "dias" da criação como dias de revelação,
2. dias de criação de 24 horas separados por longas eras,
3. "dias" de criação como estrutura literária,
4. dias de criação de 24 horas após um intervalo de tempo entre Gênesis 1:1 e 1:3,
5. dias de criação analógicos ou temporalmente relativos,
6. dias de criação como eras ou longos períodos de tempo,
7. qualquer combinação das opções acima.

Os criacionistas da Terra antiga se abstêm de reivindicar que defendem a única compreensão válida de Gênesis. Como o espaço me impede de abordar toda essa gama de pontos de vista, vou restringir minhas observações à visão do dia-era, a que considero mais defensável e mais integrada à pesquisa bíblica e à científica estabelecida.

CRIACIONISMO DO DIA-ERA

A perspectiva do dia-era deriva, em parte, da palavra hebraica para "dia" usada em Gênesis. Essa palavra, *yom*, tem quatro definições literais distintas no hebraico bíblico:

1. uma parte das horas do dia,
2. todas as horas do dia,
3. um ciclo de noite a noite, ou de manhã a manhã (um dos períodos de rotação da Terra),
4. um longo, mas finito período de tempo.

Os criacionistas do dia-era veem três diferentes usos literais de *yom* aparecerem no primeiro relato da criação de Gênesis.

Eles veem o dia 1 da criação como contrastando noite e *dia* – da segunda definição acima. O dia 4 da criação contrasta estações, *dias* e anos – da terceira definição. Em Gênesis 2:4, *yom* refere-se a todo o período de criação – a quarta definição. A visão do dia-era considera os dias de criação como seis longos períodos de tempo sequenciais e não sobrepostos.

A visão do dia-era sustenta a *sola Scriptura*, a doutrina de que somente a Bíblia é a revelação proposicional fidedigna de Deus. Contudo, essa doutrina não nega de modo algum a confiabilidade da revelação geral de Deus, o registro da natureza. A posição do dia-era reconhece que os autores da Bíblia às vezes usam linguagem figurada para transmitir a mensagem e o propósito de Deus, mas essa linguagem sempre transmite a verdade e nunca a contradiz.

Detectabilidade da intervenção divina

Os criacionistas do dia-era acreditam na realidade objetiva de uma esfera sobrenatural. Eles sustentam que a natureza fornece verificações observáveis e mensuráveis da obra sobrenatural de Deus. Eles acreditam que a ciência estabeleceu firmemente que o universo começou em um evento transcendente e se desdobrou de maneira totalmente improvável, para o benefício da humanidade sustentada, momento a momento, na constância das leis da natureza. As Escrituras descrevem três tipos distintos de "milagres", ou intervenções divinas, no registro da natureza:

- *Milagres Transcendentes*: Atos de Deus que transcendem as leis da física e as dimensões espaço-temporais do universo. Exemplos desses atos são a criação das dimensões espaço-temporais cósmicas, o estabelecimento das leis físicas e a criação da natureza espiritual única da humanidade.
- *Milagres Transformacionais*: Atos de Deus em reconstituir ou remodelar algum aspecto do reino criado. Os milagres transformacionais ocorrem dentro, e não fora, das leis da física e das dimensões espaço-temporais cósmicas. Aqui, Deus interage com o que já existe para produzir resultados muito além

do que se poderia esperar que os processos naturais gerassem, dadas as nossas limitações de espaço e tempo. Um exemplo seria Deus modelando a Terra e seus continentes e oceanos com as características exatas necessárias para sustentar a vida avançada abundante, diversa e globalmente distribuída.[1]

- *Milagres Sustentadores*: Ação contínua de Deus ao longo da história cósmica para sustentar e assegurar condições precisas para a existência e a sobrevivência humana. De acordo com Colossenses 1:17, "nele [Cristo] todas as coisas se mantêm juntas". Os criacionistas do dia-era antecipam que todas as leis e constantes da física, bem como todas as características detectáveis do universo, da Terra e da vida, manifestarão extraordinários ajuste fino e constância para o cumprimento dos propósitos declarados de Deus.

Milagres transcendentes são raros e milagres transformacionais ocorrem com menos frequência do que os milagres sustentadores. De uma perspectiva bíblica, os milagres da criação transcendental e transformacional ocorreram há muito tempo, "no começo" ou durante as seis eras da criação. Gênesis diz que Deus cessou seu trabalho de criação no final do sexto dia. Assim, seria esperado que pesquisas sobre a natureza e como ela funciona, realizadas no período após o aparecimento da humanidade, mostrassem apenas desenvolvimentos devidos a processos naturais (e milagres sustentadores), ao passo que a pesquisa focada nos domínios naturais *antes* da história humana (durante os seis dias da criação) produzisse evidências dos milagres da criação transcendente e transformacional de Deus.

Leis físicas constantes

Um dos motivos pelos quais se pode confiar que os registros da natureza revelam consistentemente a verdade é que as leis e as constantes da física são imutáveis. Em Jeremias 33, Deus compara

---

[1]ROSS, Hugh. *Improbable Planet*: How Earth Became Humanity's Home [O planeta improvável: como a Terra se tornou o lar da humanidade]. Grand Rapids: Baker, 2016.

seu caráter imutável à invariabilidade das leis que governam os céus e a terra. Medições astronômicas confirmam essa afirmação bíblica (uma predição científica verificável) de que as leis e constantes físicas permanecem invariantes no espaço e no tempo, com mais de quinze casas decimais de precisão.[2]

Alguns criacionistas argumentam que a confrontação a Deus pelos primeiros humanos e, possivelmente, também o dilúvio de Noé, tenham causado grandes mudanças na física – seja a introdução da decadência física, seja mudanças dramáticas nas taxas de decaimento. Tanto os textos bíblicos quanto os dados científicos refutam tais afirmações.

Desde antes do pecado de Adão, a segunda lei da termodinâmica já estava plenamente em vigor. De acordo com Romanos 8, toda a criação "geme" até o presente, como consequência de sua "escravidão à decadência" (vv. 20-22). Uma vez que as dimensões espaço-temporais não podem ser separadas umas das outras, "toda a criação" implica que a lei da decadência se aplica a toda extensão espacial e temporal do universo. Gênesis 1 e 2 retratam a luz das estrelas, o metabolismo e o trabalho humano, todos anteriores ao pecado humano e todos exigindo a entropia. A queima estável do sol (e de outras estrelas), o metabolismo dos alimentos realizado pelos organismos e a realização de trabalho por Adão (antes do pecado) exigem que as leis da física estejam em contínua operação com seus valores atuais fixados desde o começo dos tempos. Mesmo uma pequena variação teria impossibilitado essas funções.[3]

Integração construtiva

A criação do dia-era se coloca em oposição tanto às visões de conflito quanto de complementaridade na relação entre ciência e

---

[2]WILCZYNSKA, Michael R. et al. A New Analysis of Fine-Structure Constant Measurements and Modelling Errors from Quasar Absorption Lines, *Monthly Notices of the Royal Astronomical Society* 454 (Dez. 2015): 3082-93, doi:10.1093/mnras/stv2148.

[3]Para saber mais sobre como a queda de Adão impactou seu ambiente físico, veja meu livro: A *Matter of Days*: Resolving a Creation Controversy [Uma questão de dias: resolvendo uma controvérsia sobre a criação], 2. ed. Covina, CA: RTB Press, 2015, 89-104.

Escrituras. "Integração construtiva" parece um rótulo apropriado ao modelo do dia-era. Ele presume uma integração direta e harmoniosa do livro das Escrituras com o registro da natureza, em vez de uma sobreposição inexistente ou sobreposição mínima. O surgimento do método científico e da revolução científica a partir da era da Reforma[4] revelou algo sobre motivação e conteúdo científicos da Bíblia. Integracionistas construtivos apontam para a abundância de passagens bíblicas que descrevem especificamente o reino natural e a história natural.[5] Eles também observam que a ciência fez enormes progressos na exploração de questões filosóficas que antes eram reservadas aos teólogos.

Os integracionistas construtivos consideram que a inspiração bíblica implica que cada passagem comunica mensagens relevantes a todas as gerações da humanidade, não apenas à geração do autor humano desse livro. Como Pedro comenta: "A eles [os profetas] foi revelado que estavam ministrando, não para si próprios, mas para vocês..." (1Pedro 1:12a). Pedro explica que os profetas do Antigo Testamento, e até mesmo os anjos, ansiavam por entender o que o Espírito Santo estava inspirando os profetas a registrar (1Pedro 1:10-12). Os profetas e anjos entenderam que a plena compreensão das palavras inspiradas permaneceu para as futuras gerações. Em outras palavras, assim como os autores da Bíblia às vezes predisseram – por meio da ação do Espírito Santo – eventos futuros na história humana, assim também descreveram algumas vezes fenômenos naturais que estavam muito além de seu próprio entendimento.

Os integracionistas construtivos veem evidências da inspiração sobrenatural das Escrituras na maneira como palavras comuns comunicam verdades extraordinárias, que permanecem relevantes para todas as gerações da humanidade. Mesmo uma passagem

---

[4]TORRANCE, Thomas F. *Theology in Reconstruction*. Grand Rapids: Eerdmans, 1965); idem, *Reality and Scientific Theology* (Edinburgh: Scottish Academic Press, 1985); idem, Ultimate and Penultimate Beliefs in Science, In: MEER, Jitse M. van der. *Facets of Faith and Science*, Volume I: Historiography and Modes of Interaction. (Org.). Nova York: University Press of America, 1996, 151-76.

[5]Para uma relação, veja meu artigo: "Creation Passages in the Bible," Reasons to Believe, January 1, 2004. Disponível em: <http://www.reasons.org/articles/creation-passages-in-the-bible>.

curta pode conter múltiplas camadas de significado que se desdobram por meio de múltiplas gerações. Tal comunicação excede a capacidade de meros humanos. Os integracionistas construtivos argumentam que somente a inspiração do Espírito Santo pode explicar a profundidade do conteúdo dos textos da Bíblia que abordam a criação e o reino natural.

A integração construtiva não implica que nunca irão surgir conflitos entre ciência e teologia. Na verdade, ela antecipa que aparentes contradições surgirão. O empreendimento científico não é mais equivalente à natureza do que a teologia bíblica é para as Escrituras. Os cientistas fazem medições e experimentos num esforço para entender o registro da natureza. Devido a conhecimento incompleto, tecnologia limitada e objetividade imperfeita, a pesquisa atual ainda oferece uma compreensão incompleta, limitada e imperfeita das verdades da natureza. O mesmo vale para teologia. Os teólogos analisam, comparam e contrastam num esforço para entender as palavras da Bíblia. Novamente, devido a conhecimento incompleto, falta de acesso direto aos autores e objetividade imperfeita, a pesquisa teológica fornece uma compreensão ainda incompleta, limitada e imperfeita das passagens da Bíblia.

Os criacionistas do dia-era se alinham com as conclusões do *International Council on Biblical Inerrancy* [Conselho Internacional sobre Inerrância Bíblica], em suas afirmações e negações sobre a relação entre a Escritura e a ciência.[6] Esse alinhamento constitui uma rejeição do concordismo rígido, ou seja, a noção de que toda a Escritura se conecta com *todos* os fatos da natureza. O concordismo moderado descreve melhor a visão do dia-era.[7] Nessa visão, a Bíblia antecipa e descreve algumas das principais descobertas da ciência,

[6]Essas declarações estão no website da *Reasons to Believe*: International Council on Biblical Inerrancy (ICBI)/The Chicago Statement on Biblical Hermeneutics (Articles 19-21), Reasons to Believe, 01/01/1997. Disponível em: <http://www.reasons.org/articles/international-council-on-biblical-inerrancy-icbi-the-chicago-statement-on-biblical-hermeneutics-articles-19-22>.

[7]Para uma descrição mais completa da minha teologia concordista, veja meu artigo, Defending Concordism: Response to the Lost World of Genesis One, *Reasons to Believe*, 22/06/2012. Disponível em: <http://www.reasons.org/articles/defending-concordism-response-to-the-lost-world-of-genesis-one>.

especialmente as descobertas relevantes para as maiores questões da vida e temas bíblicos centrais, mas não todos. Relacionar passagens bíblicas[8] que descrevem características fundamentais da cosmologia do Big Bang (criação *ex nihilo*, expansão cósmica desde a origem do espaço-tempo sob leis físicas constantes, e incluindo uma lei generalizada de degradação) com descobertas de pesquisas científicas atuais parece razoável e apropriado. Tentativas de ligar a física de partículas ou a história dos dinossauros, por exemplo, com textos bíblicos específicos, parecem um exagero irracional.

Abordagem ao evangelismo tipo modelo de Criação

Os integracionistas construtivos procuram mostrar que, quanto mais aprendemos e compreendemos os "dois livros" de Deus, mais sólida se torna nossa base para a fé pessoal em Cristo. As pessoas obtêm esperança confiante ao ver que tanto a Bíblia quanto a natureza testificam fielmente, sem contradição, os atributos de Deus, seu cuidado providencial por suas criaturas e seu desejo de relacionamento com a humanidade. Em uma era de ceticismo, a integração construtiva desempenha um papel importante em estabelecer tanto a plausibilidade quanto a relevância das Escrituras. Quanto mais oportunidades Deus dá para mostrar como a ciência em suas múltiplas disciplinas se integra com todos os 66 livros, mais razões podemos oferecer às pessoas para confiar em Cristo.

Fornecer um modelo de criação testável e bíblico responde à acusação de que a criação e o design intencional permanecem fora do alcance da ciência, porque não são falsificáveis. Além disso, tal modelo, ao contrário da maioria dos modelos de evolução teísta e criação evolucionária, oferece claras distinções científicas do deísmo, fornecendo múltiplas evidências científicas – evento de criação pós-cósmica – para o envolvimento direto de Deus na natureza. A perspectiva do dia-era permite o desenvolvimento de um modelo de criação bíblico que seja verificável ou falsificável por

[8]ROSS, Hugh. Big Bang – The Bible Taught It First! 01/07/2000. Disponível em: <*http://www.reasons.org/articles/big-bang-the-bible-taught-it-first*>.

descobertas científicas viáveis. Tal modelo fornece uma explicação mensurável e mais abrangente do registro da natureza do que modelos não teístas, deístas e não bíblicos. Também potencialmente aponta ou prevê futuras descobertas científicas. Um modelo de criação bíblica mensuravelmente distinto dos modelos não teístas, deístas e não bíblicos abre as portas para discussões sobre o evangelho que, de outra forma, permaneceriam fechadas. Reúne evidências científicas que mostram que o Deus da Bíblia é nosso *designer* intencional inteligente e que interveio repetidamente ao longo da história natural em nosso favor, para tornar conhecidos a si mesmo e ao seu propósito redentor.

Uma abordagem tipo modelo de criação também redireciona o foco da interposição de obstáculos às inadequações do naturalismo e/ou evolucionismo. Nem os cientistas, nem os que os respeitam, abandonarão um paradigma útil, por mais imperfeito que seja, até que vejam uma alternativa viável, que ofereça uma explicação mais consistente e abrangente da esfera natural, e que tenha maior sucesso nas previsões. Para se mostrar relevante, a alternativa deve ser inequívoca em suas alegações centrais, incluindo a identidade do *designer*, o momento e as circunstâncias em torno da origem da vida, a identidade de Adão e a origem do pecado.

SUSTENTAÇÃO BÍBLICA PARA O MODELO DO DIA-ERA

Há mais de meio século, o cosmólogo britânico Sir Fred Hoyle escreveu: "Há uma boa quantidade de cosmologia na Bíblia... É uma concepção notável".[9] De fato, a Bíblia contém muito mais conteúdo sobre a origem, estrutura e história do universo e da vida do que qualquer outro texto antigo ou livro sagrado. Além disso, várias passagens exortam os leitores a olhar para o registro da natureza – como as pessoas sem registro escrito sempre fizeram – para evidência da existência do Criador e sua natureza divina, seus atributos e sua intenção redentora.

[9]HOYLE Fred, The Nature of the Universe. Oxford: Basil Blackwell, 1952, 109.

Como a Bíblia contém abundantes comentários sobre o reino natural (mais de vinte passagens principais e centenas de versículos adicionais), ela fornece um amplo material para construir um modelo cientificamente testável, estabelecendo Cristo como Criador, Senhor e Redentor. Longe de ser apenas outro antigo mito da criação do Oriente Próximo, com vagas alusões à ciência, Gênesis 1–11, Jó 37–39, Salmos 104 e Provérbios 8 fornecem uma narrativa detalhada, específica e cronologicamente precisa das origens, estrutura e história da natureza, bem como um prenúncio do método científico.

Ao contrário dos criacionistas da Terra jovem (entre outros), que afirmam que os criacionistas do dia-era confiam mais na ciência do que no ensino claro das Escrituras, a evidência bíblica para uma história de criação muito mais longa do que 10 mil anos sustenta, e creio torna obrigatória, a interpretação da Terra antiga. Defender a autoridade, inspiração e inerrância das Escrituras a partir de uma perspectiva da Terra jovem parece quase impossível à luz da seguinte amostragem de entendimentos de vários textos do Antigo e do Novo Testamento:

1. *Eventos do sexto dia.* Nesse período final da criação, Deus introduz três tipos distintos de mamíferos terrestres especializados e depois humanos, tanto masculinos como femininos. Gênesis 2 descreve a ocorrência de eventos entre Deus criar o homem e criar a mulher. Deus plantou um jardim, fazendo "todos os tipos de árvores crescerem do solo" (v. 9). Então, Deus colocou o homem, Adão, no jardim para cuidar dele. Ele, então, fez com que Adão chamasse todas as *nephesh* (criaturas "anímicas" dotadas de inteligência, emoção e volição; v. 19). Deus as trouxe para ele. Aparentemente, Adão examinou minuciosamente cada criatura antes de dar um nome a elas. Ele teve tempo suficiente para descobrir as alegrias da interação com esses *nephesh* e observar sua própria solidão. Finalmente, Deus fez com que Adão dormisse profundamente, realizou uma "cirurgia", formou uma mulher e depois despertou Adão (vv. 21-22).

A exclamação de Adão ao ver Eva pela primeira vez está registrada em Gênesis 2:23 – *happa'am*. Essa expressão é encontrada em outras partes da Bíblia hebraica (ver Gênesis 29:34-35; 30:20; 46:30; Juízes 15:3), e é semelhante à expressão "finalmente!" Mais tarde, no mesmo dia, Deus ensinou a Adão e Eva sobre a responsabilidade de administrar os recursos da Terra para o benefício de toda forma de vida, e sobre a importância vital de sustentar plantas verdes como base da cadeia alimentar. Essas instruções provavelmente levaram um tempo considerável. Quando analisadas em conjunto, apenas esta última parte das atividades do sexto dia parece ter tomado muitas semanas, meses ou anos, mesmo sem a interferência do pecado.

2. *Continuação do sétimo dia.* Para marcar cada um dos seis primeiros dias da criação, Moisés escreveu: "Passaram-se a tarde e a manhã – esse foi o [ordinal] dia." A redação sugere que cada "dia" teve início e fim. No entanto, tal texto não consta no sétimo dia – nem em Gênesis, nem em qualquer outro lugar nas Escrituras. Dado o paralelismo nesse relato dos dias da criação, essa nítida diferença em relação ao sétimo dia sugere fortemente que, embora esse dia tenha claramente começado, ele ainda não terminou.

   Em Salmos 95, em João 5 e, abaixo, em Hebreus 4, lemos que o dia de descanso de Deus continua:

   > Pois em certo lugar ele [Deus] falou sobre o sétimo dia, nestas palavras: "No sétimo dia Deus descansou de toda obra que realizara". (...) resta entrarem alguns naquele descanso... Assim, ainda resta um descanso sabático para o povo de Deus; pois todo aquele que entra no descanso de Deus, também descansa das suas obras, como Deus descansou das suas. Portanto, esforcemo-nos por entrar nesse descanso... (Hebreus 4:4-11)

   De tais passagens, verificamos que o sétimo dia se estende por no mínimo vários milhares de anos e permanece em aberto (embora finito). Parece plausível, então, que os primeiros seis dias também foram longos períodos de tempo.

3. *Diferentes referenciais de tempo*. Salmos 90:4 declara: "De fato, mil anos para ti são como o dia de ontem que passou, como as horas da noite", ou "como a vigília [quatro horas] da noite." As palavras de Moisés, também citadas em 2Pedro 3:8, nos lembram de que os dias de Deus não são os nossos dias. Reconhecendo que Deus existia antes que criasse o tempo cósmico, a diferença na perspectiva do tempo parece óbvia.

4. A *Eternidade de Deus comparada*. As figuras de linguagem usadas em Salmos 90:2-6, Provérbios 8:22-31, Eclesiastes 1:3-11 e Miquéias 6:2, mostram a imensurabilidade da antiguidade de Deus, comparando-a com a longevidade das montanhas e fundações da Terra. Comparada a três bilhões de anos, uma história terrestre de 3 mil anos (na época em que aquelas palavras foram escritas) parece uma metáfora inadequada ou inapropriada para a eternidade de Deus.

5. *Afirmações sobre a antiguidade da Terra*. Habacuque 3:6 declara que os montes são "antigos" e as colinas são "antiquíssimas". Em 2Pedro 3:5, os céus teriam existido "há muito tempo". Tais adjetivos teriam pouco impacto se o universo e as colinas da Terra fossem apenas alguns dias mais velhos que a humanidade.

6. *Dias numerados, não dias de 24 horas*. Embora *yom* associado a um número ordinal ou cardinal frequentemente se refira a um dia de atividade humana, nenhuma regra gramatical exige que um período numerado, especialmente em referência à atividade divina, seja um período de 24 horas. Mesmo para a atividade humana, há uma exceção bíblica. Oséias 6:2 diz: "Depois de dois dias ele [Deus] nos [Israel] dará vida novamente; ao terceiro dia nos restaurará, para que vivamos em sua presença." Durante séculos, os expositores da Bíblia notaram que os "dias"

mencionados nessa passagem (em que tanto um número cardinal quanto um número ordinal estão relacionados com *yom*) representam anos, talvez mil ou mais.

7. *Analogias do shabat à "semana de trabalho" de Deus.* Êxodo 20:10-11 é frequentemente citado como prova de que os dias de Gênesis são períodos de 24 horas: "Pois em seis dias o Senhor fez os céus e a terra, [...] mas no sétimo dia descansou." (A preposição *em* não aparece em manuscritos hebraicos.) No entanto, essa dedução é semelhante a dizer que os oito dias da Festa dos Tabernáculos provam que as peregrinações no deserto no Sinai duraram apenas oito dias.

   Às vezes, o *shabat* se refere a um ano (Levítico 25:4). Embora o bem-estar humano seja melhor atendido por um dia de descanso de 24 horas a cada sete dias, o bem-estar da terra para produzir colheitas precisa de um ano de descanso a cada sete anos para ser o ideal. Dado que Deus não tem limitações biológicas, seu período de descanso é completamente flexível. O que Êxodo 20 mais focaliza é no padrão de trabalho e descanso, numa proporção de seis para um.

8. O *derramamento de sangue e a doutrina da expiação.* A Bíblia ensina que o derramamento do sangue de Cristo é o único e aceitável sacrifício expiatório pelo pecado. Hebreus 10:1-4 explica que o sangue dos sacrifícios de animais não podia — e não pode — retirar o pecado. Assim, de maneira alguma a doutrina da expiação exige um cenário de criação no qual nenhuma das criaturas de Deus sangrasse ou morresse antes que Adão pecasse.

9. As *declarações "tarde e manhã" como transições.* Alguns criacionistas citam as palavras hebraicas *'ereb* e *boqer*, traduzidas como "tarde" e "manhã", como indicadores conclusivos de que os dias da criação devem ser períodos de 24 horas. No entanto, *'ereb* também significa "pôr do sol", "noite", "à noite", "no final da

tarde" ou "entre as noites"[10] e *boqer*, "a aurora", "fim das trevas", "o amanhecer" ou "princípio do dia"[11]. Assim, *'ereb* e *boqer* em Gênesis 1 podem muito bem se referir ao final de um período de tempo e ao início de outro, independentemente da duração desse período.

Alguns argumentam que um período de 24 horas está implícito, pois, como dizem, em qualquer outro lugar do Antigo Testamento onde "tarde(s)" e "manhã(s)" aparecem, o contexto indica um dia de 24 horas. No entanto, em nenhuma dessas passagens a palavra "dia" (*yom*) aparece. Em nenhuma delas a fraseologia de Gênesis 1 ("passaram-se a tarde e a manhã") aparece, e em todos esses casos o contexto é um período de atividade humana, não de Deus.

Existem muitos outros argumentos bíblicos para longos dias de criação, conforme documentado em meu livro A *Matter of Days* [Uma questão de dias]. Longos dias de criação tornam a defesa da autoridade, inspiração e inerrância bíblica uma tarefa relativamente simples. Eles permitem uma interpretação literal e consistente de *todos* os textos bíblicos da criação.

CRONOLOGIA DOS ATOS DE CRIAÇÃO

Um século atrás, Friedrich Delitzsch, um *scholar* bíblico, escreveu: "Todas as tentativas de harmonizar nossa história bíblica da criação do mundo com os resultados das ciências naturais foram inúteis e *deve ser sempre assim*"[12] (ênfase adicionada). Essa visão prevalece

---

[10]BROWN, Francis; DRIVER, S. R..; BRIGGS, Charles A. A *Hebrew and English Lexicon of the Old Testament*. Oxford: Clarendon, 1962, 787-88; HARRIS, R. Laird, ARCHER JR, Gleason L.; WALTKE, Bruce K. (Orgs.). *Theological Wordbook of the Old Testament*, 2 vols. Chicago: Moody, 1980, 2:694; H. W. F. Gesenius, *'Gesenius' Hebrew-Chaldee Lexicon to the Old Testament*, trad. Samuel Prideaux Tregelles. Grand Rapids: Baker, 1979, 652

[11]DRIVER, Brown; BRIGGS, Charles A. *Hebrew and English Lexicon*, 133-34; HARRIS; ARCHER; WALTKE. *Theological Wordbook of the Old Testament*, 1:125; Gesenius, Hebrew-Chaldee Lexicon, 137.

[12]DELITZSCH, Friedrich. *Babel and Bible*, trad. Thomas J. McCormack e W. H. Garuth. Chicago: Open Court, 1903, 45.

até hoje. Alguns intérpretes da Bíblia dizem que ela entendeu a história direito, enquanto os cientistas entenderam tudo errado. Outros dizem que a ciência conta a história verdadeira e que a história bíblica é meramente poética, ou é essencialmente muda em relação à história natural.

A visão do dia-era liberta os cristãos de perspectivas tão derrotistas. Ela reconhece Gênesis como uma elegante obra literária, que também fornece um relato cronológico dos atos miraculosos de Deus na preparação da Terra para a vida humana. Ela fornece um relato preciso da transformação da Terra de uma esfera sem vida para o lar de um grande número de seres humanos capazes de receber a dádiva da vida eterna de Deus. Se os dias da criação em Gênesis 1 são seis longos períodos de tempo consecutivos e o sistema de referência para o relato de seis dias é a superfície da Terra coberta de água (Gênesis 1:2; Jó 38:8-9), a passagem possibilita uma narrativa da criação em perfeito acordo – tanto descritiva quanto cronologicamente – com o registro científico estabelecido.[13]

Gênesis 1 demonstra também o que os cientistas podem chamar de poder preditivo da Bíblia. Eis um exemplo. O texto afirma que a vegetação (em terra) proliferou antes da vida animal nos oceanos. Até recentemente, a pesquisa parecia indicar o contrário, e alguns céticos gostavam de apontar para esse aparente erro. No entanto, descobertas feitas em 2009 e 2011 verificam que a vegetação antecedeu a explosão de Avalon e a explosão cambriana de animais nos oceanos em centenas de milhões de anos.[14] Da mesma forma, o registro científico mostra que os mamíferos terrestres avançados mais críticos para o surgimento da civilização humana apareceram depois de pássaros e mamíferos marinhos, como Gênesis 1:20-25 (e Jó 38–39) indica.

---

[13]Eu descrevo e documento essa concordância em *Navigating Genesis*: A Scientist's Journey Through Genesis 1–11 [Navegando Gênesis: a jornada de um cientista através de Gênesis 1–11] (Covina, CA: RTB Press, 2014).

[14]L. KNAUTH, Paul; KENNEDY Martin J. The Late Precambrian Greening of the Earth, *Nature* 460 (Ago 2009): 728–32, doi:10.1038/nature08213; STROTHER, Paul K. et al. Earth's Earliest Non-Marine Eukaryotes. *Nature* 473 (Maio 2011): 505-09, doi:10.1038/nature09943.

RESPOSTA AO ENIGMA DO REGISTRO FÓSSIL

Um dos grandes mistérios da história natural reside na escassez de especiação desde que os humanos apareceram na cena terrestre. Antes da era humana, um número e uma frequência enormes de novas espécies, novos gêneros, novas famílias, novas ordens e até novos filos de vida surgiram. Durante a era humana ocorreu um drástico declínio, especialmente para os táxons mais elevados. Por exemplo, das 8 mil espécies de mamíferos presentes na origem da humanidade, apenas 4 mil permanecem[15], das quais nenhuma é indiscutivelmente nova. O declínio para todos os táxons vai muito além do impacto ambiental negativo dos seres humanos.

Gênesis 1–2 oferece uma resposta. Durante seis longas eras, Deus sistematicamente introduziu novas formas de vida conforme a variabilidade as condições permitiam ou mesmo necessitavam. Durante o sétimo período – a era humana – Deus cessou sua obra de criar novas formas de vida.

Uma das belezas do relato da criação bíblica é que ela oferece oportunidades para testar modelos concorrentes de criação e de evolução. Se Gênesis descreve com precisão a história da vida, os cientistas deveriam ser capazes de detectar uma diferença marcante entre a história biológica atual e a história biológica pré-humana. Se a narrativa bíblica é verdadeira, experimentos de evolução de longo prazo realizados em tempo real sob condições do mundo real devem revelar que os limites da evolução naturalista estão muito aquém do que é necessário para explicar o registro da vida pré-humana. A evidência atual sugere que os processos naturais levam, mais frequentemente, à extinção do que à especiação e, onde ocorre a especiação, esta produz apenas pequenas alterações.

Um experimento de evolução de longo prazo com a bactéria *E. coli*, que está sendo realizado na Universidade Estadual de Michigan, mostrou que a repetição do processo evolutivo

[15]ROSS, *Navigating Genesis*, 252-253, nota de fim 38.

raramente, ou nunca, produz resultados morfológicos idênticos, mesmo sob condições laboratoriais estritamente controladas, planejadas para forçar esses efeitos. Esse resultado é problemático para modelos em que Deus nunca intervém ou apenas intervém sutilmente para direcionar a evolução, dado que centenas de pares de espécies distantes umas das outras em árvores filogenéticas evolutivas compartilham muitas estruturas morfológicas idênticas.[16] Eu vejo essas centenas de pares como designs ótimos repetidos, milagrosamente inseridos por um *Designer* magistral.

O DILÚVIO DE NOÉ[17]

Os criacionistas da Terra jovem, rejeitando as informações científicas, ensinam que o dilúvio de Noé foi global e que explica as principais características geológicas da Terra. Os criacionistas evolucionários, por outro lado, rejeitam uma leitura literal da história do dilúvio porque, como eles a veem, a interpretação contradiz a ciência estabelecida. Essas interpretações refletem uma falha em integrar todos os textos bíblicos referentes ao dilúvio.

De acordo com Gênesis 6–8, Deus causou um grande dilúvio para eliminar toda a população humana e todos os *nephesh* (animais superiores) associados à humanidade – todos menos as pessoas e animais a bordo da arca de Noé. Pedro esclarece que esse dilúvio foi mundial em relação às pessoas e aos animais associados a eles, o que *não* quer dizer global. A humanidade ainda não estava globalmente dispersa (Gênesis 10–11). Em 2Pedro 2:5, lemos que "o mundo dos ímpios" foi inundado. Em 2Pedro 3:6 é dito que "o mundo daquele tempo" (*tote kosmos* em grego) foi inundado. Essas passagens referem-se a pessoas, não à terra. A extensão do dilúvio foi determinada

[16]Descrevo brevemente esse desafio aos modelos de criação evolucionária em meu livro: *More Than a Theory*: Resolving a Testable Model for Creation [Mais do que uma teoria: resolvendo um modelo testável para a criação] (Grand Rapids: Baker, 2009), 169-70. Meu colega Fazale Rana escreveu vários artigos em nosso site, *http://reasons.org*, sobre o problema de resultados evolutivos repetidos (ou seja, resultados de design repetidos) para modelos de evolução biológica.

[17]Para uma defesa bíblica e científica completa desse modelo de dilúvio, veja meu livro *Navigating Genesis*, 139-95.

pela medida em que as pessoas se espalharam. Gênesis 11 nos dá uma pista quando revela a falta de vontade dos seres humanos – mesmo depois do dilúvio – de se espalhar e encher a terra. Quando os escritores da Bíblia fizeram referência ao "mundo", o foco deles estava nas pessoas, não no planeta. Os cidadãos globais de hoje assumem imediatamente "planeta" sem pensar sobre isso.

A limitação da extensão do dilúvio é confirmada em outros textos, além de Gênesis, que elaboram sobre o dia 3 da criação. Por exemplo, o salmo da criação (Salmos 104) nos diz que quando Deus separou a terra seca do mar, ele "estabeleceu um limite que [as águas] não podem atravessar; *nunca mais* elas cobrirão a terra" (ênfase adicionada). Da mesma forma, Jó 38:8-10 e Provérbios 8:29 indicam que os continentes formaram limites permanentes para os oceanos.

Em Gênesis 8, lemos que as águas da enchente levaram de sete a dez meses para retroceder. Um retrocesso com essa duração de tempo sugere uma grande quantidade de água, principalmente neve e gelo derretendo, indicando que o dilúvio de Noé provavelmente ocorreu em algum momento durante a última Era Glacial. Tal data seria consistente com uma calibração razoável da genealogia de Gênesis 11,[18] uma época em que migrações fáceis pelo deserto Rub' al-Khali ("quarteirão vazio") da Arábia teriam sido possíveis.[19] A sequência temporal também se alinha com as datas de DNA mitocondrial da migração de grandes populações humanas do Oriente Médio e África para a Europa, Ásia Oriental, Austrália e América do Norte e do Sul.[20] O dilúvio de Noé pode ter ocorrido em uma época em que a maior parte da área do Golfo Pérsico e do Mar Vermelho era de terra firme. A topografia da época teria permitido uma inundação de extensão suficiente para afetar toda a população humana.

[18]ROSS, *Navigating Genesis*, 75.
[19]ROSS, Hugh. Did Arabia Provide a Migration Route for Early Humans?, Today's New Reason to Believe, *Reasons to Believe*, 28/05/2015. Disponível em: <http://www.reasons.org/articles/did-arabia-provide-a-migration-route-for-early-humans>.
[20]Fazale Rana com Hugh Ross, *Who Was Adam? A Creation Model Approach to the Origin of Humanity* [Quem foi Adão? Uma abordagem do modelo de criação para a origem da humanidade]. 2. ed. Covina, CA: RTB Press, 2015, 127-41, 268-70, 363-65.

Uma das características adicionais dessa perspectiva do dilúvio, além de fornecer uma interpretação biblicamente e cientificamente viável do texto, é que ela responde à questão de como os quatro rios mencionados em Gênesis 2 poderiam ter se reunido no jardim do Éden.[21] Eles convergiram durante a última Era Glacial, no que é hoje a parte sudeste do Golfo Pérsico. Essa visão do dilúvio também explica por que praticamente todos os grupos étnicos do planeta contam uma história sobre uma antiga inundação devastadora.

PERSPECTIVA SOBRE A MORTE

A maioria dos criacionistas da Terra jovem retrata a morte como cruel e maligna em todos os contextos. Eles concluem que a morte na escala em que aparece no registro fóssil não poderia ter existido antes do pecado de Adão, e citam Romanos 5:12 em apoio a essa conclusão. Mas, será que apoia? Romanos 5:12 diz: "...o pecado entrou no mundo por um homem, e pelo pecado a morte, assim também a morte veio a todos os homens...". Por duas qualificações, "pelo pecado a morte" (pecado, que somente humanos podem cometer) e "morte... a todos os homens", Paulo esclarece que o pecado de Adão inaugurou a morte entre os humanos. Nem aqui nem em qualquer outro lugar na Escritura a palavra de Deus diz que a ofensa de Adão trouxe morte a toda a *vida*.

A morte física, embora dolorosa, produz valiosos benefícios redentores. A morte da vida não humana abençoou a humanidade com uma arca do tesouro de mais de 76 quatrilhões de toneladas de biodepósitos[22] (por exemplo, carvão, petróleo, gás natural, clatratos, calcário) para construir uma civilização e facilitar o cumprimento da Grande Comissão em milhares, e não milhões, de anos. A crucificação e ressurreição de Cristo demonstram, o batismo em água ilustra, e Paulo repetidamente escreve que somente por meio da morte podemos viver verdadeiramente, agora e para sempre.

---

[21]ROSS, *Navigating Genesis*, 97-100.
[22]Ibid., 166-69.

Realidade de duas criações

A necessidade temporária de morte e decadência alinha-se com a visão do dia-era para a criação futura, os novos céus e nova terra, que as Escrituras descrevem como perfeita em todos os aspectos. Enquanto a criação em que a humanidade reside agora é "muito boa", Deus promete uma morada eterna que é inimaginavelmente melhor. A criação atual serve ao seu propósito como o melhor reino possível no qual Deus eficientemente, rapidamente e permanentemente vence o mal e o sofrimento enquanto permite que seres humanos de livre-arbítrio participem de seu processo e plano redentor. Cada galáxia, estrela e forma de vida que já existiu neste universo de 13,8 bilhões de anos facilita o cumprimento do plano redentor de Deus.

Uma vez que o número completo de seres humanos que compõem o reino de Deus tenha sido designado e recebido a cidadania, o mal e o sofrimento serão removidos permanentemente, o universo terá cumprido seu propósito e seremos introduzidos por Deus em um reino inteiramente novo e diferente (Isaías 65:16-17; Apocalipse 21-22). Deus e seu povo e as hostes angélicas finalmente viverão juntos, face a face, experimentando comunhão ininterrupta e amor perfeito. Morte, decadência, dor e escuridão (física e espiritual) serão banidos para sempre. Essa nova criação, como os escritores da Bíblia se esforçaram para descrever, será mais do que meramente o Éden restaurado. Será radicalmente diferente – moldado por diferentes dimensões e governado por leis diferentes.[23]

A SINGULARIDADE DOS *NEPHESH*

Os criacionistas evolucionários apontam características comuns que os humanos compartilham com aves e mamíferos – comportamentos sociais e aspectos do intelecto, vontade e emoção – como indicadores de descendência comum. No entanto, Gênesis 1 parece

[23]Eu estabeleço um contraste entre os propósitos e características distintas da criação atual e os da nova criação em meu livro *Why the Universe Is the Way It Is* [Por que o universo é da forma como é]. Grand Rapids: Baker, 2008, 27-206.

destacar os *nephesh*, isto é, os animais "anímicos" (dotados de alma) pelo seu caráter distinto em relação às criaturas já existentes.

O uso do verbo hebraico '*asah* ("fazer") implica que algo sobre o *nephesh* não é inteiramente novo e único, ao passo que o uso do verbo *bara'* ("criar") nesse mesmo contexto sugere que algo sobre o *nephesh* é verdadeiramente novo e excepcional. Que esses animais possuíssem corpos físicos não era algo novo. No entanto, sua capacidade relacional mostrou um avanço acentuado. Olhando para trás, vemos que essas criaturas eram única e otimamente capazes de interagir e se relacionar com os membros não apenas de sua própria espécie, mas também de uma espécie que ainda não existia quando apareceu – a espécie humana. No contexto de criação especial, em oposição à descendência comum, seria esperado que esses *nephesh* possuíssem capacidade de interação social com os seres humanos, características de inteligência e emoção que facilitassem a conexão, o serviço e o agrado aos seres humanos.[24]

EXCEPCIONALISMO HUMANO[25]

Uma das diferenças mais marcantes entre os criacionistas da Terra antiga e outros criacionistas surge em relação à origem e identidade da humanidade. Os criacionistas da Terra jovem consideram os Neandertais e os hominídeos, por exemplo o *Homo erectus*, como descendentes de Adão e totalmente humanos, enquanto os criacionistas evolucionários consideram os Neandertais e os humanos como descendentes de um ancestral comum anterior, não humano, e Adão um descendente dentre muitos humanos primitivos. No entanto, os criacionistas do dia-era veem os seres humanos como separados e distintos dos Neandertais e de outras espécies hominídeas, e todos os três como criaturas especialmente

[24]Eu trato do excepcionalismo dos *nephesh* e do excepcionalismo humano com profundidade em *Hidden Treasures in the Book of Job*: How the Oldest Book in the Bible Answers Today's Scientific Questions [Tesouros escondidos no livro de Jó: como o livro mais antigo da Bíblia responde às perguntas científicas de hoje]. Grand Rapids: Baker, 2011, 105-85.

[25]Para uma defesa com a extensão de um livro de um modelo de origens humanas na visão dia-era, veja *Who Was Adam*?

criadas pelo desígnio e intervenção de Deus. Nós vemos todos os humanos como descendentes de duas pessoas históricas, Adão e Eva, especialmente criados por Deus, os únicos portadores de sua imagem (Gênesis 3:20; Atos 17:26; Romanos 5:13-19).

Assim como Gênesis 1 usa dois verbos para descrever a introdução dos *nephesh* por Deus, usa também dois verbos (os mesmos dois) para descrever a criação de humanos. Esse uso implica que nós humanos compartilhamos certas características com esses animais, mas também possuímos características absolutamente únicas. Só nós, humanos, somos seres espirituais dotados da capacidade de estabelecer relacionamentos não apenas com a nossa própria espécie, além de outras, mas também com um ser superior – o Ser mais elevado.

Os criacionistas do dia-era apontam para uma riqueza de evidências científicas que mostram que os seres humanos, distintos dos Neandertais, do *Homo erectus* e de outras espécies, possuem a capacidade de reconhecimento simbólico, linguagem complexa, arte e música, e engajamento espiritual e filosófico. Só os seres humanos manifestam consciência de Deus, do pecado, de julgamento moral e de vida após a morte. Apenas os humanos demonstram avanço tecnológico, incluindo o desenvolvimento da agricultura e da civilização. Novas evidências mostram que, mesmo durante episódios de extrema instabilidade ambiental, os humanos foram capazes de manter pequenas fazendas mistas (com várias espécies de culturas e gado) e de fabricar farinha e vestuário.[26]

CRIADOR ENGAJADO

A perspectiva de criação do dia-era prevê muito mais envolvimento divino e muito menos processos naturais do que as visões da Terra jovem ou da criação evolucionária. No modelo da Terra jovem,

[26]Descrevo esta evidência em The First Humans Developed Food-Processing Technology, Today's New Reason to Believe, *Reasons to Believe*, 05/10/2015. Disponível em: <http://www.reasons.org/articles/the-first-humans-developed-food-processing-technology>.

os herbívoros evoluíram rapidamente para carnívoros, sofrendo uma alteração radical de seus fígados e tratos gastrointestinais no momento da queda de Adão. Esse modelo requer que os vários milhares de espécies de animais resgatados do dilúvio na arca de Noé evoluam rapidamente para milhões de espécies pouco depois. Embora os criacionistas da Terra jovem prefiram chamar essa evolução de "diversificação", ainda assim eles invocam taxas de variações genéticas e morfológicas via processos naturais muitas vezes mais rápidas e eficientes do que o mais otimista ateu darwinista proporia. Philip Kitcher, filósofo da ciência na Universidade de Columbia, observa: "As taxas de especiação que a 'ciência da criação' exigiria... são realmente de tirar o fôlego, são ordens de grandeza maior do que qualquer um teria sonhado na teoria evolutiva."[27]

Os criacionistas evolucionários acreditam que a vida progride, desde o primeiro organismo vivo na face da Terra até os seres humanos, por meio do processo contínuo de descendência comum. A maioria concordaria que Deus, de alguma forma, direcionou os mecanismos de seleção natural, mutação e permuta genética. No entanto, os modelos deles não propõem meios tangíveis para distinguir entre evolução biológica dirigida e *não dirigida*. Quanto à origem da vida, os criacionistas evolucionários reconhecem que atualmente não existe nenhuma explicação naturalista, mas a maioria expressa confiança de que tal explicação seja possível futuramente.

Os criacionistas do dia-era interpretam a Bíblia como declarando que Deus interveio miraculosamente para criar a primeira vida na Terra. Eles também concordam que décadas de pesquisa eliminaram todas as explicações naturalistas razoáveis para a origem da vida na Terra.[28] O uso que a Bíblia faz da palavra hebraica *min*, para "espécie", sugere que, para os animais superiores (Levítico 11:13-18;

[27]KITCHER, Philip. Born-Again Creationism. In: PENNOCK, Robert. (Org.). Intelligent Design Creationism and Its Critics. Cambridge, MA: MIT Press, 2001, 259.

[28]Para um livro que trate de um modelo do dia-era para a origem da vida, veja RANA, Fazale; ROSS, Hugh, Origins of Life: Biblical and Evolutionary Models Face Off [*Origens da Vida*: modelos bíblicos e evolutivos se enfrentam], 2. ed. Covina, CA: RTB Press, 2014.

Deuteronômio 14:12-18), o processo natural de evolução é limitado ao nível da espécie e, para animais inferiores (Levítico 11:22), ao nível do gênero. A afirmação dessas limitações emerge de experimentos de evolução de longo prazo e de estudos em biologia da conservação. Essas descobertas falam de um Criador que ativamente e muitas vezes milagrosamente se envolveu em moldar e introduzir novas formas de vida ao longo da história da Terra.

EXTINÇÃO EM MASSA E EVENTOS DE ESPECIAÇÃO EM MASSA

O registro de fósseis comprova muitos eventos de extinção em massa, episódios em que 40-95% de todas as espécies da Terra foram repentinamente levadas à extinção, seguidos por momentos em que a especiação em massa trouxe à existência de milhares a milhões de novas espécies. Salmos 104 oferece o que parece ser uma descrição apropriada desse padrão: "...quando lhes retiras o fôlego, morrem e voltam ao pó. Quando sopras o teu fôlego, eles são criados, e renovas a face da terra." (vv. 29b-30).

Pesquisas mostram que eventos de extinção em massa e de especiação ocorrem com um período semirregular de cerca de 30 milhões de anos, tempo que se correlaciona com o movimento de subida e descida do sistema solar em relação ao plano galáctico.[29] Essa periodicidade e essas transições nos tipos de vida da Terra parece ter desempenhado um papel em compensar a mudança da luminosidade do Sol. Ao longo da história da vida, o brilho do Sol aumentou progressivamente em 20-25% (ver Figura 1).[30] Não obs-

[29]MATESE, John J. et al. Why We Study the Geological Record for Evidence of the Solar Oscillation about the Galactic Midplane. *Earth, Moon, and Planets* 72 (Fev. 1996): 7-12, doi:10.1007/BF00117495; MELOTT, Adrian L. BAMBACH, Richard K. Do Periodicities in Extinction – With Possible Astronomical Connections – Survive a Revision of the Geological Timescale? *Astrophysical Journal* 773 (Ago. 2013): id. 6, doi:10.1088/0004-637X/773/1/6; NAPIER, W. M., Evidence for Cometary Bombardment Episodes. *Monthly Notices of the Royal Astronomical Society* 366 (Março 2006): 977-82, doi: 10.1111/j.1365-2966.2005.09851.x.

[30]Para uma revisão atualizada do paradoxo do Sol fraco, veja ROSS, Hugh, *Improbable Planet*, 143-64.

tante isso, a temperatura da superfície da Terra permaneceu ótima para a vida. Por que? Principalmente, porque as formas de vida que substituíram as formas de vida extintas removeram mais eficientemente os gases do efeito estufa da atmosfera.

FIGURA 1: HISTÓRIA DA LUMINOSIDADE SOLAR

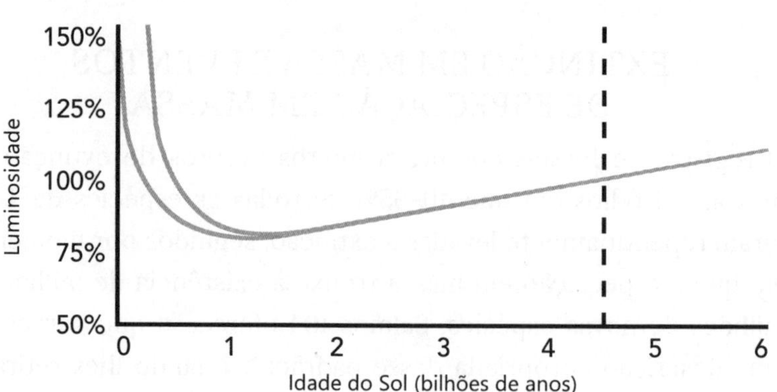

A curva superior revela a história de luminosidade do sol em relação à sua luminosidade atual, presumindo que a massa inicial do sol era 1,3 vezes sua massa atual. A curva inferior mostra a história de luminosidade do sol se o Sol fosse 1,15 vezes sua massa atual. O ponto zero para a idade do Sol corresponde ao período em que o Sol completou sua acreção de massa a partir do disco solar.

O contínuo ato compensatório de contrabalançar o brilho crescente do Sol é algo que desafia uma explicação natural ou sutil do criacionista evolucionário. Só intervenções ativas e repetidas feitas por um Criador sobrenatural poderiam assegurar que as espécies de vida corretas, em níveis populacionais exatos e vivendo em habitats perfeitos, substituiriam as espécies extintas nos momentos precisos para manter a química atmosférica e as temperaturas da superfície da Terra em níveis ótimos para a vida ao longo dos últimos 3,8 bilhões de anos. (Isto, além de posicionar o sistema solar numa órbita perfeita da Via Láctea com um cinturão de cometas e asteroides na medida.) Sem as intervenções diretas e miraculosas de Deus ao longo da história do sistema solar, a geofísica, a geoquímica e a bioquímica da Terra ficariam fora de sincronia com as variações solares e planetárias, fazendo com que a Terra se tornasse permanentemente estéril.

Os tempos da origem humana[31]

Encontramos uma pista bíblica para a origem da humanidade em Gênesis 2. O texto menciona quatro rios conhecidos que originalmente convergiam no Éden: Pisom, Giom, Tigre e Eufrates. Embora esses rios não mais se juntem no mapa de hoje, do que é agora o sudeste do Golfo Pérsico, durante a última Era Glacial, parte era terra seca (o nível do mar era cerca de 90 metros mais baixo). Ao traçar os leitos de rios antigos, essa área parece ser o único local onde os quatro rios teriam se cruzado. Com base nisso, concluímos que os primeiros humanos, Adão e Eva, entraram em cena em algum momento durante, talvez no início, da última Era Glacial (12 mil a 135 mil anos atrás).

A data é consistente com o intervalo de datas mitocondriais e cromossomo Y para a origem da humanidade: 150.000 ± 50.000 e 140.000 ± 50.000 anos atrás, respectivamente.[32] Modelos genéticos baseados em diferenças de DNA autossômico nuclear medidas entre populações humanas atuais, bem como taxas de mutação naturais estimadas (ou supostas), contradizem o que parece ser uma clara afirmação bíblica de que toda a humanidade descende de um homem e uma mulher. Embora os evolucionistas concluam que a humanidade descende de uma população ancestral muito maior, as estimativas do tamanho da população que resultam de estudos genéticos avançados têm declinado consistentemente nas últimas

[31]ROSS, *Hidden Treasures*, 105–85.

[32]ENDICOTT, Phillip et al. Evaluating the Mitochondrial Timescale of Human Evolution. *Trends in Ecology and Evolution* 24 (2009): 515-521; FU, Qiaomei et al. A Revised Timescale for Human Evolution Based on Ancient Mitochondrial Genomes. *Current Biology* 23 (2013): 553-59; CRUCIANI, Fluvial et al. A Revised Root for the Human Y Chromosomal Phylogenetic Tree. *American Journal of Human Genetics* 88 (2011): 814-18; WEI, Wei et al, A Calibrated Human Y-Chromosomal Phylogeny Based on Resequencing. *Genome Research* 23 (2013): 388-95.

VISÃO 2

quatro décadas. A estimativa inicial de centenas de milhares de indivíduos diminuiu para números tão baixos quanto centenas de indivíduos.[33] Assim, parece razoável antecipar uma extrapolação dessa tendência para dois. Além disso, as estimativas atuais dos modelos estão em conflito com os achados em estudos de campo com ovelhas, cavalos e orangotangos. A diversidade genética dessas criaturas se mostrou muito maior do que os modelos genéticos atuais previram com base em suas populações ancestrais conhecidas. Portanto, não existe ainda nenhum desafio cientificamente comprovado para a noção de um par ancestral da humanidade.

O PROPÓSITO REDENTOR DE DEUS

Criacionistas do dia-era interpretam passagens como Efésios 1:4-5, 2Timóteo 1:9 e Tito 1:2 dizendo que Deus iniciou a redenção antes de criar o universo. Se considerarmos que, no primeiro século, os números da matemática grega se estendiam a um bilhão, Apocalipse 7:9 parece implicar que Deus redimirá pelo menos vários bilhões de humanos, um número “incontável”.

Romanos 8:18-23 e Apocalipse 21 retratam uma futura morada para a humanidade, na presença manifesta de Deus, que opera por um conjunto radicalmente diferente de leis e dimensões espaço-temporais, ou o equivalente a elas, um reino além do que podemos imaginar plenamente. Essa morada será nossa no momento em que o número total de humanos que serão redimidos finalmente for resgatado. Esta mensagem implica que Deus criou o universo e tudo o que ele contém para o propósito expresso de prover a eterna redenção de bilhões de humanos. Consequentemente, os criacionistas do dia-era interpretam todo o conteúdo de criação da Bíblia no contexto da meta salvífica de Deus. Também interpretamos a ciência no contexto desse objetivo. Vemos todos os componentes do universo, da Terra e da vida como um contribuinte para tornar possível a salvação de bilhões de seres humanos.

---

[33]ZHIVOTOVSKY, Lev A. et al. Human Population Expansion and Microsatellite Variation. *Molecular Biology and Evolution* 17 (2000): 757-67.

Esse foco no propósito redentor de Deus fornece uma estrutura útil para integrar textos bíblicos com descobertas científicas. Devemos buscar interpretações mais consistentes com a intenção revelada por Deus de estabelecer um reino eterno com bilhões de humanos que tiveram acesso a ele por meio de Jesus Cristo, nosso Criador, Senhor e Salvador.

Dotação rica

Dado que Deus pretende resgatar bilhões de humanos em apenas alguns milhares de anos (duração estimada das condições apropriadas para a civilização humana de alta população[34]), a Terra deve ser dotada de recursos não apenas para sustentar bilhões de humanos, mas também para apoiar a tecnologia necessária para os seguidores de Cristo fazerem discípulos, relativamente depressa, dentre todos os grupos de pessoas do mundo.

Para que uma civilização grande e tecnologicamente avançada se torne possível, uma enorme diversidade de minerais e uma enorme dotação de biodepósitos devem estar presentes na crosta terrestre. De fato, a Terra é ricamente dotada. A lista de biodepósitos inclui calcário, mármore, gesso, carvão, gás natural, petróleo, querogênios e clatratos. Estudos isotópicos mostram que a grande maioria desses recursos é de origem biológica, e a quantidade total desses recursos derivados da biologia soma pelo menos 76 quatrilhões de toneladas.[35] Essa quantidade significa que a Terra esteve repleta de vida, próxima à sua capacidade teórica máxima por muitos milhões de anos. Nada menos do que a orquestração de um maestro sobrenatural seria suficiente para garantir que os humanos tivessem à sua disposição todos os biodepósitos necessários para cumprir a Grande Comissão em apenas milhares, ao invés de milhões de anos.

Uma civilização com recursos suficientes para cumprir a Grande Comissão também exige a disponibilidade de vários

[34]Eu explico e documento os limites no capítulo 15 do meu livro *Improbable Planet.*
[35]Eu documento isso em *Navigating Genesis*, 166–69.

milhares de minerais diferentes. Antes da vida, a Terra possuía apenas 250 espécies minerais distintas. Hoje, graças a uma história de vida de 3,8 bilhões de anos, a crosta terrestre possui 4.300 minerais conhecidos. De novo, a quantidade e diversidade de minerais reflete as intervenções sobrenaturais cuidadosamente planejadas e orquestradas por Deus.

Venenos vitais

A salgadura primordial da Terra com elementos pesados produziu depósitos de arsênio, boro, cloro, cromo, cobalto, cobre, flúor, iodo, ferro, manganês, molibdênio, níquel, fósforo, potássio, selênio, enxofre, estanho, vanádio e zinco distribuídos globalmente. Todos esses elementos fazem parte dos "venenos" vitais.[36] Embora formas de vida avançadas exijam níveis mínimos de concentração desses elementos em formas solúveis no meio ambiente, uma quantidade excessiva de qualquer um deles seria mortal.

Bactérias redutoras de sulfato removem concentrações tóxicas desses elementos da água. Por exemplo, algumas espécies bacterianas consomem zinco solúvel em água e, a partir desse zinco, elas fabricam esfalerita pura (ZnS)[37]. A esfalerita é insolúvel e, portanto, não tóxica para formas de vida avançadas. Além disso, quando suficientemente grandes, densas populações dessas bactérias morrem e se depositam nos fundos dos oceanos e lagos; elas precipitam depósitos de minério de ZnS de alto interesse econômico.

Os pesquisadores reconhecem agora que as bactérias redutoras de sulfato forneceram muitos, se não todos, os depósitos concentrados de minério de ferro, magnésio, zinco e chumbo disponíveis para os humanos. Minérios valiosos de metais vestigiais,

---

[36]EMSLEY, John. *The Elements*, 3. ed. Oxford: Clarendon, 1998, 24, 40, 56, 58, 60, 62, 78,102, 106, 122, 130, 138, 152, 160, 188, 198, 214, 222, 230.

[37]LABRENZ, Matthias et al. Formation of Sphalerite (ZnS) Deposits in Natural Biofilms of Sulfate-Reducing Bacteria. *Science* 290 (Dez. 2000): 1744-47, doi:10.1126/science.290.5497.1744.

tais como a prata, o arsênio, o selênio e outros venenos vitais podem, da mesma forma, dever suas concentrações a bactérias redutoras de sulfato.

O predomínio das bactérias redutoras de sulfato por um bilhão de anos ou mais, no início da história da vida, abriu caminho para formas avançadas de vida, não de maneira aleatória, mas de maneira aparentemente intencional e cuidadosamente administrada pelo tempo. De 2,9 bilhões de anos atrás até o presente, a abundância e diversidade de bactérias redutoras de sulfato declinaram a níveis precisos para manter o delicado equilíbrio necessário para nutrir a vida avançada, mas não prejudicá-la. Hoje, a liberação de venenos vitais solúveis no meio ambiente por meio da erosão é perfeitamente equilibrada pela remoção de venenos vitais solúveis por bactérias redutoras de sulfato. Além disso, depósitos concentrados de minério resultantes de bactérias redutoras de sulfato proveram a humanidade de meios para formar uma civilização tecnologicamente avançada. A precisão exata das quantidades, diversidade, época e localização das bactérias redutoras de sulfato durante os últimos três bilhões de anos atesta um Deus que interveio sobrenaturalmente para assegurar que os humanos pudessem prosperar e ser providos com todos os recursos necessários a fim de cumprir os propósitos para os quais eles foram criados.

Explosões de Avalon e Cambriana

De 3,8 bilhões de anos atrás a 575 milhões de anos atrás, a Terra estava repleta de vida, mas toda aquela vida era unicelular ou de colônias de vida unicelular. Essa história não é surpreendente, já que não foi até 575 milhões de anos atrás quando os níveis atmosféricos de oxigênio aumentaram de 1-2% a cerca de 8% (ver Figura 2).

Assim que o oxigênio atmosférico saltou de 1% para 8%, animais de até dois metros de comprimento apareceram de repente. A surpresa está em quão imediatamente esses organismos “arquitetonicamente” complexos apareceram. Em um átimo de tempo geológico, depois que o oxigênio atingiu o nível mínimo de sobrevivência, eles estavam aqui.[38]

FIGURA 2: HISTÓRIA DA OXIGENAÇÃO DA ATMOSFERA TERRESTRE

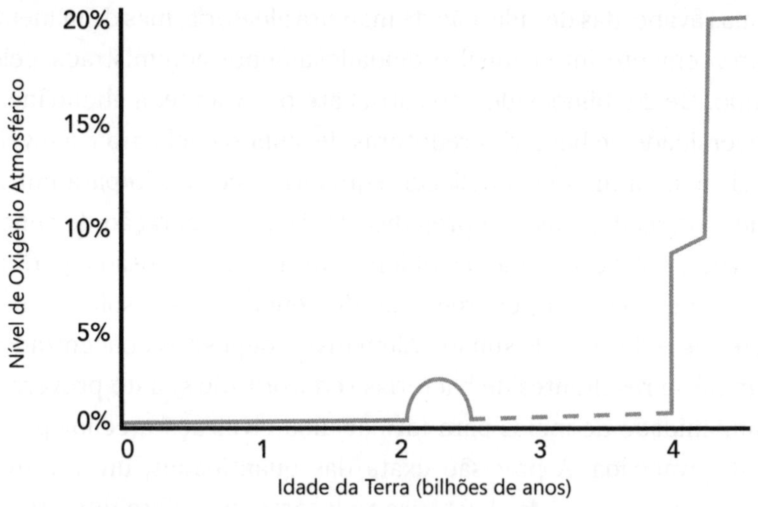

A linha tracejada é quando o nível de oxigênio era de aproximadamente 1% ou oscilava entre 0% e 2%.

Tão repentina e profunda foi a transição de micróbios para criaturas de grande porte que os paleontologistas a chamam de explosão de Avalon. O tamanho do corpo, a diversidade e a complexidade morfológica das criaturas de Avalon aproveitavam ao máximo os níveis de oxigênio, alimentos e nutrientes recém disponíveis após o evento de oxigenação.

Então, entre 544 e 543 milhões de anos atrás, as criaturas de Avalon sofreram um evento de extinção em massa. O evento foi tão

[38]CANFIELD, Don E.; POULTON, Simon W.; M. NARBONNE, Guy. Late-Neoproterozoic Deep-Ocean Oxygenation and the Rise of Animal Life. Science 315 (Jan. 2007): 92-95, doi:10.1126/science.1135013; NARBONNE, Guy M.; GEHLING, James G. Life after Snowball: The Oldest Complex Ediacaran Fossils. Geology 31 (Jan. 2003): 27-30, doi:10.1130/0091-7613(2003)031<0027:LASTOC>2.0.CO;2.

catastrófico que o número de espécies de Avalon que sobreviveram para a era subsequente "pode ser contado nos dedos de uma mão".[39] Um evento de anoxia (falta de oxigênio) marinha global oferece a explicação mais provável, embora ainda seja debatida.[40]

Menos de 1 milhão de anos após essa extinção em massa, apareceram os primeiros animais apresentando simetria bilateral e corpo com partes duras. Esses primeiros animais esqueléticos não chegaram em apenas um ou dois filos (planos corporais). Os fósseis revelam que 50% a 80% dos filos animais que se sabe terem existido em qualquer época da história da Terra surgiram não mais que alguns milhões de anos separados uns dos outros. Dos 182 desenhos esqueléticos teoricamente permitidos pelas leis da física, 146 aparecem nos fósseis da explosão cambriana.[41] Os primeiros desses fósseis incluem tanto vertebrados quanto invertebrados. Quase todos os designs de olhos existentes hoje foram encontrados em organismos cambrianos – olhos compostos com numerosas facetas hexagonais, olhos livremente móveis na extremidade de pedúnculos curtos e longos, e olhos encaixados.[42]

Uma mudança na química do mar, a Grande Inconformidade, combinada com um aumento de até 10% de oxigênio atmosférico tornou possível a existência de criaturas com esqueletos, órgãos internos complexos e sistemas cardiovasculares e neurais. Tal como acontece com a explosão de Avalon, nenhum atraso mensurável

[39]NARBONNE, Guy M. The Ediacara Biota: Neoproterozoic Origin of Animals and Their Ecosystems. *Annual Review of Earth and Planetary Sciences* 33 (Maio 2005): 436, doi:10.1146/annurev.earth.33.092203.122519.

[40]KIMURA, Hiroto; WATANABE, Yoshio,. Oceanic Anoxia at the Precambrian-Cambrian Boundary. *Geology* 29 (Nov. 2001): 995-98, doi:10.1130/ 0091-7613(2001) 029<0.995:OAATPC>2.0.CO;2.

[41]THOMAS, R. D. K.; SHEARMAN, Rebecca M.; STEWART, Graham W. Evolutionary Exploitation of Design Options by the First Animals with Hard Skeletons. *Science* 288 (Maio 2000): 1239-42, doi:10.1126/science.288.5469.1239.

[42]ZHANG, Xi-guang; PRATT, Brian R. The First Stalk-Eyed Phosphatocopine Crustacean from the Lower Cambrian of China. *Current Biology* 22 (Nov. 2012): 2149–54, doi:10.1016/j.cub.2012.09.027; CASTELLANI, Christopher et al. Exceptionally Well-Preserved Isolated Eyes from Cambrian "Orsten" Fossil Assemblages of Sweden. *Paleontology* 55 (Maio 2012): 553–66, doi:10.1111/j.1475-4983.2012.01153.x.

pode ser visto entre o surgimento de condições que permitiram a existência desses animais e sua aparição generalizada.

Os modelos evolutivos previram que habitantes do fundo de oceanos apareceram muito antes dos nadadores de oceano aberto, criaturas que precisavam de biomecânica apropriada para flutuabilidade, locomoção e exploração de nutrientes de águas abertas. No entanto, tanto habitantes de fundo quanto animais de mar aberto surgiram ao mesmo tempo. Relações ecológicas otimizadas em toda a era cambriana também surpreenderam os evolucionistas.[43] Muitos pesquisadores comentaram sobre o grau em que a explosão cambriana desafia os modelos evolutivos. Aqui estão três desses comentários:

- A "explosão" cambriana de planos corporais é talvez a característica mais marcante do registro fóssil de metazoários. A rapidez com que os filos e classes apareceram durante o início do Paleozóico, juntamente com taxas muito mais baixas de aparecimento de táxons superiores desde então, representa um problema extraordinário para a macroevolução.[44]
- Quanto mais sabemos sobre o próprio evento, elucidar a base materialista da explosão cambriana tornou-se mais elusivo, não menos.[45]
- Nenhuma interpretação ambiental ou biológica única para a explosão cambriana explica satisfatoriamente o aparente surgimento súbito de grande parte da diversidade de vida animal com simetria bilateral.[46]

---

[43]MORRIS, Simon Conway. The Community Structure of the Middle Cambrian Phyllopod Bed (Burgess Shale). *Paleontology* 29 (Set. 1986): 423-67.
[44]WRAY, Gregory A. Rates of Evolution in Developmental Processes. *American Zoologist* 32 (Fev. 1992): 131, doi:10.1093/icb/32.1.123.
[45]PETERSON, Kevin J.; DIETRICH, Michael R.; MCPEEK, Mark A. MicroRNAs and Metazoan Macroevolution: Insights into Canalization, Complexity, and the Cambrian Explosion. *BioEssays* 31 (Julho 2009): 737, doi:10.1002/bies.200900033.
[46]LEVINTON, Jeffrey S. The Cambrian Explosion: How Do We Use the Evidence?. *BioScience* 58 (Out. 2008): 855, doi:10.1641/B580912.

Até o momento, nenhuma explicação evolucionária naturalista consistente com os dados disponíveis foi oferecida para as explosões de Avalon ou cambriana.[47]

DESAFIOS

Desafios bíblicos

Os líderes criacionistas da Terra jovem discordam da visão do dia-era de que todos os livros da Bíblia possuem igual autoridade com referência à criação e ao reino da natureza. Eles dizem, por exemplo, que passagens narrativas que descrevem a criação e as características da natureza têm prioridade sobre as passagens poéticas.[48] Eles negam também que Jó 37–39, Salmos 104 e Provérbios 8 são mais relevantes do que o trivial para a teologia da criação.[49] Entretanto, mesmo limitando virtualmente todo o conteúdo sobre criação na Bíblia à Gênesis, pode-se apresentar uma forte argumentação bíblica para um dilúvio mundial (embora não global) de Terra antiga. O argumento torna-se mais convincente quando se incluem todas as mais de mil passagens bíblicas sobre criação e sobre o estado do reino natural.

Líderes criacionistas evolucionários desafiam a definição de inerrância bíblica dos proponentes do dia-era, bem como as definições lexicais citadas para certas palavras bíblicas nas passagens sobre criação. Uma definição mais liberal de inerrância bíblica, segundo a qual, por exemplo, Gênesis 1 e 2 sejam vistos como relatos não históricos, que incorporam características equivocadas de mitos cosmológicos antigos, contrasta nitidamente com uma

[47]Eu apresento uma extensa revisão das atuais pesquisas da explosão de Avalon e do cambriano e suas implicações filosóficas em *Improbable Planet*, 172-78.

[48]CHAFFEY, Tim. Parallelism in Hebrew Poetry Demonstrates a Major Error in the Hermeneutic of Many Old-Earth Creationists. *Answers Research Journal* 5 (Julho 2012): 115-23. Disponível em: <https://answersingenesis.org/hermeneutics/parallelism-in-hebrew-poetry-reveals-major-hermaneutic-error>.

[49]MITCHELL, Elizabeth. Creating Confusion in Genesis with Hugh Ross. *News to Know, Answers in Genesis*, 27/09/2014. Disponível em: <https://answersingenesis.org/creationism/old-earth/creating-confusion-genesis-hugh-ross/>.

visão do dia-era. Erros demonstráveis aqui ou em outras descrições bíblicas da natureza, criação ou história certamente seriam prejudiciais ao nosso modelo.

Criacionistas evolucionários e criacionistas da Terra jovem desafiam nossa interpretação de Jó como um livro rico em descrições sobre natureza e criação. Grande parte desse debate centra-se em saber se o conteúdo registrado em Jó é o mais antigo material bíblico. Se for, esperamos que seja rico em comentários sobre criação e que Moisés, ao escrever Gênesis 1, tenha resumido ou mesmo omitido partes importantes da história da criação exposta em Jó. Se não for, no entanto, então podem ser suspeitas algumas de nossas tentativas de integrar e acrescentar ao conteúdo de criação de Gênesis aqueles encontrados em Jó.

Desafios científicos

Os dois principais desafios científicos para o nosso modelo do dia-era são aparentes evidências para estes: (1) designs imperfeitos ou sem função na natureza; e (2) limites, taxas e graus de evolução biológica. Se Deus participou intimamente e diretamente em dar forma à história da criação, esperaríamos que o reino natural estivesse livre de designs inferiores ou toscos. No entanto, se Deus usou unicamente um processo evolucionário suavemente contínuo ou introduziu apenas sutis descontinuidades para alcançar seus fins, esperaríamos então que muitas características grosseiras ou sem função fossem se acumulando. O acúmulo será especialmente prevalente em espécies de aparência tardia, como a nossa.

Até o momento, o histórico de presumíveis "designs ruins" não parece muito importante. À medida que os cientistas aprofundam e ampliam sua investigação, muitas dessas características mostraram-se ótimas. Por exemplo, o apêndice, um presumível resíduo, sem função na digestão, tem-se mostrado agora importante para o nosso sistema de resposta imunológica. Da mesma forma, o projeto ENCODE revelou que o genoma humano, sobre o qual se supunha 98% era sem função, é pelo menos 80% funcional,[50] com mais funcionalidades ainda a serem exploradas. Se, no entanto, essa tendência se inverter e mostrar que designs aparentemente bons e funções aparentemente úteis são, na verdade, resíduos inúteis, o nosso modelo precisaria de uma revisão significativa.

Uma ressalva importante emerge da nossa visão de que Deus cessou de seu trabalho de criação. Essa interrupção significa que a entropia está gerando decadência proporcional ao grau de complexidade de um organismo. O decaimento resultante da entropia também deve ser proporcional ao tempo desde que Deus interveio pela última vez em favor de uma espécie em particular.

Tanto os criacionistas evolucionários quanto os criacionistas de Terra jovem veem a diversificação de espécies ocorrendo com maior eficiência e velocidade do que os criacionistas do dia-era reconheceriam. Portanto, se experimentos de evolução em tempo real e de longo prazo, conduzidos sob condições próximas às do mundo natural e sem intervenção humana, mostrassem macroevolução eficiente e produtiva (macrodiversificação), tais resultados desafiariam seriamente os modelos de criação do dia-era.

Quanto aos desafios científicos a um universo e Terra de bilhões de anos, agora eles surgem apenas do que é desconhecido ou incognoscível. À medida que as fronteiras do conhecimento científico são empurradas para trás, a evidência e a precisão na medição da idade da Terra aumentam consistentemente.[51]

Finalmente, diferentes pontos de vista sobre criação e evolução resultam em diferentes abordagens para resolver o problema do mal. Essas diferenças oferecem uma arena potencialmente frutífera para avaliar as quatro perspectivas aqui representadas, mas o espaço proíbe. Minha abordagem distinta do problema do mal, tanto do ponto de vista científico quanto bíblico, é descrita em dois

[50]ENCODE Project Consortium. *An Integrated Encyclopedia of DNA Elements in the Human Genome. Nature* 489 (2012): 57-74.
[51]ROSS, *A Matter of Days*, 145-233.

livros inteiros.[52] Para resumir, Deus projetou o universo com leis e dimensões físicas de tal forma que o mal é contido. Tais leis e dimensões serão substituídas na nova criação.

[52]ROSS, *Why the Universe*; ROSS, Hugh, *Beyond the Cosmos*: The Extra-Dimensionality of God; What Recent Discoveries in Astronomy and Physics Reveal about the Nature of God [Além do cosmos: a extradimensionalidade de Deus; O que recentes descobertas em astronomia e física revelam sobre a natureza de Deus]. 2. ed. Colorado Springs: NavPress, 1999.

2.1

Resposta do CRIACIONISMO DA TERRA JOVEM

Ken Ham

Concordo com o Dr. Ross que Deus revelou a verdade por meio de Sua Palavra (revelação especial) e de Sua criação (revelação geral). Contudo, ele comete o mesmo erro grave que Haarsma e tantos outros cometem ao falar dos "dois livros" de Deus. As Escrituras ensinam claramente que a criação revela infalivelmente o *Criador* a *todas* as pessoas em *todos* os lugares e tempos (não apenas pessoas modernas cientificamente treinadas). Ela *não* ensina que a natureza revela como e quando Deus criou. E a revelação geral *não* é equivalente à visão consensual dos cientistas modernos. Portanto, a história do Big Bang e de uma Terra de 4,5 bilhões de anos *não* é revelação geral. Mayhue criticou a afirmação que Ross fez em outro livro[1] de que a natureza é o "67º livro da Bíblia".[2]

Concordo que a explosão cambriana, que aparece no registro fóssil, é um enorme problema para a evolução. Concordo com Ross que a Bíblia tem muito a dizer sobre cosmologia. Mas, como o astrônomo Dr. Danny Faulkner discute exaustivamente, ela não pode ser harmonizada com a história evolucionária do Big Bang.[3]

---

[1]ROSS, Hugh. *Creation and Time*. Colorado Springs: NavPress, 1994, 56.

[2]Veja nota de rodapé 1 na minha resposta a Haarsma.

[3]FAULKNER, Danny. *The Created Cosmos*: What the Bible Reveals about Astronomy [O cosmos criado: o que a Bíblia revela sobre astronomia]. Green Forest, AR: Master Books, 2016.

Concordo que a Bíblia é inspirada e inerrante. Mas acreditamos que o prestativo *International Council on Biblical Inerrancy* [Conselho Internacional sobre Inerrância Bíblica] cometeu uma pequena, mas séria, falha em suas declarações sobre inerrância e hermenêutica ao abrir a porta para a aceitação de milhões de anos.[4]

Concordo com Ross que a segunda lei da termodinâmica (entropia) não começou com a Queda. Henry Morris e outros defensores da Terra jovem ensinaram isso, mas em 1981 Henry Morris mudou o que queria dizer ou esclareceu sua posição, e a maioria dos líderes criacionistas da Terra jovem não defendem essa visão antiga.[5] Jeremias 31:35-36 e 33:20-26 fala dos movimentos do Sol e da lua na época de Jeremias. Mas não se trata de afirmações gerais sobre a imutabilidade de todas as leis físicas e *taxas* de processos físicos desde o primeiro momento de criação em Gênesis 1:1. As leis sobre o movimento do Sol, da lua, dos planetas e das estrelas não foram instituídas até o quarto dia da semana da criação. Ross não tem uma visão ortodoxa da Queda ou de Romanos 8:19-23, e rejeita a visão da Terra jovem sobre morte animal e outros males naturais antes da Queda, dizendo que Romanos 5:12 não defende essa visão. Mas eu usei esse versículo somente em relação à morte humana, e ele não aborda nenhum dos versículos que usei a respeito de não ter havido nenhuma morte animal antes da Queda. A maioria dos teólogos evangélicos e estudiosos da Bíblia (incluindo os proponentes da Terra antiga) têm ensinado que Romanos 8 se refere à maldição de Deus sobre toda a Criação na Queda,[6] embora não vejam que essa verdade contradiz suas visões da Terra antiga.[7] As Escrituras

---

[4]Veja MORTENSON, Terry. *Inerrancy and Biblical Authority*: How Old-Earth Inerrantists Are Undermining Inerrancy. Disponível em: <https://answersingenesis.org/is-the-bible-true/inerrancy-and-biblical-authority/>.

[5]Veja <https://answersingenesis.org/creationism/arguments-to-avoid/the-secondlaw-of-thermodynamics-began-at-the-fall/ e https://answersingenesis.org/physics/the-second-law-of-thermodynamics-and-the-curse/>.

[6]Veja as notas 17 e 18 em meu capítulo.

[7]Veja a exposição de Terry Mortenson dessa inconsistência em seu artigo *Systematic Theology Texts and the Age of the Earth*: A Response to the Views of Erickson, Grudem, and Lewis and Demarest, disponível em: <https://answersingenesis.org/age-of-the-earth/systematic-theology-texts-and-the-age-of-the-earth/>.

não apoiam a afirmação de Ross de que "a criação na qual a humanidade reside agora é 'muito boa'". A Bíblia ensina o contrário, e esse fato é fatal para a visão dele e todas as outras visões da Terra antiga.

SOBRE O ENSINO BÍBLICO

Ross, de modo confuso, rotula o controle providencial pelo qual Deus sustenta a criação como "milagres sustentadores". Ele também usa a expressão "literal" de uma maneira muito confusa, que é contrária às definições do dicionário.[8] Sua definição de *yom* como "um período de tempo longo, mas finito" não é uma definição literal e é enganosa. *Yom* é usado ocasionalmente para se referir a um período indefinido mais longo do que um dia literal, mas apenas o contexto pode nos dizer quão longo é esse período (e não podemos simplesmente pressupor arbitrariamente que pode levar milhões de anos). Gênesis 2:4 não é um exemplo de uso literal, mas sim figurativo, de *yom*.[9] A visão do dia-era de Ross sobre cada dia da criação, representando milhões ou bilhões de anos, não é uma interpretação literal, e nenhum contexto bíblico favorece igualar *yom* com milhões de anos. Nem é uma interpretação biblicamente defensável, como ficará claro a partir das minhas respostas aqui aos argumentos "bíblicos" para a sua visão.

As passagens *poéticas* de Jó 38-39, Salmos 104 e Provérbios 8 não são relatos de criação a serem usados para interpretar a *narrativa histórica* literal dos atos de criação de Deus em Gênesis 1. Ross acusa falsamente os autores da AiG de tratar essas passagens como não tendo a mesma autoridade de Gênesis 1 e como "trivialmente" irrelevante para este tópico. No entanto, o que rejeitamos é a interpretação errônea desses textos, que possuem sim igual autoridade. Somente Jó 38:4-7 e Salmos 104:5, 19-20 referem-se à

[8]Veja <http://www grammar-monster com/glossary/literal_meaning.htm e http://grammar.about.com/od/il/g/literalangterm.htm>.

[9]Em Gênesis 2:4, não encontramos *yom* modificado por um número (como em Gênesis 1), mas sim *beyom* (traduzido como "quando" ou "no dia em que"). O mesmo *beyom* é usado em Números 7:10 e 84 para se referir figurativamente a todo o período de doze dias literais (*yom*) numerados de sacrifício (Números 7:11-83).

RESPOSTA 2.1

semana da criação. Jó 38:8-11 e Salmos 104:6-9 referem-se ao dilúvio de Noé: o último verso em cada passagem ecoa a promessa de Gênesis 9:11 (cf. Isaías 54:9), mas nenhuma promessa é feita em Gênesis 1. O restante de Salmos 104 e de Jó 38-39 claramente se refere ao mundo nos tempos em que Jó e o salmista viviam, dado que esses capítulos descrevem coisas que não existiam em Gênesis 1 (por exemplo, chuva, guerra, cidades, eiras, armas, trombetas, vinho, navios, Líbano, pecadores etc.), e a ordem de menção nesses capítulos não tem cronologia explícita e contradiz a ordem dos eventos de criação em Gênesis 1. Provérbios 8:29 nos diz que a partir do dia 3 os mares não ultrapassaram os limites ordenados por Deus. Mas, no dilúvio de Noé, o comando de Deus sobre essas fronteiras mudou de modo a julgar o mundo com um dilúvio global.

Ross afirma que aconteceu muita coisa em 24 horas no sexto dia da criação. Mas, a obra de Deus (criar o jardim, Adão e Eva; dar comandos a Adão; adormecer Adão) foi sobrenatural e levou no máximo minutos. Deus trouxe os animais ao homem para que ele não precisasse procurar por eles. Ross imagina que "aparentemente, Adão examinou minuciosamente" cada criatura antes de lhes dar um nome, mas as Escrituras nem sugerem isso (por exemplo, levou apenas alguns segundos para chamar sua esposa "mulher" e "Eva", Gênesis 2:24, 3:20). Se ele nomeasse um tipo de "animal do campo" ou ave a cada dez segundos, Adão poderia ter chamado sem esforço 3.600 tipos de animais em dez horas,[10] e em bem menos de dez horas ele teria reconhecido sua solidão. Ver Eva pela primeira vez foi uma alegria instantânea. Foram necessárias muito menos de 24 horas para os eventos do sexto dia.

Salmos 95 e Hebreus 4 não dizem que o sétimo *dia* (Gênesis 2:1-3) continua, mas que o *descanso* de Deus da obra de criação continua,

[10]Na AiG, não achamos que ele [Adão] tenha dado muitos nomes, porque ele nomeou as "bestas do campo" (que era um subconjunto das "bestas da terra", em terra firme) junto com pássaros, e dada a referência a espécies por dez vezes em Gênesis 1, ele certamente denominou espécies. Há boas razões para pensar que ele deu nome a muito menos do que os cerca de 1400 tipos de animais terrestres e aves que foram para a arca. Veja <https://answersingenesis.org/creation-science/baraminology/which-animals-were-on-the-ark-with-noah/>.

o que também significa que os processos naturais que os cientistas estudam não são os processos pelos quais Deus criou em Gênesis 1. João 5:17 refere-se à contínua obra providencial e redentora de Deus, não à sua obra de criação.

Nos respectivos contextos, Salmos 90:4 e 2Pedro 3:8 estão se referindo à natureza de Deus, não à duração dos dias da criação. Em comparação com a eternidade de Deus, tanto três bilhões de anos quanto 3 mil anos são igualmente nada. Contudo, a idade das montanhas em comparação com a expectativa de vida de um homem é uma metáfora apropriada. Além disso, as palavras "antigo" e "idoso" são indefinidas: idade ou antiguidade são determinadas pelo contexto. As palavras hebraicas e gregas traduzidas assim são associadas a montanhas e colinas, mas também com o tempo da criação dos céus, o tempo de Noé, os tempos de Tera e Abraão e o tempo da fundação de Israel. "Antigos" também são os tempos dos faraós egípcios, de Moisés e de Davi e Asafe. Até limites de propriedades humanas são chamados de "antigos".[11] Não há base bíblica para associar "antigo" ou "velho" a milhões ou bilhões de anos. E como mostrei em meu capítulo, nota de rodapé 10, Oseias 6:2 não pode ser usado para argumentar a favor da interpretação dia-era de Gênesis 1. O uso que Ross faz da Festa dos Tabernáculos para descartar o argumento da Terra jovem de Êxodo 20:8-11 é falho, pois Levítico 23:33-43 não liga a duração da festa à duração do período no deserto, mas sim liga a habitação em cabanas durante a festa com a habitação em tendas no deserto.

Ross rejeita o dilúvio global porque essa interpretação literal contradiz a "ciência estabelecida". Entretanto, Ross rejeita a autoridade das Escrituras, não por causa da "ciência estabelecida", mas porque a maioria dos cientistas modernos diz que o dilúvio global nunca aconteceu. Gênesis 6 não descreve uma inundação local no Oriente Médio.

[11]A palavra hebraica *qedem* é usada em Deuteronômio 33:15; Neemias 12:46; Salmos 68:33; e Isaías 19:11. O termo hebraico 'olam é usado em Josué 24:2; 1Samuel 27:8; Salmos 24:7; Provérbios 22:28; Isaías 44:7; e 58:12. O termo grego *archaios* é usado em Atos 15:21 e 2Pedro 2:5. Habacuque 3:6 usa o hebraico *'ad* para antigas montanhas. A segunda carta de Pedro 3:5 (como 2:3) usa o grego *ekpalai.*

Ross diz que sua visão do dia-era "permite uma interpretação literal e consistente de todos os textos da criação bíblica". Mas, além de seu uso enganoso de "literal" novamente, quando você olha para sua lista de "Principais Textos de Criação Bíblica/Narrativas de Criação" em seu website,[12] você encontra mais confusão equivocada, pois na lista estão Gênesis 6–9, Jó 34–38 e 39–42, Salmos 104, Romanos 1–8, 1Coríntios 15 e Hebreus 4 etc., nenhum dos quais é uma narrativa de criação. Há realmente muitas passagens que se referem à semana da criação, mas há apenas um *relato histórico* da semana da criação na Bíblia (Gênesis 1–2), e nenhuma outra passagem fornece qualquer fundamento para rejeitar a interpretação literal de Gênesis 1–2.

SOBRE A CIÊNCIA

Ross usa a palavra "ciência" confusamente, igualando-a de forma equivocada com revelação geral, com "registro da natureza", com "história natural" e com o que a maioria dos cientistas modernos acredita.

Devido ao uso impreciso de "espécie", "evolução" e "macroevolução", Ross acusa falsamente os criacionistas da Terra jovem de acreditar em evolução. Ele ignora as nossas evidências bíblicas e científicas de que as "espécies" originais criadas não eram iguais à classificação moderna de "espécie", e que dentro de cada espécie criada havia informação genética para variação rápida e até mesmo especiação, o que é categoricamente diferente de evolução do micróbio ao microbiologista.[13] Ele também nos acusa falsamente de acreditar que "herbívoros evoluíram rapidamente para carnívoros".

Ele parece ver que a filosofia do naturalismo controla as ciências biológicas. Mas falha em ver ou reconhecer que o naturalismo é o

---

[12]<http://www.reasons.org/articles/the-major-biblical-creation-texts-creationaccounts>.

[13]Esse artigo semitécnico explica como a variação rápida pode surgir dentro de uma espécie criada, nesse caso, uma população de lagartos: <http://www.answersingenesis.org/articles/aid/v3/n1/life-designed-to-adapt>. Veja também este vídeo de três Minutos: <http://www.answersingenesis.org/articles/am/v3/n4/rapid-speciation>.

paradigma dominante pelo qual os geólogos e astrônomos interpretam o universo e a Terra como tendo bilhões de anos.[14]

Sua seção sobre "Os tempos da origem humana" contradiz suas datas confusas e em constante mudança para Adão em suas outras obras.[15]

Ele cita muita literatura altamente técnica nas notas de rodapé, que a maioria dos leitores nunca seria capaz de entender para verificar se a fonte citada apoia a afirmação de Ross. Mas, eu pedi para o Dr. Danny Faulkner, da AiG (professor emérito de astronomia da Universidade da Carolina do Sul em Lancaster), verificar a referência na nota de rodapé 2 e ela simplesmente não apóia a afirmação de Ross (como por estar fora por 10 pontos decimais), embora claramente todos os criacionistas da Terra jovem concordem que o universo é projetado para a vida.

Outro exemplo que levanta sérias dúvidas sobre as evidências científicas citadas para favorecer sua visão do dia-era é a nota de rodapé 14. Os dois artigos altamente técnicos nem mesmo remotamente apóiam a afirmação de Ross. No resumo do primeiro, os autores nos dizem que estudaram "a proporção 13C/12C do bicarbonato oceânico", a partir da qual "*inferem* uma explosão de comunidades fotossintetizadoras em superfícies de terrenos pré-cambrianos tardios", que eles "*interpretaram*" que "facilita um aumento no O_2 necessário para a expansão da vida multicelular" (ênfase adicionada). No segundo artigo, os autores "relatam a recuperação de grandes populações de diversos microfósseis de paredes orgânicas", alguns dos quais se aproximavam de "um milímetro de diâmetro". "Eles oferecem evidências diretas de eucariotos vivendo em habitats aquáticos e subventilados" indicando que "a evolução eucariótica em terra *pode ter começado* muito antes do

[14]Veja MORTENSON, Terry. *Philosophical Naturalism and the Age of the Earth*: Are They Related?. Disponível em: <https://answersingenesis.org/age-of-the-earth/are-philosophical-naturalism-and-age-of-the-earth-related/>.

[15]Veja a análise documentada e esclarecedora de Mortenson sobre as datas de Ross no capítulo 5 de When Was Adam Created?. In: MORTENSON, Terry. (Org.). *Searching for Adam*, também em <https://answersingenesis.org/bible-characters/adam-and-eve/when-was-adam-created/>.

que se pensava anteriormente" (ênfase adicionada). Esses artigos técnicos definitivamente *não* dizem que as plantas terrestres de todos os tipos, incluindo as árvores frutíferas, existissem antes que criaturas marinhas de todos os tipos fossem criadas, como Gênesis 1 ensina. Essa é, de fato, uma das muitas contradições entre a ordem da criação em Gênesis e a ordem da primeira aparição na história evolucionária, como discuti em meu capítulo. Certamente, como Ross disse, "os criacionistas da Terra antiga não reconhecem nenhum conflito" neste ponto. Mas eles não reconhecem isso porque, obviamente, trata-se de uma barreira para convencer os cristãos de que sua visão da Terra antiga é perfeitamente compatível com Gênesis. Ainda assim, as contradições existem e são fatais para a visão de Ross.

Para refutações completas das visões do Dr. Ross aqui e em outros lugares, ver o trabalho de Sarfati.[16] Mas, as razões mais importantes pelas quais rejeito sua visão de criação progressiva do dia-era é que ela simplesmente não pode ser harmonizada com as Escrituras sem ignorar ou distorcer muitos versículos relevantes. E não é essa a maneira de se tratar a Palavra de Deus inspirada, inerrante e plena de autoridade.

[16]Jonathan Sarfati, *Refuting Compromise*: A Biblical and Scientific Refutation of "Progressive Creationism" (Billions of Years), as Popularized by Astronomer Hugh Ross [Refutando o compromisso: uma refutação bíblica e científica do "criacionismo progressivo" (bilhões de anos), como popularizado pelo astrônomo Hugh Ross]. 2. ed. Atlanta, GA: Creation Book, 2011.

2.2 Resposta da CRIAÇÃO EVOLUCIONÁRIA

Deborah B. Haarsma

Sou grata pela oportunidade de continuar os muitos anos de conversas com Hugh Ross e entre as organizações *Reasons to Believe* (RTB) e *BioLogos* (BL). Nem todos os criacionistas da Terra antiga compartilham de todas as visões da RTB, como o Ross reconhece e eu indicarei em minhas respostas.

A Criação da Terra Antiga (CTA) *e a Criação Evolucionária* (CE) *concordam em Pontos Importantes da Ciência e da Fé Cristã.*

A CE se junta à CTA em crer que o Deus da Bíblia é o Criador de todo o universo e que Jesus Cristo é o único caminho para a salvação da humanidade. Tanto Ross quanto eu vemos a natureza e as Escrituras como dois livros da revelação de Deus, onde tanto "as palavras das Escrituras quanto as obras da Criação originam-se do Único que é a verdade e revela a verdade. Ambas estão sujeitas a interpretação e, portanto, a erro humano. No entanto, Deus enviou seu Espírito para nos guiar persistentemente para a verdade" (p. 91). Concordamos também em alguns pontos teológicos, como por exemplo, que a morte animal não é resultado do pecado humano e que a nova criação será mais do que uma restauração da criação original.

Cientificamente, a CTA e a CE aceitam a evidência de que o universo é antigo e que a vida apareceu gradualmente ao longo de bilhões de anos. Ross e eu enfatizamos que uma cosmovisão bíblica fornece base sólida para se fazer ciência e que a ciência histórica pode dar respostas confiáveis sobre o passado. Concordamos também em alguns pontos científicos específicos, tais como o fato de que as leis básicas da física não mudaram na época da Queda ou do dilúvio, que as evidências geológicas mostram que nunca uma inundação cobriu todo o planeta, e que os primeiros humanos viveram há mais ou menos 150-200 mil anos.

A CE *não busca previsões científicas nas Escrituras.*

Embora tanto a fundação BioLogos quanto a RTB adorem a metáfora dos "dois livros", nós a aplicamos de maneiras muito diferentes. Ambos os grupos sustentam a autoridade e a inspiração das Escrituras, mas a RTB vê essa autoridade como exigindo um compromisso com inerrância em ciência também.[1] Embora Ross permita alguma linguagem figurada na Bíblia, sua ênfase está na interpretação literal, descrevendo-a como a abordagem mais "direta" e "consistente", tornando "a defesa da autoridade, inspiração e inerrância bíblica uma tarefa relativamente simples" (p. 105). Como Ross observa, essa abordagem das Escrituras se diferencia tanto da abordagem do CTJ quanto da CE. A CE sustenta que a autoridade das Escrituras não requer uma interpretação literal científica para ser verdadeira e confiável.

Ross segue uma abordagem concordista das Escrituras, que inclui uma interpretação tipo dia-era de Gênesis 1 e vê muitas passagens bíblicas como se apontassem para descobertas científicas modernas, constituindo um "modelo de criação testável". Por exemplo, certos argumentos científicos são formulados da seguinte forma: "Se Gênesis descreve com precisão a história da vida, os cientistas

[1]Para as visões de inerrância da BioLogos, veja minha resposta ao ensaio do CTJ neste volume.

deveriam ser capazes de detectar ..." (p. 107), ligando diretamente passagens bíblicas a testes científicos em andamento. Embora Ross não faça uso do concordismo mais forte possível, outros criacionistas da Terra antiga certamente adotariam uma abordagem mais branda e chamariam de "exagero irracional" o tipo de conexões que Ross chama de "razoável e apropriado" (p. 114). Por exemplo, a maioria dos criacionistas da Terra antiga, e até mesmo muitos concordistas, não apontariam as taxas de especiação após a chegada dos humanos como uma previsão de Gênesis 1, e não usariam passagens bíblicas para calcular as dimensões e leis físicas da nova criação. A abordagem concordista é especialmente problemática quando conectada a uma ciência incorreta ou passível de modificações (ver abaixo).

Contudo, os criacionistas evolucionários têm preocupações ainda mais fundamentais com a abordagem de Ross, tanto biblicamente quanto cientificamente. Com relação às Escrituras, não achamos que a Bíblia faça previsões científicas, uma vez que o autor humano inspirado e a audiência original viveram em uma era pré-científica e simplesmente não pensavam nesses termos. Embora o Antigo Testamento tenha antecipado a vinda de Cristo e alguns eventos da história humana, não vemos o propósito das Escrituras se estendendo às descobertas científicas modernas. Em relação à ciência, não a vemos como uma ferramenta apropriada para estabelecer a autoridade e a verdade das Escrituras. A abordagem concordista espera que a ciência faça algo para o qual ela não está equipada. Muitos cientistas ateus colocam a ciência como o melhor tipo de conhecimento possível e a abordagem concordista tacitamente aceita essa premissa. Ao invés de dizer a ateus que a ciência valida certas passagens das Escrituras, a CE enfatiza a mensagem do evangelho e explica os propósitos centrais da Escritura.

Uma característica curiosa da abordagem de Ross é a ênfase no design como centrado no ser humano. Essa concepção implica que o bem-estar físico e a salvação espiritual da humanidade são os principais propósitos por trás de coisas como a morte animal, a segunda lei da termodinâmica e as capacidades de animais.

Sim, Deus projetou o universo tendo-nos em mente, mas certamente, além de nós, ele também criou a partir da sua abundância e para o seu próprio prazer.

Alguns argumentos do CTA *apresentam sérios erros científicos.* O ensaio de Ross contém muito conteúdo científico, e uma boa quantidade dele está correta. Infelizmente, porém, várias afirmações científicas sobre o estado do atual consenso científico são incorretas ou enganosas. Nos diálogos privados entre RTB e BioLogos, explicamos nossas preocupações científicas em vários pontos; os especialistas da RTB modificaram seus argumentos em algumas áreas, mas não em outras. O espaço não permite uma discussão de todos os argumentos científicos no ensaio de Ross; aqui estão as respostas para alguns.

- *Cronologia dos atos da criação.* Simplesmente não é verdade que Gênesis 1 "possibilita uma narrativa da criação em perfeito acordo – tanto descritiva quanto cronologicamente – com o registro científico estabelecido." Abundante evidência fóssil e genética mostra que as aves (dia 5 no relato de Gênesis 1) apareceram centenas de milhões de anos após os animais terrestres (dia 6). Plantas que dão sementes e árvores frutíferas (dia 3) apareceram centenas de milhões de anos após as criaturas marinhas (dia 5). Quando um ateu aponta essas discrepâncias da cronologia, o que a RTB faz é apenas reafirmar que ela coincide; a CE, ao invés disso, admite a discrepância cronológica e explica o contexto antigo e a intenção não científica do texto.

- *Explosão Cambriana.* Ross está correto ao afirmar que muitos planos corporais apareceram subitamente no registro fóssil da era cambriana, incluindo simetria bilateral e precursores de vertebrados. Mas Ross prossegue dizendo: "Muitos pesquisadores comentaram sobre o grau em que a explosão cambriana desafia os modelos evolutivos" e conclui: "Até o momento, nenhuma explicação evolucionária naturalista consistente com os dados disponíveis foi oferecida". Essa descrição da área está incorreta. Primeiro, as citações dos importantes biólogos evolucionários Morris e Wray têm mais de 25 anos, diferentemente das avaliações científicas atuais. Em segundo lugar, a citação de Levinton é breve demais para transmitir seus pontos de vista. O artigo de Levinton também descreve várias explicações naturais potenciais para a explosão cambriana, analisa evidências do tipo relógio molecular de que os novos planos corporais surgiram de 100 a 400 milhões de anos antes do cambriano, e não subitamente, e discute a possibilidade dessas formas de vida não aparecerem como fósseis mais cedo porque os tipos de rocha anteriores à era cambriana eram inadequados para a preservação de fósseis. Paleontólogos cristãos acentuam pontos semelhantes.[2] A explosão cambriana não é completamente desprovida de explicação, nem um desafio intransponível para os modelos evolucionários.

- *Evolução convergente.* Ross aponta para "centenas de pares de espécies distantes umas das outras em árvores filogenéticas evolutivas [que] compartilham muitas estruturas morfológicas idênticas" como algo "problemático para modelos em que Deus nunca intervém ou apenas intervém sutilmente para direcionar a evolução". Na realidade, o oposto é que é verdade. O processo de evolução leva naturalmente organismos de diferentes ramos genéticos a terem planos corporais semelhantes à medida que se adaptam a ecossistemas semelhantes. Considere as formas dos corpos de tubarões e golfinhos; eles descendem de linhas muito diferentes (peixes e mamíferos), mas o ambiente oceânico favorece os planos corporais com características semelhantes. Tais semelhanças não são nem um pouco problemáticas no cenário da criação evolucionária,

[2]Para uma avaliação completa do campo, veja o [artigo do] geólogo cristão STEARLEY, Ralph. The Cambrian Explosion: How Much Bang for the Buck?. *Perspectives on Science and Christian Faith* 65/4 (Dez. 2013), 245-67.

mas são exatamente o que se espera do processo evolutivo que Deus criou e sustenta.

- *Tamanho da primeira população humana.* A evidência genética é forte e crescente que os primeiros seres humanos totalizavam vários milhares, não apenas dois. Isso é mostrado por várias linhas de evidência;[3] por exemplo, a variação genética na população humana atual requer mais diversidade genética no início do que dois indivíduos poderiam fornecer. Essa descoberta deu início a uma nova discussão no campo evangélico sobre Adão e Eva, e os criacionistas evolucionários estão discutindo várias opções que defendem a Bíblia ao mesmo tempo em que acolhem evidências na criação de Deus; veja meu ensaio para mais nesse assunto. Embora as primeiras estimativas para o tamanho da população humana inicial tivessem grandes margens de erro, os dados e métodos atuais são mais precisos e mostram claramente uma população em torno de 10 mil indivíduos. *Não* é "razoável esperar que estudos futuros reduzam essa população a apenas dois".

Deus criou a população humana em descendência comum com toda a vida na terra, mas ainda assim em sua imagem.

Ross e eu claramente discordamos sobre a origem dos seres humanos. Ross afirma que os criacionistas da Terra antiga "rejeitam o conceito de descendência comum universal" (p.72), enquanto os criacionistas evolucionários veem evidências esmagadoras de descendência comum, incluindo dos humanos. A CE aponta para milhares de semelhanças genéticas com outras espécies[4] que vão muito além do que faz sentido como "design comum" (a ideia de que Deus usou as mesmas ferramentas genéticas para funções

[3]Veja livros e artigos citados em meu ensaio principal, além do novo livro *Adam and the Genome*, de Dennis Venema e Scot McKnight. Grand Rapids: Baker, 2017, no qual Venema explica as evidências para uma grande população.
[4]Veja, por exemplo: Graeme Finlay, *Human Evolution: Genes, Genealogies and Phylogenies*. Cambridge: Cambridge University Press, 2013.

similares durante a criação especial das espécies). Embora o design comum pudesse explicar por que espécies semelhantes compartilham muitos genes funcionais, ele não explica por que espécies têm os mesmos erros em genes que não funcionam, ou porque os pontos de inserção das invasões de DNA coincidem precisamente quando esse posicionamento exato é funcionalmente sem importância. A evidência genética aponta fortemente para Deus usando o processo natural de evolução para criar o *Homo sapiens* em descendência comum com outras espécies. Note que a descendência comum fornece facilmente uma explicação não miraculosa para as afinidades dos animais com os seres humanos.

A CE vê Deus criando seres humanos em continuidade biológica com toda a vida na Terra, mas também como seres espirituais. Deus estabeleceu uma relação única com a humanidade, nos dotando com sua imagem e nos chamando para uma posição elevada dentro da ordem criada. Nossas origens evolucionárias não removem nossa singularidade; ao contrário, os seres humanos são únicos entre os animais, tanto como portadores da imagem de Deus, quanto como as criaturas que Cristo morreu para salvar.

Tanto a BL quanto a RTB apresentam o evangelho no contexto da ciência moderna, mas de modos diferentes.

Hugh Ross tem um dom e um chamado para o evangelismo que admiro, e o compromisso da RTB com o evangelismo tem sido inspirador para nós, da BioLogos, à medida que construímos nosso próprio ministério. Nesse aspecto, a abordagem da BL tem mais em comum com a RTB do que com as outras organizações neste livro: Ambos apresentamos o *Designer* abertamente como o Deus da Bíblia, ambos usamos pontos em comum com a ciência convencional para abrir portas em diálogos com não cristãos, e ambos rejeitamos uma abordagem ao estilo de guerra cultural. Mas, como mencionado acima, nossas abordagens diferem de maneiras significativas.

Para alguns *seekers*, a descoberta de concordância entre ciência e Escritura é o que primeiro desperta seu interesse pelo cristianismo e, em alguns casos, torna-se central para sua conversão.

Mas, para a maioria, não é a ciência que os direciona para Cristo. Na BioLogos, cristãos novos nos dizem que algo mais despertou seu interesse pelo cristianismo – uma crise pessoal, uma profunda experiência espiritual, as palavras de um amigo ou membro da família, ou a leitura da Bíblia pela primeira vez. No entanto, eles viam a ciência como uma barreira para a fé e temiam que tivessem que desistir de seu trabalho científico ou da integridade intelectual para se tornarem cristãos. Foi só quando souberam da CE que a barreira foi removida, para que pudessem se comprometer com Cristo, e a CE ajudou-os a crescer rapidamente em sua fé. Vemos também muitas pessoas que haviam abandonado a fé por terem visto cristãos promovendo falsas alegações científicas, voltando para Cristo. Para ambos os tipos de pessoas, torna-se ainda mais importante não vincular a defesa do cristianismo de forma muito estreita à ciência atual (que pode mudar) e jamais fazê-lo com ciência incorreta.

2.3
Resposta do DESIGN INTELIGENTE

Stephen C. Meyer

A teoria do design inteligente (DI) é uma teoria neutra quanto a idade, pois não toma posição sobre a idade da Terra e do universo. No entanto, sou um defensor do design inteligente que compartilha a visão de Ross na questão da idade. Assim, embora tenha pouco a dizer como porta-voz do DI em resposta a seus argumentos, posso oferecer uma resposta *pessoal* à sua perspectiva, assim como fiz com a de Ken Ham.

Penso que Ross produz um argumento convincente para sua visão da Terra antiga. Ele mostra como nossos melhores conhecimentos científicos sobre a história natural e textos relevantes sobre a criação bíblica concordam substancialmente uns com os outros. Embora não concorde com todos os detalhes de sua proposta de harmonização, eu o acompanho na ideia de que essa concordância geral[1] proporciona uma convincente apologética científica para a confiabilidade do texto bíblico.

Como não tenho muito o que criticar nos argumentos de Ross sobre uma Terra antiga, gostaria de explicar por que concordo com

[1]MEYER, Stephen C. *Qualified Agreement*: Modern Science and The Return of the God Hypothesis in: Science and Christianity: Four Views. (Org.). Richard Carlson. Downer's Grove, IL: Intervarsity Press, 2000, 129-75.

uma de suas outras afirmações científicas mais controversas – algo crucial para sua visão da história natural.

Ross observa que ele e outros criacionistas da Terra antiga rejeitam a teoria da descendência comum universal (DCU), embora (devido a restrições de espaço) seu ensaio não ofereça muitas evidências científicas contra isso. Mesmo assim, aplaudo sua disposição em questionar essa parte da ortodoxia evolucionária. Muitos cristãos nas ciências têm aceito o suposto consenso em apoio à DCU sem examiná-la criticamente.

A teoria da descendência comum universal é uma teoria sobre a história da vida. A teoria afirma que todos os organismos vivos descendem de um único ancestral comum. Os livros didáticos de biologia da atualidade frequentemente descrevem essa ideia, como Darwin fez, usando uma grande árvore ramificada. A parte inferior do tronco representa o primeiro organismo unicelular primordial. Os ramos da árvore representam as novas formas de vida que se desenvolveram a partir dela. O eixo vertical da árvore representa a seta do tempo. O eixo horizontal representa mudanças na forma biológica.

Enquanto o mecanismo de seleção natural e mutação aleatória descreve *como* importantes mudanças evolutivas supostamente aconteceram, a teoria da descendência comum universal afirma *que* tais mudanças *de fato* ocorreram, e que ocorreram de uma maneira completamente conectada, ao invés de desconectada ou descontínua. Assim, a DCU afirma uma visão monofilética da história da vida em que todos os organismos são vistos como fundamentalmente relacionados, sendo parte de uma única árvore genealógica *conectada*.

Darwin argumentou que a DCU explica melhor uma variedade de linhas de evidências biológicas, incluindo a sucessão de formas fósseis, a distribuição geográfica de várias espécies e as semelhanças anatômicas e embriológicas entre tipos diferentes de organismos. Os biólogos evolucionários modernos acrescentaram as semelhanças genéticas (ou homologias moleculares) de diferentes organismos a essa lista de evidências favoráveis.

Apesar do suposto consenso em favor da DCU, há boas razões para duvidar dela. Mais importante ainda, os argumentos favoráveis a ela dependem de uma forma de inferência geralmente inconclusiva, conhecida como abdução.[2] No raciocínio abdutivo, cientistas (ou detetives) raciocinam a partir de efeitos (ou pistas) no presente, recuando a causas no passado. Para ver a diferença entre inferência dedutiva e inferência abdutiva, considere os seguintes esquemas de argumento:[3]

DEDUÇÃO:
DADOS: A é dado e claramente verdadeiro.
LÓGICA: Mas, se A for verdade, então B é algo óbvio.
CONCLUSÃO: Portanto, B também deve ser verdadeiro.

ABDUÇÃO:
DADOS: O fato surpreendente B é observado.
LÓGICA: Mas, se A fosse verdade, então B seria algo óbvio.
CONCLUSÃO: Portanto, há razão para suspeitar que A é verdadeiro.

No raciocínio dedutivo, se as premissas são verdadeiras, a conclusão segue com certeza. A abdução, no entanto, não produz certeza, mas sim plausibilidade ou possibilidade. Ao contrário da dedução, em que a premissa menor afirma a variável antecedente ("A"), a abdução afirma a variável consequente ("B"). Na lógica dedutiva, afirmar a variável consequente (com força de certeza) constitui uma falácia. O erro deriva de não reconhecer que mais de uma causa pode explicar a mesma evidência. Para ver por que, considere a falácia dedutiva:

Se chovesse, as ruas ficariam molhadas.
As ruas estão molhadas.
Portanto, choveu.

[2]Stephen C. Meyer, "Of Clues and Causes: A Methodological Interpretation of Origin of Life Studies" (Tese de Doutorado, Cambridge University, 1990). Charles S. Peirce, "Abduction and Induction," in: *The Philosophy of Peirce*, org. J Buchler (London: Routledge, 1956), 150-54.
[3]Meyer, "Of Clues and Causes," 25.

Ou simbolicamente:

Se R, então W
W
portanto R.

Obviamente, esse argumento tem um problema. Visto que as ruas estão molhadas, não se sabe necessariamente que choveu. As ruas podem ter ficado molhadas de alguma outra forma. Um hidrante pode ter estourado, um banco de neve pode ter derretido ou um varredor pode ter molhado as ruas antes de limpá-las. No entanto, que as ruas estão molhadas *poderia* indicar que choveu.

Estranhamente, os argumentos abdutivos têm a mesma estrutura lógica que a forma falaciosa dos argumentos dedutivos; eles afirmam o consequente. Consequentemente, a menos que essas inferências sejam fortalecidas pelo uso de um processo de eliminação mostrando que hipóteses alternativas não são plausíveis, elas permanecem inconclusivas.[4]

Em meu trabalho de doutorado em Cambridge, mostrei que o caso da DCU se baseia em várias inferências abdutivas de diversas classes de evidências biológicas ("pistas" atuais sobre o passado), como sucessão de fósseis, homologias anatômica e molecular, semelhança embriológica e distribuição biogeográfica.[5] No entanto, quando estudei a estrutura lógica dos argumentos para a DCU, descobri que a evidência a seu favor, na melhor das hipóteses, era inconclusiva. Além disso, descobri que os argumentos para a DCU eram inconclusivos exatamente por causa dos argumentos abdutivos: Para cada classe de evidência supostamente favorável à teoria, mais de uma explicação – ou cenário da história biológica – poderia dar conta dela.

[4]Em meu ensaio sobre design inteligente, mostrei como o caso do design inteligente – que começa como uma inferência abdutiva – foi fortalecido por tal processo de eliminação, tornando o argumento do design inteligente não apenas uma inferência abdutiva, mas uma inferência abdutiva à melhor explicação.
[5]MEYER, *Of Clues and Causes*, 77-136.

Considere, por exemplo, a sucessão de fósseis. De acordo com os proponentes da DCU, a progressão geral no registro fóssil, de formas menos complexas para formas mais complexas de vida, é exatamente o que os proponentes da teoria deveriam esperar encontrar. E, embora haja exceções, a regra de ir do simples para o complexo é aproximadamente verdadeira. No entanto, o registro fóssil também manifesta grandes lacunas ou descontinuidades entre diferentes grupos de organismos, especialmente nos níveis taxonômicos mais altos de filos, classes e ordens. Com pouquíssimas exceções, os principais grupos de organismos entram no registro fóssil abruptamente, sem conexão discernível com ancestrais supostamente mais antigos.

Numerosas radiações ou explosões de fósseis[6] exemplificam esse padrão de aparecimentos abruptos, incluindo a origem da vida e a fotossíntese com cianobactérias (3,85 bilhões de anos atrás); supostas células eucarióticas (1,6 - 2,1 bilhões de anos atrás); a fauna ediacarana na explosão de Avalon do pré-cambriano tardio; a maioria dos novos filos de animais na explosão cambriana, novas classes e ordens de animais no grande evento de biodiversificação do ordoviciano, grandes grupos de peixes nos períodos siluriano superior/devoniano inferior (explosão odontódea e revolução devoniana dos nektons), insetos alados no período carbonífero; dinossauros, tartarugas, lagartos (lepidosauromorfos), crocodilos (crurotarsi) e répteis marinhos na explosão do triássico, plantas com flores no jurássico superior/cretáceo inferior; os peixes ósseos (teleósteos) e mosassauros no cretáceo; aves modernas após a extinção do cretáceo (65 milhões de anos atrás); mamíferos no paleoceno/início do eoceno; e *Homo sapiens* no holoceno, entre muitos outros.

---

[6]As referências científicas documentando as várias descontinuidades no registro fóssil descrito nesse parágrafo e no próximo são muito extensas para serem incluídas neste ensaio, dadas as restrições de formato e espaço deste livro. No entanto, os leitores interessados podem encontrar documentação completa para essas afirmações em BECHLY, Günter; MEYER,Stephen C. The Fossil Record and Universal Common Ancestry. In:. MORELAND, J. P.. et al. (Orgs.). *Theistic Evolution*: A Scientific, Philosophical and Theological Critique [Evolução Teísta: uma crítica científica, filosófica e teológica]. Wheaton, IL: Crossway, 2017, 323-53.

Até as baleias – frequentemente citadas como um exemplo de transição evolutiva suave – apresentam evidências de aparição abrupta. No livro *The Walking Whales: From Land to Water in Eight Million Years* [As baleias andantes: da terra à água em 8 milhões de anos], J. G. M. Thewissen, um importante paleontólogo de cetáceos, admite que em uma "transição dramática", as baleias "passaram por rápidas mudanças evolucionárias", com características que "mudam abruptamente". Thewissen compara a evolução das baleias da condição de mamíferos terrestres a converter um trem-bala em um submarino nuclear. "As baleias", observa ele, "começaram com um... corpo perfeito adaptado à vida em terra. Em cerca de 8 milhões de anos, elas mudaram para um corpo perfeitamente sintonizado com o oceano."[7] Evidências fósseis mais recentes mostram que as primeiras baleias totalmente aquáticas, os basilossaurídeos, apareceram ainda mais abruptamente do que se pensava anteriormente. De fato, os basilossaurídeos surgiram há 49 milhões de anos, talvez em apenas 1 a 2 milhões de anos depois dos primeiros protocetídeos, uma família de mamíferos terrestres supostamente ancestrais das baleias. Os basilossaurídeos podem até mesmo preceder alguns de seus supostos ancestrais protocetídeos, como a "proto-baleia" *Maiacetus* de 47,5 milhões de anos atrás – um mamífero que dava à luz em terra, tinha membros posteriores bem desenvolvidos e não possuía nem mesmo barbatanas caudais rudimentares. De fato, a árvore filogenética baseada na análise cladística de fósseis não revela uma origem gradual de adaptações aquáticas; em vez disso, as características definidoras das verdadeiras baleias aparecem abruptamente no clado Pelagiceti.

Embora a descendência comum e seu esquema monofilético, totalmente conectado, da história biológica possam explicar uma progressão de formas cada vez mais complexas de vida fossilizada,

---

[7]THEWISSEN, J. G. M. *The Walking Whales*: From Land to Water in Eight Million Years [As baleias andantes: da terra à água em oito milhões de anos]. Berkeley: University of California Press, 2014, 207.

o mesmo pode acontecer com uma visão polifilética. De fato, uma visão polifilética retrata a história da vida como um pomar de árvores separadas e desconectadas nas quais grandes grupos novos de plantas e animais são introduzidos na biosfera sucessivamente, mas de forma descontínua, assim como vemos no registro fóssil. Além disso, uma visão polifilética parece explicar melhor (ou descrever com mais precisão) o padrão geral de complexidade crescente *e* aparição abrupta do que o faria uma visão monofilética.

Ou considere a homologia molecular, a classe de evidência que muitos biólogos evolutivos acham que apoia a DCU de forma mais decisiva. Quando os biólogos comparam as sequências de aminoácidos de proteínas e genes em diferentes espécies, eles geralmente acham que são bastante semelhantes no arranjo letra-por-letra de suas subunidades portadoras de informação. Comparações entre os genomas de chimpanzés e humanos indicaram que os dois possuem sequenciamento com semelhança entre 95% e 99%.[8] Os defensores da DCU explicam essa semelhança como o resultado de chimpanzés e humanos terem um antepassado comum, com um genoma ancestral, que mais tarde evoluiu de duas maneiras ligeiramente diferentes.

Mas, essa é apenas uma possível explicação. A semelhança entre diferentes genes e proteínas em diferentes organismos também pode ter surgido separadamente como resultado de um projetista inteligente ter escolhido prover diferentes organismos com capacidades funcionais similares em nível molecular. Por exemplo, nesse ponto de vista, as hemoglobinas em chimpanzés e humanos deveriam ter sequências ou estruturas de aminoácidos semelhantes (como, de fato, têm)[9], uma vez que desempenham a mesma função em cada animal, isto é, transportar oxigênio na corrente sanguínea. Assim, como na progressão fóssil, a evidência de similaridade de sequenciamento admite mais de uma explicação.

---

[8]Veja, por exemplo, LOVGREN, Stefan. Chimps, Humans 96 Percent the Same, Gene Study Finds, *National Geographic News*, 31 de Agosto de 2005.
[9]OFFNER, Susan. *The American Biology Teacher*, 72(4) (2010): 252-56.

Além disso, como foi o caso da evidência fóssil, uma explicação alternativa esclarece melhor outros aspectos da evidência molecular. Considere o seguinte: se o diagrama da "Árvore da Vida" de Darwin é preciso, então devemos esperar que diferentes tipos de evidências biológicas apontem para essa mesma árvore filogenética. Como a vida teve apenas uma história, então uma história da família de organismos baseada em anatomia comparada deveria coincidir com outra história baseada em comparações de DNA, RNA e proteínas. Muitos estudos mostraram, no entanto, que árvores derivadas de análises de anatomia muitas vezes conflitam com árvores baseadas em biomacromoléculas. Por exemplo, a análise genética do gene mitocondrial do citocromo b produz uma árvore genealógica em que gatos e baleias acabam na ordem dos primatas. No entanto, análises anatômicas colocam os gatos na ordem dos carnívoros e baleias em cetáceos.

Pior, várias análises moleculares geralmente geram árvores evolutivas amplamente diferentes.[10] Como observa o biólogo Michael Lynch, "análises baseadas em genes diferentes – e até análises diferentes baseadas nos mesmos genes" podem gerar "uma diversidade de árvores filogenéticas".[11] Mais recentemente, especialistas em genômica descobriram milhares de genes em diferentes organismos sem semelhança conhecida com *qualquer* outro gene conhecido.[12] A onipresença desses genes órfãos não homólogos é completamente inesperada, dada a DCU.

Finalmente, há casos em que a evidência da DCU simplesmente desmoronou. Em seu livro, A *Origem das Espécies*, Darwin afirmou que embriões de diferentes classes de vertebrados progridem por fases similares de desenvolvimento à medida que crescem, passando de embriões a adultos. Ele achava que isso indicava

---

[10]Veja, por exemplo, CHRISTEN, R. et al. EMBO *Journal* 10 (1991): 499-503.

[11]LYNCH, Michael. The Age and Relationships of the Major Animal Phyla. *Evolution* 53 (1999): 319-25.

[12]BUGGS, Richard. *The Evolutionary Mystery of Orphan Genes*, Dez. 28, 2016. Disponível em: <https://natureecoevocommunity.nature.com/users/24561-richard-buggs/posts/14227-the-unsolved-evolutionary-conundrum-of-orphan-genes>.

que diferentes classes de vertebrados compartilhavam um ancestral comum no qual aquele padrão comum de desenvolvimento se originou pela primeira vez.[13] Acontece, no entanto, que diferentes classes de vertebrados não progridem a partir de fases similares de desenvolvimento embriológico.[14] No entanto, Darwin considerou as alegadas semelhanças no desenvolvimento de vertebrados como "a mais forte classe singular de fatos a favor da" descendência comum.

Em suma, a defesa da DCU depende em parte de: (1) afirmações factuais que evaporaram, (2) evidências circunstanciais que admitem explicação alternativa e (3) evidências (como descontinuidade fóssil e árvores filogenéticas conflitantes) melhor explicadas por uma visão polifilética da história biológica.[15] Consequentemente, eu compartilho o ceticismo de Ross sobre a descendência comum universal e aprecio sua disposição em expressá-lo, particularmente porque muitos biólogos cristãos simplesmente aderiram a um suposto consenso que não passa por um escrutínio crítico.

[13]DARWIN, Charles. *On the Origin of Species*, fac-símile da 1. ed., 1859. Cambridge, MA: Harvard University Press, 1964, 442, 449.

[14]GOULD, Stephen Jay. Abscheulich! Atrocious!. *Natural History* (Março, 2000), 42-44; SEDGWICK, Adam. On the Law of Development Commonly Known as von Baer's Law; and on the Significance of Ancestral Rudiments in Embryonic Development. *Quarterly Journal of Microscopical Science* 36 (1894): 35-52.

[15]Para obter uma documentação mais completa sobre essas afirmações, veja MEYER, Stephen C. et al. *Explore Evolution*: The Arguments for and Against Neo-Darwinism [Explore a evolução: os argumentos a favor e contra o neodarwinismo]. Melbourne and London: Hill House, 2007; Stephen C. MEYER. *Darwin's Doubt*: The Explosive Origin of Animal Life and the Case for Intelligent Design [A dúvida de Darwin: a origem explosiva da vida animal e a defesa do design inteligente]. San Francisco: HarperOne, 2014, 114-35.

RÉPLICA

Hugh Ross

Tanto Haarsma quanto Ham parecem ter entendido mal os pontos-chave da minha interpretação de Gênesis 1. Por exemplo, eles não percebem que os animais mencionados na passagem do dia 6 são três subcategorias de mamíferos terrestres, as mais críticas para o surgimento da civilização humana, não são *todos* os mamíferos terrestres. Assim, não existe conflito entre Gênesis 1 e o fato de que os mamíferos precedem as aves no registro fóssil. Afirmo também que *zera*', '*ets* e *peri* são referências a formas de vida mais genéricas do que sementes, árvores e frutos. Na verdade, eles apontam para três exemplos não exaustivos do termo muito mais amplo *deshe*' (vegetação). Nesse contexto, a literatura científica sustenta minha afirmação de que a vegetação continental precedeu os primeiros animais oceânicos.

Em vez de apenas "reafirmar que [Gênesis 1] coincide [ao registro científico estabelecido]" (p. 140), mostro *como* ele corresponde. Meu livro *Navigating Genesis* explica e documenta o alinhamento em detalhes consideráveis.

Minhas citações de biólogos sobre a explosão cambriana e suas objeções aos modelos evolutivos não são todas, como diz Haarsma, com "mais de 25 anos" [de idade] (p. 141). O comentário mais provocativo data de 2009. Concordo que minha citação de

Levinton é "breve demais para transmitir [todos] seus pontos de vista". Em meu livro *Improbable Planet*, cito Levinton mais extensivamente. Ele escreve: "As suposições dos modelos de evolução molecular podem influenciar de modo demasiadamente acentuado os resultados para permitir qualquer confiança significativa nas estimativas de datas moleculares para a divergência da bilateria".[1] A evidência do tipo relógio molecular não anula a rapidez da explosão cambriana.

Aqui está uma evidência adicional para a celeridade da explosão cambriana:

1. Animais de grande porte não poderiam ter existido antes do segundo grande evento de oxigenação ou antes da Grande Inconformidade.
2. Ambos os eventos ocorreram imediatamente antes da explosão cambriana.

Na base do cambriano, vemos não apenas precursores de vertebrados, mas também verdadeiros vertebrados.

Convergência continua sendo um problema para a criação evolucionária. Experimentos de evolução a longo prazo demonstram contingência, não convergência, e convergência nem sempre representa adaptação a ecossistemas similares. O ecossistema da lança de areia (peixe), por exemplo, difere significativamente daquele do camaleão (réptil do deserto).

A afirmação de Haarsma de que "a variação genética na população humana atual requer mais diversidade genética no início do que dois indivíduos poderiam fornecer" (p. 142) representa uma dedução teórica dependente de modelo, que é claramente contestada por experimentos de campo entre mamíferos.[2] Com base em descobertas recentes, parece seguro dizer que "erros em genes que

[1]LEVINTON, Jeffrey S. The Cambrian Explosion: How Do We Use the Evidence. *BioScience* 58 (Out. 2008): 858.

[2]RANA Fazale; ROSS, Hugh. *Who Was Adam?* 2. ed. Covina, CA: RTB Press, 2015:349-53 e referências ali citadas.

não funcionam" podem não representar erros. Esses genes podem servir a propósitos a serem descobertos em breve.

Genética é uma ciência complexa. Muitas das sistemáticas possíveis ainda precisam ser identificadas, e possíveis variações ao longo do tempo na sistemática conhecida ainda precisam ser determinadas. Mesmo dentro da sistemática conhecida, os valores precisos para erros sistemáticos permanecem desconhecidos. Citar a genética como base para derrubar séculos de interpretação bíblica parece prematuro, na melhor das hipóteses, se não injustificado.

A discordância de Haarsma comigo em relação às "previsões" científicas na Bíblia pode ser uma questão de semântica. "Antecipação" pode ser um termo mais aceitável. Certamente, podemos concordar que a Bíblia faz declarações sobre o mundo da natureza. Assim, a ciência, como a história, pode ser "uma ferramenta apropriada para estabelecer a autoridade e a verdade das Escrituras" (p. 139).

A rejeição de Ham à morte animal antes da queda de Adão parece baseada em algo diferente de exegese. Por alguma razão, ele não pode aceitar a morte animal como parte da criação "muito boa" de Deus, apesar da evidência de seus benefícios. Além disso, nenhum texto bíblico exclui explicitamente a morte de animais antes da Queda. Gênesis 3 diz que o solo foi amaldiçoado "por causa da humanidade". É o nosso pecado que estraga a criação. Grande parte do reino da natureza continua incrivelmente bela e "muito boa" até hoje.

Minha afirmação de que *yom* pode significar literalmente um longo período de tempo é afirmada por todo léxico hebraico-inglês do Antigo Testamento.[3] Eu concordo que Jó 37–39, Salmos 104 e Provérbios 8 não são cronologias da criação da maneira como Gênesis é. Entretanto, essas e outras passagens nos livros poéticos são verdadeiros textos de criação que devem ser considerados em nossa interpretação de Gênesis 1–2 e 6–9.

---

[3]DRIVER, Brown; C. Briggs, *Hebrew and English Lexicon*, 398–401; Gesenius, *Hebrew-Chaldee Lexicon*, 341–42; HARRIS; ARCHER; WALTKE, *Theological Wordbook of the Old Testament*, 1:370-71.

O texto de Gênesis implica que Adão fez muito mais no dia 6 da criação do que dar nome a 3.600 animais. Não os teria estudado antes de os nomear – e antes de perceber a falta de um benefício especial que todos possuíam, um parceiro? Note que ele exclamou: "Finalmente!" ao ver Eva pela primeira vez.

Embora o sétimo dia tenha sido entendido há muito tempo como o descanso de Deus, ou cessação, de fazer novas criaturas físicas, Ham aparentemente vê isso de forma diferente. Ele diz que eu o acuso falsamente de acreditar que "herbívoros evoluíram rapidamente para carnívoros" (p. 114) após os dias da criação. Considero essa diversificação extrema em apenas alguns séculos, mesmo ao longo de vários séculos, como estranhamente rápida.

Minhas "datas em constante mudança para Adão" (p. 135), como afirma Ham, simplesmente refletem mudanças nas estimativas de erros científicos. As datas agora são reconhecidas como menos precisas. Quanto à alegação de que minha afirmação (na nota 2) sobre a constância das leis físicas está "fora por 10 pontos decimais", deixe-me esclarecer que traduzi a medida astronômica para uma medida consistente com as medições de laboratório de física, que mostram limites na possível variabilidade como partes/x/ano. Numerosos artigos científicos documentam a constância medida das leis da física. Quanto à nota de rodapé 14, eu concordo que não sugere que árvores de damasco existiam antes dos primeiros animais marinhos. Ela afirma sim o aparecimento precoce de vegetação (*deshe'*).

O livro (de Jonathan Sarfati) citado por Ham em crítica aos meus pontos de vista é inteiramente dedicado a atacar meu caráter e minha competência tanto em estudos bíblicos quanto científicos. (Meu nome aparece no subtítulo.) O meu livro A *Matter of Days* [Uma questão de dias] sustenta-se por si só ao abordar os reclamos de Sarfati.

Compreendo que Meyer, em sua resposta, tenha distinguido sua posição pessoal sobre criação e evolução da postura mais ampla do *Discovery Institute*. Concordo em quase todos os pontos.

Apesar das diferenças descritas nas páginas deste livro, continuo esperançoso. As afirmações e negações estabelecidas pelo

Conselho Internacional de Inerrância Bíblica fornecem um esquema para se progredir no preenchimento das lacunas. Se nos comprometemos com integração e coerência completas em nossa interpretação da revelação de Deus e nos comprometemos a tratar uns aos outros com respeito, como irmãos e irmãs em Cristo, certamente encontraremos caminhos para a resolução. Esses caminhos irão nos equipar para trazer mais pessoas de todas as origens para a fé em Jesus Cristo.

3

CRIAÇÃO EVOLUCIONÁRIA

Deborah B. Haarsma

A evolução é real. A Bíblia é verdadeira.

Você já viu essas afirmações lado a lado antes? Se essas frases parecem chocantes para você, você não está sozinho. Muitas pessoas hoje veem conflito entre a evolução e a Bíblia. Entre os evangélicos brancos, apenas 27% concordam que os seres humanos e outros seres vivos evoluíram com o tempo, enquanto que, dentre os que não possuem filiação religiosa, 78% concordam.[1]

Um estudante do ensino médio chamado Connor escreveu recentemente para a *BioLogos* nos contando sobre sua educação em uma família cristã. Em casa e em sua escola cristã, ele aprendeu que a Terra tem 6 mil anos e que a evolução não poderia ser verdadeira. Ao mesmo tempo, ele estava se tornando mais curioso sobre ciência e acabou lendo sobre as fortes evidências favoráveis ao Big Bang e à evolução. Diante dessas afirmações concorrentes, Connor escreveu:

> Fiquei convencido de que a Bíblia era incompatível com a ciência e, portanto, que a Bíblia não era completamente verdadeira.

[1]Pesquisa do Pew Research Center de 21 de março a 8 de abril de 2013. Outros grupos cristãos são mais propensos a aceitar que os humanos evoluíram: 44% dos protestantes negros, 53% dos católicos hispânicos, 68% dos católicos brancos e 76% dos protestantes convencionais brancos.

> E, se ela não era verdadeira em parte, como posso saber se algo nela é verdadeiro? Isso me levou a descrer em Deus. Ele simplesmente não parecia mais necessário.[2]

Connor não está sozinho. Dos jovens que deixam a igreja hoje, 29% dizem que "as igrejas estão fora de sintonia com o mundo científico em que vivemos", e 25% dizem que "o cristianismo é anticiência".[3]

Todos os autores deste livro odiariam ver Connor abandonar sua fé pela ciência ou ver uma cientista hesitar em entregar sua vida a Cristo.[4] Muitas vezes, esse conflito tem consequências eternas, pois as pessoas se sentem presas a uma falsa escolha entre evidência científica e fé cristã. Todos nós nos perguntamos: como a igreja pode mostrar aos jovens cristãos que a Bíblia é relevante? Como podemos mostrar aos cientistas que a fé cristã é real?

Os autores deste livro propõem respostas muito diferentes a este desafio. Na *BioLogos*, apresentamos a criação evolucionária como uma opção fiel para os cristãos e uma opção razoável para os cientistas. *A criação evolucionária é a visão de que Deus criou o universo, a Terra e a vida ao longo de bilhões de anos, e que o processo gradual da evolução foi trabalhado e governado por Deus para criar a diversidade de toda a vida na Terra.*[5] Assim, a evolução não é uma cosmovisão em oposição a Deus, mas um mecanismo natural pelo qual Deus providencialmente alcança seus propósitos. Muitas pessoas que se deparam com a perspectiva da *BioLogos* foram levadas a uma fé *mais profunda* em Cristo ao considerar a evolução e a Bíblia juntas, e fico feliz em dizer que Connor está entre elas.

[2]Veja a história completa de Connor, incluindo como ele voltou a uma fé vibrante em Deus, em <http://biologos.org/blogs/archive/how-science-shake-my-faith>.
[3]KINNAMAN David; HAWKINS, Aly. *You Lost Me* [Você me perdeu]. Grand Rapids: Baker, 2011, 137.
[4]Veja a história de Natasha e como ela chegou a Cristo em <http://biologos.org/blogs/archive/stories-natasha-strande>.
[5]O termo "evolução teísta" (ET) também é usado para esse ponto de vista. A criação evolucionária é um subconjunto da ET que enfatiza que o Criador é o Deus pessoal revelado na Bíblia e encarnado em Jesus Cristo.

Muitos dos principais cientistas hoje são cristãos que aceitam a evolução, incluindo Francis Collins, o fundador da *BioLogos*.[6] Collins é um dos maiores biólogos do mundo e líder do Projeto Genoma Humano e dos Institutos Nacionais de Saúde [nos EUA]. Collins compartilhou seu testemunho de se tornar cristão já adulto no best-seller *The Language of God*.[7] Ele criou o termo "BioLogos" das expressões gregas para "vida" (*bios*) e para "palavra" (*logos*, que é Jesus Cristo, João 1:1-14).

Muitos líderes cristãos, desde o tempo de Darwin, têm estado abertos a ver a evolução como a mão de Deus trabalhando, ao mesmo tempo em que defendem a autoridade das Escrituras. O teólogo B. B. Warfield (1851-1921), um dos primeiros defensores da inerrância bíblica, escreveu substancialmente sobre evolução como uma possível (e até provável) explicação do desenvolvimento natural sob o governo de Deus.[8] Em 1944, C. S. Lewis escreveu: "Devemos distinguir claramente entre a evolução como um teorema biológico e o popular evolucionismo ou desenvolvimentismo que é certamente um mito... Para o biólogo, a evolução... dá mais conta dos fatos do que qualquer outra hipótese presente no mercado e, portanto, deve ser aceita."[9] Em 1997, o evangelista Billy Graham disse que "a Bíblia não é um livro de ciência... Acredito que Deus criou o homem, e se este veio por um processo evolucionário e em um certo ponto Ele tomou essa pessoa ou ser e fez dela uma alma viva ou não, [isso] não muda o fato de que Deus criou o homem."[10] E, em 2009, o pastor e

---

[6]Algumas frases e parágrafos neste capítulo são derivados de publicações da *BioLogos*.

[7]COLLINS, Francis S. *The Language of God*: A Scientist Presents Evidence for Belief. New York: Free Press, 2006. [Ed. bras.: A *linguagem de Deus*: um cientista apresenta evidências de que ele existe. São Paulo: Gente, 2007.

[8]O historiador cristão Mark Noll faz um estudo de caso de B. B. Warfield no capítulo 3 de *Jesus Christ and the Life of the Mind* (Grand Rapids: Eerdmans, 2011).

[9]LEWIS, C. S. Letter to Captain Bernard Acworth, September 23, 1944, citado em FERNGREN, Gary B.; NUMBERS, Ronald L. *Perspectives on Science and Christian Faith* [Perspectivas em Ciência e Fé Cristã] 48,1996, 28-43, março 1996; <*http://www.asa3.org/ASA/PSCF/1996/PSCF3-96Ferngren.html*>.

[10]David Frost entrevistou Billy Graham em *Billy Graham*: Personal Thoughts of a Public Man [*Billy Graham*: Pensamentos pessoais de um homem público]. Chariot Victor Pub, 1997, 72-74.

autor Tim Keller escreveu que "a suposta incompatibilidade da fé ortodoxa com a evolução começa a desaparecer sob uma reflexão mais sustentada."[11]

Neste capítulo, apresento a defesa da criação evolucionária. Começo com as maneiras pelas quais Deus se revela nas Escrituras e na natureza, e os meios confiáveis para interpretar essas revelações. A seção intermediária volta-se para as evidências científicas e algumas implicações. A seção final aborda questões e desafios comuns para a posição da criação evolucionária.

LENDO OS DOIS LIVROS

A metáfora de considerar o mundo natural como um segundo "livro" de revelação é descrita maravilhosamente na *Confissão Belga*, Artigo 2:

> Nós conhecemos Deus de duas maneiras:
>
> Primeiro, pela criação, preservação e governo do universo,
> dado que o universo está diante de nossos olhos como um belo livro
> em que todas as criaturas, grandes e pequenas, são como letras
> para nos fazer refletir sobre as coisas invisíveis de Deus...
> Segundo, Deus se faz conhecido para nós mais claramente
> por sua santa e divina Palavra,
> tanto quanto nos é necessário nesta vida,
> para a glória de Deus e para nossa salvação.

Assim, tanto a natureza quanto as Escrituras são meios que Deus usa para se revelar a nós, mostrando-nos seu caráter e sua glória. Ambos revelam algo da interação de Deus com o mundo natural. As duas revelações de Deus não podem entrar em conflito, pois ele fala verdadeiramente em ambas. Como minha própria

[11]KELLER, Tim, Creation, Evolution, and Christian Laypeople, BioLogos.org, 2012, http://biologos.org/blogs/archive/creation-evolution-and-christian-laypeople-part-1. [Ed. bras.: http://www.cristaosnaciencia.org.br/recursos/criacao-evolucao -e-cristaos-leigos-tim-keller-parte-1/].

denominação coloca: "Tanto na criação como na Escritura, Deus nos dirige com plena autoridade."[12]

Tanto a natureza quanto as Escrituras estão sujeitas à interpretação humana, na forma das disciplinas da ciência e da erudição bíblica. É crucial que não confundamos nossas interpretações humanas com a revelação real de Deus, uma vez que podemos estar em erro em nosso entendimento. Conflitos aparecem apenas quando a nossa interpretação de um ou de ambos os livros está errada. Tais conflitos justamente nos levam a reconsiderar nossas visões: existem outras maneiras fiéis de interpretar o texto bíblico? Existem outras maneiras válidas de entender as evidências científicas? Cada disciplina pode fornecer um corretivo importante para a outra, protegendo-a de excessos e levando-a a reavaliar-se. Mas uma disciplina não deve dirigir as conclusões da outra. A ciência não deve ditar a melhor interpretação bíblica e os estudos bíblicos não devem forçar as conclusões da ciência.

Lendo o Livro das Escrituras

Como devemos interpretar o que a Escritura tem a dizer sobre a Criação? Este foi um desafio pessoal para mim. Eu cresci em um lar cristão e aprendi a amar Deus desde cedo; li a Bíblia como a palavra de conforto, ensinamento e autoridade de Deus em minha vida. Minha igreja e minha família ensinaram a posição da Terra jovem quanto à Criação e não conheciam nenhuma alternativa cristã. Então, quando cheguei aos meus vinte anos e tomei conhecimento das evidências científicas de um universo antigo, hesitei em sequer olhar para elas – temia que isso prejudicasse minha fé. Recusei-me a simplesmente jogar fora as passagens de Gênesis ou diluí-las por causa da ciência. Como eu manteria a autoridade da Bíblia? Como evitaria o caminho perigoso de jogar fora toda passagem da Bíblia que fosse difícil de entender?

[12]Report on Biblical Authority, *Acts of Synod*. Grand Rapids: Christian Reformed Church in North America, 1972.

Os livros da Bíblia foram escritos por muitos autores humanos sob a inspiração do Espírito Santo, num período de mais de mil anos, para contar a grande e verdadeira história da obra de Deus no mundo e com o seu povo. Esses autores vieram de muitas culturas, escreveram em vários idiomas e usaram vários gêneros literários. Isso significa que um entendimento completo e profundo de cada passagem é mais complexo do que ler a tradução mais recente. Se abrirmos a Bíblia e simplesmente a lermos para pessoas do século XXI, encontraremos uma linguagem desconcertante e algumas passagens que contradizem nossas crenças atuais, como a Terra estar fixa sobre uma fundação (Salmos 93:1) em vez de se mover pelo espaço.

Para entender o que está acontecendo, precisamos nos lembrar de que esse é um texto antigo. Como o estudioso bíblico John Walton nos lembra, a Bíblia toda foi escrita para nós, mas não dirigida a nós – foi escrita primeiro para as pessoas que viviam no antigo Oriente Próximo.[13] Embora as mensagens principais da Palavra de Deus sejam claras para qualquer leitor que tenha uma boa tradução, precisaremos realizar nossa tarefa de entender algo muito complexo que é a relação da Bíblia com a ciência moderna. Os eruditos bíblicos recomendam a abordagem de primeiro considerar o significado que o texto teve para o próprio autor humano e seu público, e só depois disso procurar elaborar a melhor interpretação para nós hoje.

Note que essa abordagem *não* conduz ao caminho perigoso de negar as doutrinas centrais do cristianismo. Ao contrário, podemos aplicá-la consistentemente a toda a Escritura. Em alguns casos, como em Salmos 93:1 ("O mundo está estabelecido, não pode ser movido," versão King James), ao considerar o salmo todo e o contexto cultural, vê-se que não se pretendeu um significado científico moderno; a passagem usa a Terra fixa como metáfora para a

[13]WALTON, John, *The Lost World of Genesis One*. Downer's Grove, IL: InterVarsity Press, 2009, e outros livros [Um bom resumo desta obra e uma interpretação de Gênesis 2 e 3 na mesma linha podem ser vistos no segundo livro da série *The Lost World*, que foi publicado no Brasil com o título *O mundo perdido de Adão e Eva*: o debate sobre a origem da humanidade e a leitura de Gênesis, Viçosa, MG: Ultimato, 2016. O *mundo perdido do dilúvio*, também parte da série, foi publicado pela Thomas Nelson Brasil em 2019. (N. T.)].

estabilidade do governo de Deus. Contudo, a mesma abordagem em outros casos, como Lucas 1:1-4, nos lembra de que o autor original e a audiência consideraram a morte e a ressurreição de Jesus uma questão de registro histórico, e que devemos fazer o mesmo.

FIGURA 1: COSMOLOGIA DO ORIENTE PRÓXIMO ANTIGO

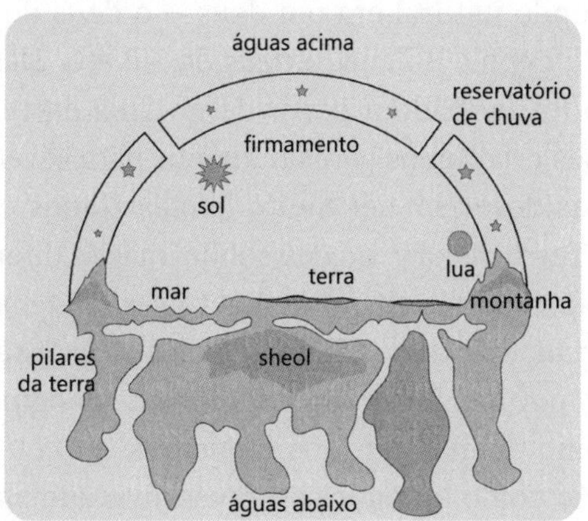

Ilustração de *Origins: Christian Perspectives on Creation, Evolution, and Intelligent Design*, de Deborah B. Haarsma e Loren D. Haarsma. Usado sob permissão. Copyright 2011 Faith Alive Christian Resources.[14]

Lendo Gênesis 1

Vamos aplicar essa abordagem a Gênesis 1. Esse texto foi escrito pelo povo israelita e dirigido para esse mesmo povo, que estava cercado por outras culturas antigas do Oriente Próximo, incluindo o Egito e a Babilônia. Das obras de arte e escritos dessas culturas, sabemos algo de seu entendimento do mundo natural (veja figura 1). Eles não tinham ideia da Terra se movendo no espaço ou da Terra sendo esférica. Ao contrário, eles acreditavam que a Terra era plana, com os céus por cima e águas por baixo da terra. Muitas vezes, eles se referiam ao céu como uma cúpula sólida, com um oceano de água acima dela; a cúpula poderia abrir suas comportas, resultando em chuva.

[14]Para solicitar uma cópia deste recurso, visite <http://faithaliveresources.org>.

A Figura 1 nos ajuda a entender Gênesis 1 mais claramente. No segundo dia (Gênesis 1:6-8), lemos que Deus criou uma "abóbada" (NIV) ou "firmamento" (KJV) para separar as águas de cima das águas de baixo. Essa é a mesma estrutura encontrada no pensamento egípcio e babilônico. No entanto, as diferenças entre Gênesis 1 e essas culturas vizinhas são impressionantes. Nessas culturas, cada pedaço do mundo natural era um deus – o deus do ar, o deus do mar, o deus da cúpula do céu, o deus do sol etc. Eles acreditavam que o mundo foi formado a partir de guerras entre esses deuses e que os deuses criaram os seres humanos para serem escravos.

Os israelitas deveriam ser muito familiarizados com a imagem física de uma Terra plana e um céu sólido, mas as diferenças entre o Egito e a Babilônia se fariam notar. *Em Gênesis, há apenas um Deus, o soberano Criador de tudo.* O céu, o mar e a terra são meramente coisas criadas por ele. Mesmo o poderoso deus egípcio do sol, Rá, é referido como apenas um dos luminares do céu. Os humanos são criados não como humildes escravos, mas à imagem de Deus e como parte muito boa da criação dele.[15]

Deus poderia ter escolhido explicar aos israelitas que a representação física deles estava errada, que o céu é na verdade uma atmosfera gasosa cobrindo uma Terra esférica. Em vez disso, Deus escolheu uma abordagem melhor: Ele acomodou a sua mensagem ao entendimento deles para tornar mais clara a mensagem que pretendia passar. Como João Calvino descreve, Deus se acomoda às nossas humildes capacidades, falando até como conversa de bebê para que possamos entender.[16] Podemos ser gratos por Deus não ter tentado explicar as complexidades da ciência moderna na Bíblia! A acomodação de Deus é um presente de sua graça para

[15]Para mais sobre cosmologia antiga do Oriente Próximo e interpretações de Gênesis, veja artigos no website da BioLogos e livros, tais como: *The Lost World of Genesis One*, de John H. Walton; *The Biblical Cosmos*, de Robin A. Parry (Eugene, OR: Cascade, 2014); *Scripture and Cosmology*, de Kyle Greenwood (Downer's Grove, IL: InterVarsity Press, 2015); ou *The Early History of Heaven*, J. Edward Wright (Oxford: Oxford University Press, 2000).

[16]MCNEILL, Jonh T. (Org.). John Calvin, Institutes of the Christian Religion. [João Calvino, As institutas da religião cristã]. Trad. Ford Lewis Battles. Philadelphia: Westminster, 1960, 1.13.1.

o público original. Além disso, nessa interpretação, a mensagem intencionada de Deus não muda à medida que a ciência avança.

Você notou a linha de raciocínio aqui? Começamos por considerar Gênesis 1 em seu contexto antigo, sem considerar a ciência. No entanto, aprendemos algo relevante para nossos debates modernos: Gênesis 1 usa deliberadamente conceitos que os primeiros leitores entenderiam em vez da moderna imagem científica. Isso mostra que a intenção de Gênesis 1 não foi abordar as questões do "como" e "quando" que usamos em ciência moderna; estas não eram objeto de grande preocupação em uma era pré-científica. Ao invés disso, o texto bíblico focaliza no "quem" e no "por que" da Criação. Os criacionistas evolucionários tiram conclusões semelhantes para outras passagens bíblicas sobre a Criação. A maioria dos criacionistas evolucionários não vê a Bíblia fazendo previsões científicas ou referindo-se a uma ciência desconhecida para os leitores daquela época.

Para mim, saber sobre esse contexto antigo de Gênesis fez toda a diferença. Ele não apenas resolveu as preocupações que eu tinha quanto à ciência, mas me proporcionou uma compreensão mais profunda do ensinamento de Deus nesse texto e fortaleceu minha fé. Na verdade, fiquei um pouco frustrada que nenhum dos meus pastores me ensinou isso antes! Senti-me livre, até mesmo chamada, para olhar mais de perto as evidências na criação de Deus.

Lendo o *Livro da Natureza*

Como a maioria dos cristãos evangélicos de hoje, eu cresci com uma visão geralmente positiva da ciência,[17] mas ainda tinha preocupações quanto à evolução. Posso confiar na visão científica geral das origens quando a maioria dos cientistas não é cristã? As conclusões

[17]Dos protestantes evangélicos, 48% acreditam que ciência e religião podem trabalhar em colaboração, 21% as veem como se referindo a diferentes aspectos da realidade, e apenas 31% as veem em conflito (Elaine Howard Ecklund e Christopher Scheitle, "Religious Communities, Science, Scientists, and Perceptions: A Comprehensive Survey," <*http://perceptions.project.org/multimedia-archive/religious-communities--science-and -perceptions-a-comprehensive-survey/*>).

científicas deles não são tendenciosas contra Deus? Não precisaríamos de uma versão da ciência que fosse distintamente cristã?

Os não cristãos apresentam um conjunto diferente de perguntas: a ciência não tornou a religião irrelevante? Religião é algo além de superstição? A ciência não elimina Deus?

Para abordar os dois conjuntos de perguntas, primeiro lembre-se de que muitos líderes da revolução científica – como Galileu, Kepler e Boyle – eram cristãos. Eles viram seu trabalho científico como o estudo da própria obra de Deus e um chamado próprio para os cristãos. Os ateus militantes de hoje parecem esquecer que muitos cientistas de primeira linha ao longo dos séculos eram cristãos, incluindo Michael Faraday (eletricidade, 1791-1867), Gregor Mendel (genética, 1822-1884), Georges Lemaître (cosmologia, 1894-1966) e William Philips (Prêmio Nobel em Física, 1997).

Considere Robert Boyle (química, 1627-1691), um cristão devoto que descreveu seu trabalho científico como o de estudar o "livro das criaturas" sendo ele um "sacerdote da natureza". Ele acreditava que o mundo natural aponta claramente para a sabedoria de Deus como seu criador e *designer*, de modo que "os homens podem ser trazidos, com base nisso, tanto para reconhecer Deus, como para admirá-lo e agradecer-lhe". Ainda assim, Boyle argumentou fortemente que os cristãos *não* devem olhar para Deus como a causa "eficiente" (direta) dos movimentos de partículas. Em vez disso, Deus cria os *mecanismos* que movem as partículas, "aqueles Poderes que [Deus] deu às Partes da Matéria, para transmitir seu Movimento assim e assim de umas às outras." Assim, Boyle argumentou que o papel correto do cristão ao estudar o mundo natural não é o de colocar Deus como um passo na cadeia de causa e efeito, mas investigar os mecanismos naturais e repetíveis que Deus criou.[18]

Hoje, por razões semelhantes, os criacionistas evolucionários enfatizam tanto (1) a busca de mecanismos naturais no mundo

[18]Citações da série publicada no blog de Ted Davis, "The Faith of a Great Scientist: Robert Boyle's Religious Life, Attitudes, and Vocation," http://biologos.org/blogs/ted-davis-reading-the-book-of-nature/series/the-faith-of-a-great-scientist-robert-boyles-religious-life-attitudes-and-vocation.

físico, quanto (2) a celebração do Deus da Bíblia como o Criador e *designer* desses mecanismos. O primeiro ponto trata da tarefa principal da ciência – procurar as cadeias naturais de causa e efeito, da gravidade às reações químicas e aos padrões climáticos. Cientistas de todas as cosmovisões fazem isso. As descobertas feitas por não cristãos não são automaticamente suspeitas; ao contrário, toda verdade é de Deus, como Agostinho observou há muito tempo: "Que todo bom e verdadeiro cristão entenda que, onde quer que a verdade seja encontrada, ela pertence ao seu Mestre."[19] O segundo ponto tem a ver com o arcabouço maior da nossa fé cristã, que torna o trabalho do cientista cristão tão distinto do trabalho de cientistas com outras visões de mundo. Nossa visão da natureza como criação de Deus é o que nos dá a motivação subjacente para ir em busca da ciência e do louvor supremo pelas suas descobertas. *Uma explicação científica não elimina Deus.* Para o cristão, uma explicação científica glorifica a Deus revelando sua obra.

A ciência tradicional é tendenciosa contra a religião? Pode parecer quando alguns ateus falastrões afirmam que o Big Bang elimina a necessidade de um deus para dar início às coisas[20] ou que a evolução mostra que "o homem é o resultado de um processo sem propósito e materialista que não o tinha em mente."[21] Tais alegações vão muito além da própria ciência, reformulando o "Big Bang" e a "evolução" como entidades opostas a Deus. No entanto, quando os cientistas usam estes termos *cientificamente*, eles os usam como modelos científicos da mesma forma que "gravidade" ou "placas tectônicas". A ciência é limitada. Ela simplesmente não pode provar ou refutar Deus. A ciência é boa em descobrir mecanismos físicos, mas não está preparada para abordar as questões fundamentais de Deus e significado. O mesmo mecanismo físico, que pode ser interpretado por um ateu como sendo sem propósito e substituto de

[19]Sto. Agostinho, *On Christian Doctrine*, II.18.28.
[20]Veja, por exemplo, KRAUSS, Lawrence. *A Universe from Nothing* [Um universo a partir do nada]. Nova York: Atria Books, 2013.
[21]SIMPSON, George Gaylord. *The Meaning of Evolution* [O significado da evolução]. New Haven: Yale University Press, 1967, 34.

Deus, pode ser interpretado por um cristão como algo que exibe a obra criativa de Deus.

E quanto a milagres? A criação evolucionária é um caminho perigoso para o deísmo ao ver Deus como distante e não envolvido? Não. Os criacionistas evolucionários são apaixonados por ver a mão de Deus operando por meio de processos naturais. As leis naturais são um testemunho do cuidado providencial e fiel de Deus, pois ele sustenta a existência de toda a matéria e mecanismos, momento a momento. Contudo, os criacionistas evolucionários também afirmam que Deus escolheu agir sobrenaturalmente. Deus age fora de seus padrões habituais para realizar os seus propósitos de reinar na história humana, mais poderosamente na encarnação e ressurreição de Jesus Cristo.

Algumas pessoas perguntam aos criacionistas evolucionários: "Por que vocês acreditam em Deus se a sua visão científica parece ser a mesma dos cientistas ateus?" Bem, não esperamos que nossa ciência pareça diferente, já que cristãos e ateus estão estudando o mesmo mundo criado com as mesmas mentes concedidas divinamente. Mas, para muitos, a resposta mais profunda é que "a ciência não é a razão pela qual creio em Deus". Como a maioria dos cristãos, os criacionistas evolucionários escolheram seguir Jesus Cristo por outras razões, como um profundo sentimento de necessidade de Deus, uma profunda experiência espiritual, ou pelo testemunho dos Evangelhos. Tendo confiado no Deus da Bíblia, olhamos através das lentes da fé para o mundo ao nosso redor – o universo, a vida, nós mesmos, a cultura humana – e descobrimos que tudo se mantém junto de uma maneira mais poderosa e convincente do que o ateísmo. A partir da fé, buscamos a compreensão.[22] Como C. S. Lewis escreveu: "Acredito no cristianismo como acredito que o Sol nasceu, não apenas porque eu o vejo, mas porque por meio dele vejo todo o resto".[23]

[22]Em *Proslógio* (cujo título original era *Fé em busca do entendimento*), o teólogo do século XI Anselmo escreveu: "Não procuro compreender para crer, mas creio para compreender".

[23]C. S. Lewis, na linha que conclui "Teologia é poesia?" em O *peso da glória* (Rio de Janeiro: Thomas Nelson Brasil, 2017).

A ORDEM CRIADA

Um universo antigo e dinâmico

Antes de olharmos para as evidências da idade da Terra e do universo, precisamos considerar se tais evidências científicas são confiáveis. Primeiro, como sabemos que Deus não criou simplesmente tudo há 6 mil anos, mas fez parecer que tem bilhões de anos? A resposta curta é: nós não sabemos. Não existe uma maneira científica de distinguir entre um universo antigo e aquele que foi feito para parecer em todos os detalhes como se fosse antigo. No entanto, existe uma profunda diferença *espiritual*. As Escrituras são claras no ensino de que Deus é um Deus de verdade e que os céus declaram sua glória. A atividade de Deus no mundo natural nos fala tão verdadeiramente quanto suas palavras nas Escrituras, e devemos levar isso a sério.

Segundo, se ninguém estava lá para ver, como podemos estudar cientificamente o universo? A resposta curta é: usando as evidências deixadas para trás. Um cientista é como um detetive que recolhe provas para determinar como um crime foi cometido. Mesmo sem uma testemunha ocular, um detetive usa evidências como pegadas, DNA e registros telefônicos para construir uma descrição sólida. Da mesma forma, os cientistas podem juntar o que aconteceu a partir das evidências que medimos hoje. Embora essa ciência histórica tenha diferenças em relação à ciência experimental (não é possível trazer uma galáxia para o laboratório para um experimento!), ela é semelhante nos aspectos mais importantes. Assim como um cientista experimental, o cientista histórico constrói uma hipótese, testa-a contra observações e modifica a hipótese conforme necessário. E, como o detetive, quando várias linhas de evidência confirmam a mesma hipótese, os cientistas ficam confiantes de que sabemos o que aconteceu. A ciência histórica é confiável.

Evidência geológica

Muitas linhas de evidência sustentam uma longa idade para a Terra e o sistema solar.[24] Aqui, vou esboçar apenas duas. Uma é contagem

[24]Visite o site da *BioLogos* para ver vídeos e artigos sobre idades geológica e astronômica.

de camadas anuais. Tais camadas aparecem nas geleiras, à medida que a queda de neve a cada ano é compactada em gelo. As camadas de gelo contadas recuam a mais de 100 mil anos na Groenlândia e mais de 700 mil anos na Antártida. Camadas anuais também aparecem em rochas sedimentares. Essas rochas se formam no fundo de lagos e mares rasos à medida que os sedimentos se depositam no fundo ano após ano; quando as camadas endurecem em rochas sedimentares, milhões de anos de depósitos podem ser preservados (veja a Figura 2).

FIGURA 2

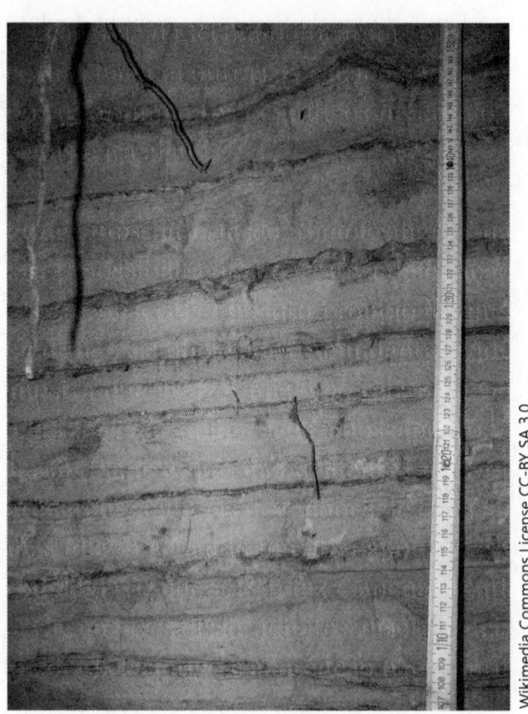

Camadas de rocha sedimentar

Outra é a datação radiométrica. Alguns tipos de átomos são radioativos e decaem com o tempo. Esse período de tempo é chamado de “meia-vida”, o tempo que leva para a metade da substância original decair. Por exemplo, a meia-vida do potássio-40 é de 1,3 bilhão de anos; durante este tempo, metade dos átomos de potássio-40 decaem em argônio-40. Os cientistas podem medir a razão de potássio-40 e argônio-40 em uma rocha e calcular o tempo em que essa rocha se solidificou pela lava derretida. Uma formação rochosa na Groenlândia foi datada de 3,6 bilhões de anos, uma data confirmada com vários elementos radioativos diferentes nas mesmas rochas. Rochas trazidas da Lua foram datadas de 4,5 bilhões de anos.

Evidência astronômica

Mais uma vez, esboçarei apenas duas das muitas linhas de evidência para a idade do universo. Embora a luz se mova incrivelmente rápido, ela leva tempo para viajar – mais de oito minutos do Sol até a Terra. E quanto tempo de viagem leva partindo de uma galáxia? Uma galáxia contém centenas de bilhões de estrelas; nossa própria galáxia é chamada de Via Láctea. A Figura 3 mostra a galáxia espiral Andrômeda, que é relativamente "próxima" no espaço. A luz leva 2,5 milhões de anos para viajar de Andrômeda até nós. Nós vemos também galáxias com a mesma forma espiralada, que parecem centenas de vezes menor que Andrômeda, mostrando que estão centenas de vezes mais distantes. A luz dessas galáxias distantes leva *bilhões* de anos para chegar até nós. O universo deve ser pelo menos antigo o suficiente para enxergarmos essas galáxias distantes.

FIGURA 3

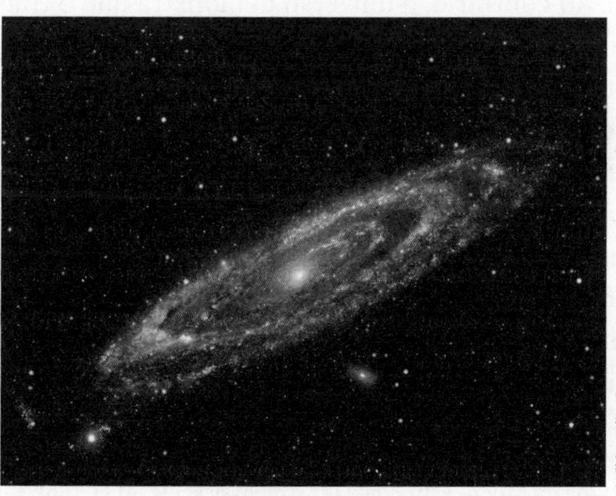

Wikimedia Commons

Galáxia Andrômeda

A taxa de expansão do universo pode ser usada para determinar a idade do universo como um todo. As galáxias estão se afastando umas das outras. Se imaginamos rebobinar a linha do tempo do universo, em épocas anteriores as galáxias devem ter sido muito mais próximas. Quanto tempo passou desde que todo esse material foi embalado no começo? A taxa de expansão e sua mudança ao longo do tempo foram medidas cuidadosamente. Sabemos atualmente que o universo está se expandindo há 13,80 ± 0,04 bilhões de anos.[25]

REFLEXÕES

Vamos fazer uma pausa para considerar esses incríveis períodos de tempo. É difícil imaginar milhares de anos de história, muito menos milhões ou bilhões! No entanto, sabemos que para Deus "um dia é como mil anos, e mil anos como um dia. O Senhor não demora em cumprir a sua promessa, como julgam alguns" (2Pedro 3:8,9). As vastas escalas de tempo do universo nos lembram que o tempo de Deus não é como o nosso.

No entanto, há muito mais nessa história do que medir idades. Por um lado, o universo é incrivelmente dinâmico. Ele muda drasticamente ao longo do tempo, com galáxias inteiras colidindo, estrelas morrendo em explosões de supernovas e novas estrelas se formando das cinzas. Nada neste universo parece ser estático ou eterno. Ao contrário, o universo demonstra que o trabalho criativo de Deus está em andamento.

Outra parte da história é a perfeição de Deus. Alguns dos parâmetros mais fundamentais do universo, como a força da gravidade e as propriedades dos átomos e partículas, são precisamente definidos ("afinados") de tal forma que a vida pode se desenvolver. Os cientistas calculam que, se esses parâmetros fossem alterados mesmo que levemente, as estrelas não nasceriam, o carbono não se formaria e os humanos não estariam aqui. Desde o início, Deus projetou o universo para que partículas e forças atuassem juntas,

[25]Planck Collaboration, *Astronomy & Astrophysics* 594, A13 (2016): Table 4, disponível em <https://arxiv.org/abs/1502.01589>.

construindo a partir de processos naturais e dando forma a um mundo complexo, um lar para a vida. Como um compositor escrevendo uma sinfonia, Deus começou com um ritmo e temas que começam de maneira simples (as leis naturais), mas são projetados desde o início para repetir e crescer ao longo do tempo a fim de criar a bela e complexa conclusão (a vida hoje).

Finalmente, considere a clara exuberância deste universo. Foi somente no século passado que aprendemos que nossa galáxia é uma das centenas de bilhões de galáxias. Esse vasto número de galáxias existia muito antes que os humanos pudessem detectá-las. Deus parece se deliciar em criar exuberantemente a partir de sua abundância. E Deus se deleita em trabalhar por meio de sistemas – não apenas criando uma galáxia, mas criando os mecanismos desse universo para que bilhões de galáxias pudessem se formar.

O desenvolvimento da vida

Imagino que alguns leitores têm relações muito negativas com a palavra "evolução" – eu certamente tinha na comunidade da igreja em que cresci. No entanto, isto é uma reação às falsas alegações feitas pelos ateus em nome da evolução. Certamente, todos os cristãos rejeitariam as alegações de que a ciência substitui Deus ou que a vida não tem sentido. Mas, uma vez rejeitadas as afirmações ateístas, a ciência subjacente pode ser avaliada em seus próprios termos. Em minha própria jornada sobre essa questão, tive a sorte de encontrar os escritos de biólogos cristãos que apresentaram as evidências para a evolução no contexto de sua fé, e não como uma distorção ateísta.

No restante desta seção, discutirei o processo científico da evolução e as evidências que a sustentam. Na seção final, volto a várias questões teológicas.

Como funciona a evolução?

Em cada geração, os descendentes de uma espécie diferem ligeiramente dos seus pais. Às vezes, essas diferenças fornecem uma vantagem reprodutiva em seu ambiente, o que significa que indivíduos com características particulares são capazes de produzir mais descendentes. Ao longo de gerações sucessivas, esses traços, ou diferenças genéticas, se espalham a toda a população. Por exemplo, algumas das gazelas nascidas em uma geração correrão mais rápido do que outras devido a diferenças em sua composição genética; elas serão mais propensas a escapar de predadores e se reproduzir do que as gazelas lentas. Essas gazelas velozes transmitirão genes a seus descendentes, dando origem a gazelas mais velozes na geração seguinte. Várias gerações depois, os traços de toda a população de gazelas terão mudado. Esse mecanismo é chamado de "seleção natural".

Às vezes, uma parte de uma população fica isolada. Considere um bando de pássaros que é levado por uma tempestade a uma ilha remota vazia de pássaros. O ambiente ecológico único na ilha favorecerá algumas características em detrimento de outras e, com o tempo, isso fará com que alguns genes sejam selecionados. Ao longo de muitas gerações, a população de aves na ilha adquirirá características distintas da população original do continente. Depois de passarem gerações suficientes, as características das aves continentais e insulares podem se tornar diferentes o suficiente para que sejam reconhecidas como espécies separadas. Algumas pessoas chamam esse processo de "microevolução". Ele é aceito pela maioria das posições cristãs, incluindo a maioria dos criacionistas da Terra jovem.

Criacionistas evolucionários vão muito além. Aceitamos que a seleção natural e outros mecanismos evolutivos,[26] atuando por longos períodos de tempo, eventualmente resultam em grandes mudanças nas estruturas do corpo. Algumas pessoas chamam isso de "macroevolução". Ao longo de muito tempo, todas as espécies na Terra surgiram a partir de mudanças graduais e estão relacionadas por meio de uma "árvore" de ancestralidade comum (veja na

[26]Veja a seção *Reflexões* abaixo para mais sobre mecanismos evolutivos.

Figura 4 uma parte da árvore para vertebrados, em estilo "fuso"). Ela ilustra que pássaros e lagartos compartilham um ancestral reptiliano comum, enquanto répteis e camundongos compartilham um ancestral comum de vertebrados no passado.

FIGURA 4

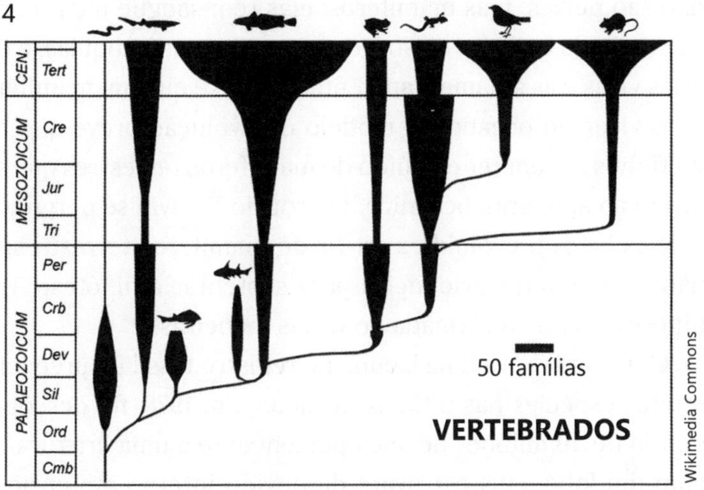

Wikimedia Commons

Árvore de ancestrais comuns para vertebrados

Às vezes, as pessoas se perguntam: "Como dois indivíduos poderiam surgir apenas com os genes certos para que seus descendentes sejam uma nova espécie?" Primeiro, lembre-se de que a evolução geralmente acontece em *grupos*, não em indivíduos ou casais. Enquanto uma mudança genética começa em um indivíduo, esse indivíduo ainda se cruza com o resto do grupo e não é uma espécie nova. Começar uma nova espécie é um pouco como um par de adolescentes que tentam começar uma moda – eles podem ter uma ideia legal, mas até que ela se espalhe pelo grupo de amigos, não é um modismo. Segundo, ao contrário dos modismos, a evolução leva muito tempo. São necessárias muitas gerações para que uma mudança genética se espalhe pela população. E daí são necessárias muitas gerações para alterar genes suficientes, de forma que um grupo isolado se torne uma espécie separada de sua população-mãe.

Evidências para a evolução

A ancestralidade comum de todas as espécies é apoiada por múltiplas linhas independentes de evidência.[27] Para um estudo de caso, vamos considerar as baleias.

Embora baleias e golfinhos vivam no oceano, elas claramente não são peixes, mas mamíferos: elas têm sangue quente, respiram por meio de buracos de sopro em vez de por brânquias, e dão à luz crias vivas e as amamentam. Então, como é que um mamífero acaba indo viver no oceano? O modelo de evolução prevê que baleias e golfinhos devem ter evoluído de mamíferos terrestres que se adaptaram ao ambiente oceânico. O próprio Darwin se perguntou se as baleias haviam evoluído a partir de mamíferos terrestres, mas ele não tinha muitas evidências para sustentar a hipótese. Hoje esta hipótese já foi confirmada de várias maneiras.

O que antes era uma lacuna no registro fóssil foi preenchido por muitas espécies nas últimas décadas. Em 1978, foi descoberto um crânio de 49 milhões de anos pertencente a uma criatura parecida com um lobo, cuja estrutura de ouvido interno era curiosamente semelhante ao das baleias modernas. Isso levou a uma busca por criaturas relacionadas, e muito rapidamente encontrou-se uma série de fósseis, abrangendo cerca de 10 milhões de anos, mostrando sinais claros de crescente adaptação à vida na água (ver Figura 5). Os filhotes surgiram com espinhas que permitiram modos mais eficientes de nadar e, com o passar do tempo, essas características se espalharam pela população. Os organismos apareceram com narinas mais próximas do topo do crânio, que ajudaram a respirar durante a natação e, ao longo de muitas gerações, os filhos desenvolveram orifícios. Nas gerações posteriores, as patas traseiras

[27]Para mais informações sobre evidências científicas da evolução oferecidas por biólogos cristãos, veja vídeos e artigos em *BioLogos.org*, particularmente na série de blog de Evans Venema "Evolution Basics". Veja também FALK, Darrel R. *Coming to Peace with Science*. Downers Grove, IL: InterVarsity Press, 2004; ALEXANDER, Denis R. *Creation or Evolution*: Do We Have to Choose? Oxford: Monarch Books, 2014 [Ed. bras.: *Criação ou Evolução*: Precisamos escolher? Viçosa, MG: Ultimato, 2017]; e LAMOUREUX, Denis *Evolutionary Creation*. Eugene, OR: Wipf & Stock, 2008.

desses organismos eram muito pequenas para aguentar o animal em terra. Mais de mil espécimes fósseis que apoiam esta descrição da evolução das baleias foram descobertos. Esses fósseis não são todos ancestrais diretos das baleias atuais e pequenas lacunas permanecem, mas eles revelam um grupo de espécies relacionadas, que foram evoluindo ao longo de milhões de anos para se adaptar à vida oceânica. Juntos, eles compõem uma descrição impressionante de mudanças significativas nessa linhagem de mamíferos.

FIGURA 5: SEQUÊNCIA FÓSSIL DE BALEIA

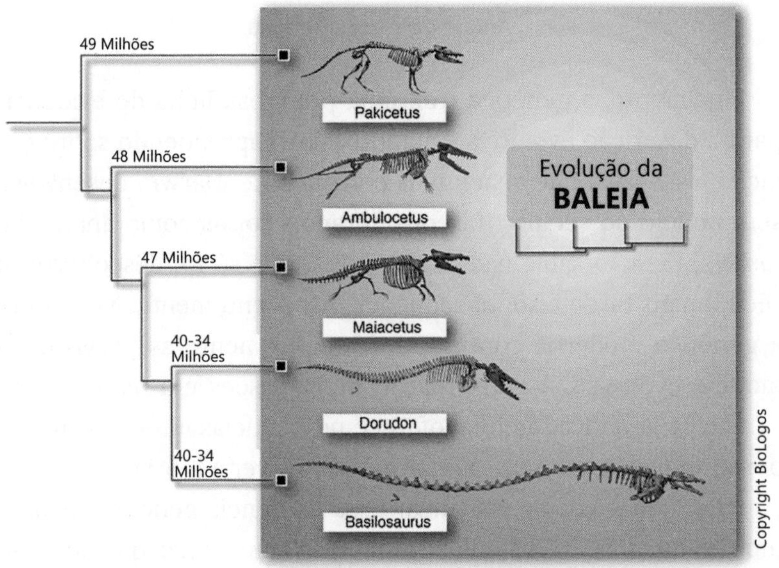

Vemos também essa conexão com mamíferos terrestres no desenvolvimento de embriões das baleias de hoje. Quando o óvulo fertilizado se divide e novas células se especializam, o embrião mostra claramente os brotos de quatro membros, exatamente como um animal terrestre. À medida que o embrião cresce, os membros traseiros não se desenvolvem completamente. Em algumas espécies, apenas um osso pélvico permanece na baleia madura. Essa evidência de embriões é independente da evidência fóssil, mas aponta para a mesma história de ancestralidade comum.

FIGURA 6

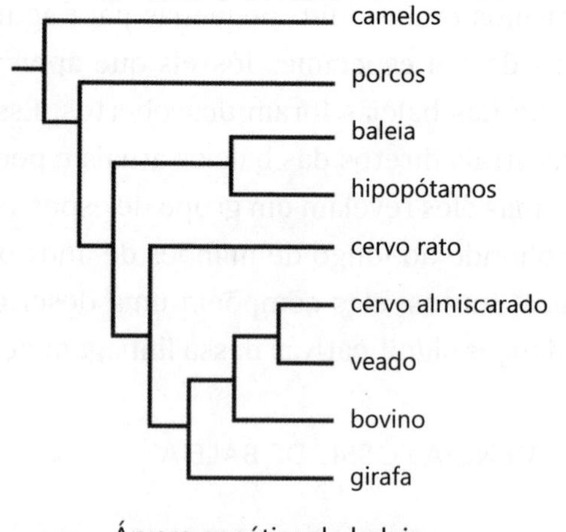

Árvore genética de baleia

Finalmente, a genética traz uma poderosa linha de evidências para a descrição evolutiva. Quando estava aprendendo sobre evolução, essa foi a que achei mais convincente. Darwin desenvolveu seu modelo no século XIX considerando coisas como anatomia e fósseis. Ele não sabia nada sobre DNA, que só foi descoberto um século mais tarde e só foi sequenciado recentemente. No entanto, a genética moderna confirmou dramaticamente as previsões do modelo evolutivo. A confirmação de previsões é a marca da boa ciência! A genética também oferece novas ideias interessantes que permitem aos cientistas refinar e desenvolver a teoria.

Para ajudar você a visualizar essa evidência genética, imagine uma reunião de uma família humana. Vamos dizer que seus primos, primos de segundo grau, tias, sobrinhos e outros parentes estejam reunidos para um piquenique. Alguns geneticistas os visitam e coletam amostras de DNA de cada pessoa presente, sem perguntar como as pessoas estão relacionadas. Considerando apenas o DNA, os cientistas seriam capazes de reproduzir com bastante precisão a árvore genealógica, usando apenas as semelhanças e diferenças genéticas. Na verdade, eles até poderiam aprender sobre a composição genética de seus avós falecidos e bisavós com base nas amostras de seus descendentes que vivem hoje. De maneira semelhante, os geneticistas estudaram o DNA de muitas espécies modernas e usaram-no para determinar as árvores genealógicas das espécies, inclusive como as espécies estão intimamente relacionadas e há quanto tempo seu ancestral comum existiu. Geneticistas descobriram que as baleias estão intimamente relacionadas com os animais terrestres, exatamente como previsto na teoria evolucionária e mostrado no registro fóssil. A genética também fornece novas ideias, inclusive que vacas e hipopótamos estão mais relacionados com baleias do que com cavalos ou elefantes!

REFLEXÕES

Como mencionado acima, alguns cristãos temem que as ideias evolucionárias sejam resultado de uma visão de mundo tendenciosa entre os cientistas, talvez consequência de um desejo ilusório ou guiado por suposições injustificadas. Ou acreditam que a ciência não está resolvida – uma pesquisa recente mostrou que 49% dos evangélicos brancos acreditam que os cientistas estão divididos sobre se os humanos evoluíram ou não.[28] No entanto, não é esse o caso – outra pesquisa mostrou que 99% dos biólogos concordam que os humanos evoluíram.[29] Há um forte consenso científico sobre a evolução e pouca divergência sobre a ancestralidade comum de toda a vida. A explicação evolutiva emergiu como resultado de boas habilidades de detetive – observação cuidadosa de evidências, formação de hipóteses e confirmação de previsões. Cristãos que aceitam a explicação evolucionária o fazem por causa da força dessa evidência e argumentos, não por pressão dos pares.

Isso não quer dizer que todos os aspectos da evolução sejam completamente compreendidos. Como todos os campos da ciência,

[28]Pew Research Center, *Strong Role of Religion in Views about Evolution and Perceptions of Scientific Consensus* (22 Out. 2015). A mesma concepção errônea foi expressa por 32% dos católicos hispânicos, 31% dos protestantes negros, 26% dos católicos brancos e 26% dos protestantes brancos; <http://www.pewinternet.org/2015/10/22/strong-role-of-religion-in-views-about-evolution-and-perceptions-of-scientific-consensus/>.

[29]Pew Research Center *An Elaboration of AAAS Scientists Views*, 23 Julho 2015, <http://www.pewinternet.org /2015/07/23/an-elaboration-of-aaas-scientists-views/>.

sempre há mais para aprender. Neste momento, há um saudável debate científico sobre os mecanismos específicos da evolução.[30] Embora a seleção natural, o mecanismo descrito acima para a evolução da gazela, seja um fator primordial da evolução, os cientistas estão discutindo a importância relativa de outros mecanismos, como o desenvolvimento embrionário, a deriva genética, o impacto ambiental na expressão gênica e a forma como os organismos alteram seus ambientes para maximizar a sobrevivência. No entanto, os cientistas *não* estão duvidando se a evolução ocorreu; há um forte consenso de que toda a vida na Terra compartilha uma árvore de ancestralidade comum.

Como seria louvar a Deus por seu trabalho na evolução? Para mim, isso foi um ajuste significativo na minha vida devocional.[31] Mas, gradualmente percebi que, na evolução, vemos Deus trabalhando por meio de sistemas que ele criou para produzir uma abundância exorbitante de variedades. Os biólogos identificaram mais de 350 mil espécies só de besouros! Dizem que um biólogo brincou: "O Criador deve ser excessivamente afeiçoado a besouros."[32] Os criacionistas evolucionários veem a interconectividade da vida como um testemunho da criatividade de Deus. Ele trabalhou por meio de processos naturais simples para criar dinossauros e margaridas, gorgulhos e javalis, e pinheiros e pessoas. Ele poderia ter estalado os dedos para fazer isso instantaneamente, mas tanto as Escrituras como o mundo natural revelam que Deus se deleita em trabalhar por meio de longos processos para realizar sua vontade.

[30]Veja, por exemplo, "Does Evolutionary Theory Need a Rethink?" onde Kevin Laland et al. e Greg Wray et al. apresentam suas posições, *Nature* 514 (Out. 2014): 161–64, <http://www.nature.com/news/does-evolutionary -theory-need-a-rethink-1.16080>.

[31]Para mais informações, veja HAARSMA, Deborah B., Learning to Praise God for His Work in Evolution. In: APPLEGATE, Kathryn; GROVE, J. B. Stump. (Org.). *How I Changed My Mind about Evolution*: Evangelicals Reflect on Faith and Science [Como mudei minha opinião sobre a evolução: os evangélicos refletem sobre fé e ciência], , IL: InterVarsity Press, 2016, 40-47.

[32]J. B. S. Haldane é citado com tendo dito isso muitas vezes (http://quoteinvestigator.com/ 2010/06/23/beetles/#more-734), e escreveu algo semelhante em seu livro de 1949, *What is Life? The Layman's View of Nature* [O que é a vida? A visão leiga da natureza]. Londres: L. Drummond, 258

Origens humanas

De todos os aspectos da evolução, as origens humanas levantam a maioria das questões para a interpretação bíblica e teologia cristã. Em minha própria jornada diante dessas questões, demorei muito para considerar esse assunto por essa mesma razão, mas quando olhei mais de perto, encontrei várias opções de caminhos para seguir fiel sem negar a Bíblia ou a ciência. A próxima seção abordará questões teológicas, mas vamos começar com as evidências no *Livro da natureza*.[33]

Evidências da evolução humana

Estudos arqueológicos de culturas humanas indígenas mostram que o primeiro *Homo sapiens* deixou a África há 100 mil anos e se espalhou por todo o mundo por volta de 10 mil anos atrás. A linha do tempo exata da migração humana ainda está sendo investigada, mas é claramente inconsistente com os primeiros seres humanos modernos vivendo apenas no Oriente Médio há 6 mil anos.

A anatomia humana apresenta muitas semelhanças com a dos chimpanzés, gorilas e outros primatas, inclusive visão colorida, mãos com polegares opostos e faces planas. Os seres humanos não são "apenas macacos" – certamente temos mais habilidades que outros primatas – mas, estamos também intimamente relacionados a esta família de criaturas. O modelo evolucionário prevê que os humanos compartilham um ancestral comum com outros grandes símios.

Foram encontrados fósseis de mais de 6 mil criaturas individuais em várias espécies no período entre esse ancestral comum e o *Homo sapiens* moderno. Nos últimos milhões de anos, essas criaturas mostram uma transição gradual para a marcha bípede, maior altura e maior tamanho do cérebro. A linha exata de descendência para o *Homo sapiens* ainda não é conhecida, mas muitos fósseis

[33]Para mais informações sobre evidências científicas relacionadas às origens humanas, veja infográficos e artigos em *BioLogos.org* (incluindo a série de blogs de Dennis Venema sobre genética humana) e livros citados acima.

novos e novas espécies inteiras desse período continuam a ser descobertos, preenchendo o quadro evolutivo.

Evidência genética para origens humanas

A genética confirma solidamente a previsão de que os humanos compartilham de ancestralidade comum com os grandes símios e com toda a vida na Terra. Aqui está um exemplo impressionante. Os chimpanzés têm 24 pares de cromossomos, enquanto os humanos têm 23. Se os humanos compartilham um ancestral comum com outros grandes símios, a evolução prevê que dois cromossomos se fundiram na linha descendente para os humanos, mas não se fundiram na linha descendente até os chimpanzés.

Antes de testar essa previsão, veja alguns detalhes sobre a estrutura dos cromossomos. Embora cada cromossomo contenha vários genes, todos os cromossomos têm duas características comuns. A primeira é o telômero. Os telômeros são sequências repetitivas nas extremidades do cromossomo, que agem como os pedaços de plástico no final do cadarço, que o impedem de esfiapar. A segunda característica em comum é o centrômero, uma região mais próxima do meio do cromossomo que é importante durante a divisão celular. Se dois cromossomos, em humanos, se fundissem em algum ponto de nosso passado ancestral, então teríamos apenas 23 cromossomos em vez de 24, e o cromossomo fundido seria quase idêntico ao de dois cromossomos de chimpanzé, de ponta a ponta. Além disso, o cromossomo humano teria uma sequência extra de telômeros no meio, bem como uma sequência centromérica extra. Seria como encontrar um cadarço esticado, de ponta a ponta, mas com dois pedaços de plástico bem no meio; os pedaços do telômero não servem mais a sua finalidade original. Acontece que é exatamente isso o que encontramos em um de nossos cromossomos, confirmando a previsão de que chimpanzés e humanos compartilham um ancestral comum. É muito difícil explicar essas e muitas outras características genéticas, exceto pela ancestralidade comum.

FIGURA 7

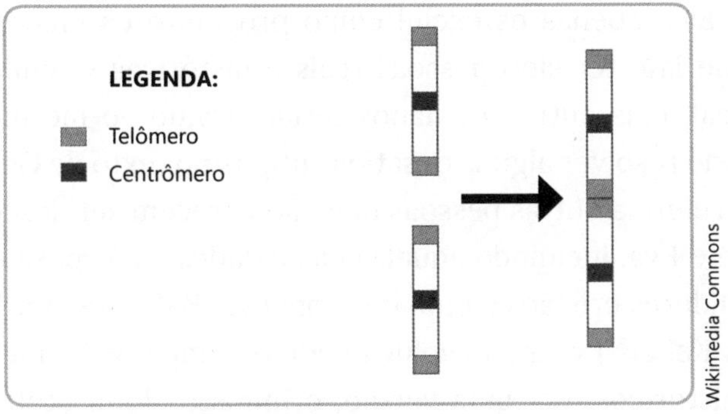

Fusão de dois genes em um

Além da ancestralidade comum, a evidência genética humana também revela dois outros resultados importantes que informam nossa teologia. Ambos surgem considerando a variação genética em toda a população humana. Uma é que os humanos são notavelmente semelhantes uns aos outros; nós claramente somos todos descendentes dos mesmos progenitores, derrubando a ideia de que diferentes grupos ou raças humanas surgiram independentemente. A *genética mostra que somos uma única família humana*, como ensinado em toda a Bíblia.

O outro resultado é que os humanos, como outras espécies animais, emergiram como uma população e não como dois indivíduos. Embora os humanos modernos tenham muitas semelhanças em toda a nossa população, temos muito mais variação do que poderia surgir de apenas duas pessoas. A população primitiva de *Homo sapiens* era de vários milhares de indivíduos, vivendo cerca de 200 mil anos atrás. Esse é um dos resultados mais surpreendentes para os cristãos por causa do impacto nas doutrinas ligadas a Adão e Eva.

Adão e Eva

Como devemos entender os relatos bíblicos de Adão e Eva? Pelo menos três tipos de pontos de vista estão disponíveis para aqueles que desejam permanecer fiéis às Escrituras e levar a ciência a sério.

Primeiro, a evidência científica não exclui a historicidade de Adão e Eva; apenas os exclui como progenitores únicos. Adão e Eva poderiam ter sido pessoas reais e históricas vivendo em um lugar real, mas outros humanos teriam vivido ao mesmo tempo. (Isso pode resolver alguns desafios antigos no texto de Gênesis 4, o qual se refere a outras pessoas que não parecem ser descendentes de Adão e Eva, incluindo aquelas das cidades e a esposa de Caim.) Alguns líderes cristãos (como o evangelista Billy Graham[34] e o pastor Tim Keller[35]) veem a evolução como compatível com um Adão e Eva históricos. Em uma versão, o ministro John Stott[36] sugere que Deus entrou em um relacionamento especial com um par *de antigos representantes da humanidade* há cerca de 200 mil anos na África. Nesse ponto de vista, Gênesis reconta esse evento histórico usando termos culturais que os hebreus no antigo Oriente Próximo podiam entender.

Em outra versão (aceita pelo biólogo Denis Alexander[37]), Adão e Eva são *representantes recentes*, vivendo talvez há 6 mil anos no antigo Oriente Próximo, em vez da África. A esta altura, os humanos se dispersaram por toda a Terra. Deus então se revelou especialmente a um casal de agricultores que conhecemos como Adão e Eva – pessoas reais que Deus escolheu como representantes espirituais para toda a humanidade.

Outros cristãos, incluindo Alister McGrath,[38] sugeriram um modelo *não histórico*. Nessa visão, Adão e Eva não eram figuras

[34]WACKER, Grant, *America's Pastor*: Billy Graham and the Shaping of a Nation [O *pastor da América*: Billy Graham e a formação de uma nação]. Cambridge, MA: Belknap, 2014. Resume, “Graham em nenhum lugar alegou que a Bíblia respondia a questões de história e ciência, mas que ela respondia a tudo que realmente importasse” (veja 38-40).

[35]KELLER, Tim, “Creation, Evolution, and Christian Laypeople: Part 4,” *BioLogos.org*, 2012. [Ed. bras.: *Criação, Evolução e Cristãos Leigos* – Tim Keller – Parte 4, www.cristaosnaciencia.org.br/recursos/490/]

[36]STOTT, John R. W. *Understanding the Bible*: Expanded Edition. Grand Rapids: Zondervan, 1999. [Ed. bras.: *Para entender a Bíblia*. Viçosa, MG: Ultimato, 2014].

[37]ALEXANDER, Denis, *Creation or Evolution*: Do We Have to Choose? Oxford: Monarch, 2008. [Ed. bras.: *Criação ou Evolução*: Precisamos escolher? Viçosa, MG: Ultimato, 2017].

[38]Alister McGrath, entrevista em vídeo para *Test of Faith*, http://www.testoffaith.com/resources/resource aspx?id=276.

históricas e os primeiros capítulos do Gênesis são histórias simbólicas do mesmo gênero de outras literaturas antigas do Oriente Próximo. Eles transmitem importantes verdades teológicas inspiradas sobre Deus e a humanidade, mas os textos não são históricos no sentido em que as pessoas hoje usam a palavra ou no modo como o Evangelho de Lucas foi escrito, baseado em testemunhas oculares da vida, morte e ressurreição de Jesus.

Se essas opções para Adão e Eva são novas para você, então provavelmente você está cheio de dúvidas e preocupações neste momento. Cada um dos pontos de vista levanta vários desafios hermenêuticos e teológicos, e comentarei sobre alguns deles abaixo. Você também pode estar pensando em maneiras de misturar e combinar essas visões ou outras variações; se assim for, você está em boa companhia, pois o estudo de Adão e Eva se tornou uma área ativa para muitos estudiosos evangélicos nos últimos anos.[39]

PERGUNTAS E DESAFIOS

O que acontece com a teologia cristã se a evolução é verdadeira? Os riscos aqui parecem bem altos. A evolução toca em doutrinas centrais, como a imagem de Deus, o pecado original e a obra de Deus na criação.[40]

No entanto, os riscos podem não ser tão altos quanto parecem à primeira vista. Cada uma dessas doutrinas tem sido debatida e discutida há séculos, muito antes da ciência moderna. Embora todos os cristãos defendam essas doutrinas-chave, os cristãos frequentemente discordam sobre o significado preciso das mesmas (vamos chamar esses vários significados de *teorias doutrinárias*[41]). Por exemplo, todos os cristãos acreditam que os seres humanos são criados à imagem de Deus, mas durante séculos os teólogos

[39]Para uma boa visão geral, veja *Four Views on the Historical Adam* (Grand Rapids: Zondervan, 2014); veja também *BioLogos.org* para outros livros e artigos recomendados apresentando vários pontos de vista.

[40]Para mais informações sobre todos esses tópicos, visite *BioLogos.org*.

[41]TOREN, Benno van den, *Not All Doctrines Are Equal*: Configuring Adam and Eve. BioLogos.org, 17 Fev. 2014.

propuseram teorias doutrinárias diferentes para o que isso significa (veja mais abaixo). Novas descobertas científicas estão nos levando a um olhar novo sobre essas teorias doutrinárias, mas isso não significa que as próprias doutrinas estão em risco. Em minhas próprias lutas com questões levantadas pela evolução, encontrei esperança no tesouro de recursos teológicos desenvolvidos ao longo da história da igreja. Por exemplo, a igreja *nem sempre* se ateve a uma interpretação literal de Gênesis 1; o próprio Agostinho argumentou contra isso.[42] As descobertas científicas modernas estão fornecendo novas visões sobre os antigos debates, mas não precisam levar à rejeição de doutrinas centrais.

Imagem de Deus. A doutrina deriva de Gênesis 1:26, em que Deus cria a humanidade à sua imagem. Na expressão comum em latim, somos dotados da *imago dei*. A ideia não é discutida com frequência nas Escrituras, deixando muito espaço para especulações teológicas. Tradicionalmente, essa doutrina está intimamente ligada à criação milagrosa de humanos, de modo que muitos acham difícil conciliar a *imago dei* com a ideia de os humanos compartilharem um ancestral comum com os chimpanzés. Mas, vamos considerar por um momento algumas das teorias doutrinárias. Alguns teólogos veem a *imago dei* como sendo primariamente sobre habilidades humanas, como inteligência, linguagem e racionalidade, particularmente aquelas habilidades que nos diferenciam dos animais. A ciência está dando novas informações sobre aspectos dessas habilidades em animais, mostrando que esses precursores são consistentes com os modelos evolutivos, ao mesmo tempo em que mostram como as habilidades em humanos estão em níveis claramente mais altos. Outros teólogos vêem a *imago dei* como sendo primariamente sobre nossas capacidades espirituais e nossa relação com Deus. E ainda outros teólogos veem a *imago dei* como primariamente sobre nossa comissão de representar o Reino de Deus na terra, referindo-se à antiga prática do Oriente Próximo

[42]AGOSTINHO, *The Literal Meaning of Genesis* [O significado literal do Gênesis], Ancient Christian Writers 41. Nova York: Newman Press, 1982.

onde os reis construíam estátuas (imagens) de si mesmos em todo o país para representar seu governo. Então, alguma dessas teorias doutrinárias requer a criação milagrosa de humanos? Criacionistas evolucionários diriam que não. Quer Deus tenha escolhido criar a humanidade por meio de um milagre ou da evolução, Deus governou o processo e nos deu nossas habilidades. Deus estabeleceu uma relação única com a humanidade, dando-nos capacidades espirituais e nos chamando para uma posição elevada dentro da ordem criada.

Pecado original. Para algumas tradições teológicas, o pecado original é a questão mais desafiadora levantada pela evolução. Romanos 3:23 e muitas outras passagens ensinam a doutrina central: todas as pessoas são pecadoras e ninguém é justo sem a obra redentora de Cristo. Isso é fundamental para o evangelho. Mas, precisamente *o que* aconteceu historicamente quando o pecado entrou no mundo, *quando* aconteceu e *por que* Deus o permitiu, são teorias doutrinárias que têm sido debatidas pelos teólogos durante séculos. O teólogo luterano George Murphy escreveu:

> A alegação cristã é que um salvador é necessário porque todas as pessoas são pecadoras. Isso é simples. *Por que* todas as pessoas são pecadoras é uma questão importante, mas não é necessária uma resposta para isso para se reconhecer a necessidade de salvação. Nenhum dos evangelhos usa a história em Gênesis 3 para falar do significado de Cristo. Em Romanos, Paulo desenvolve uma acusação da raça humana como pecaminosa e, em seguida, apresenta Cristo como a solução de Deus para esse problema nos capítulos 1–3, antes de mencionar o pecado de Adão no capítulo 5.[43]

Perguntas sobre o pecado original se entrelaçam com questões sobre a historicidade de Adão e Eva. Romanos 5:12 ensina que "da mesma forma como o pecado entrou no mundo por um homem, e

[43]MURPHY, George. Roads to Paradise and Perdition: Christ, Evolution, and Original Sin. *Perspectives in Science and Christian Faith* 58. Junho 2006, 109-18.

pelo pecado a morte, assim também a morte veio a todos os homens, porque todos pecaram". No entanto, dois seres humanos estão presentes em Gênesis 3, então alguns teólogos leem Romanos 5:12 como permitindo que outros humanos estivessem vivos no tempo de Adão. Outros leram Paulo como se referindo a Adão como uma figura arquetípica; a história da Queda em Gênesis 3 envolve alguns elementos simbólicos – uma cobra falante, árvores milagrosas – que sugerem a alguns estudiosos da Bíblia que ela pode não ser uma história literal no sentido moderno. Diferentes tradições teológicas e hermenêuticas tendem a enfatizar diferentes questões; para alguns, o elemento-chave é a historicidade dos dois indivíduos no contexto cultural descrito em Gênesis 4–5, enquanto, para outros, é a bondade e a retidão originais da humanidade antes da Queda. Essas são questões importantes e desafiadoras! No entanto, os proponentes dessas visões divergentes ainda podem concordar com o essencial: o pecado é uma rebelião contra a vontade revelada de Deus, todos os seres humanos pecaram e nenhum é justo à parte da obra expiatória de Cristo.

Morte antes da Queda. O registro de fósseis na criação de Deus mostra claramente que muitos animais morreram antes que os seres humanos aparecessem. (Note que este é um desafio para qualquer posição que aceite as datas antigas de fósseis, mesmo se a evolução for rejeitada.) Como essa longa história de morte se encaixa com passagens como Gênesis 2–3 e Romanos 5:12, que descrevem a morte como a punição pela pecaminosidade humana? Primeiro, note que nenhuma passagem menciona a morte animal, mas refere-se diretamente à morte humana. Segundo, essas passagens poderiam estar falando primariamente de morte espiritual ao invés de morte física; em Gênesis 2:17, Deus diz: "no dia em que dela comer, certamente você morrerá" (NVI), mas a consequência imediata para Adão e Eva não foi a morte física, mas uma maldição e expulsão da presença de Deus.

Mal natural. A evolução envolve o sofrimento, a morte e a extinção de criaturas. Claramente, a existência de sofrimento é um dos maiores desafios da teologia cristã – como um Deus todo-poderoso e amoroso pode permitir isso? Mais uma vez, os cristãos debateram isso muito antes da descoberta da evolução (as respostas que foram propostas são chamadas de teodiceias). Assim, o desafio para a visão da criação evolucionária não é "Como um Deus amoroso poderia permitir o sofrimento?", mas "A evolução muda o debate sobre a teodiceia?" Das teodiceias que foram propostas no passado, algumas agora parecem menos plausíveis à luz da evolução, como a ideia de que toda morte e sofrimento são uma consequência do pecado humano. Outras teodiceias ainda são viáveis, como a ideia de que algum sofrimento pode ser parte da criação de Deus pré-Queda (por exemplo, Gênesis 1–2 fala de um mundo bom, não de um mundo perfeito; em Jó 38–39, Deus se deleita com predadores). Muitos criacionistas evolucionários aceitam alguma forma do argumento de que Deus criou um sistema que funciona melhor para seus propósitos e nosso bem geral, mesmo que esse sistema envolva sofrimento. E devemos nos lembrar de que a resposta final de Deus ao nosso sofrimento é pessoal – em Cristo, o próprio Deus assumiu sofrimento e morte em seu próprio corpo, por nossa causa.

É importante notar que o quadro científico do sofrimento não é tão extremo quanto é frequentemente retratado. Enquanto alguns pintaram a evolução como "natureza, vermelho no dente e na garra,"[44] o processo evolucionário na verdade reduz o sofrimento de algumas maneiras, pois permite que as espécies se adaptem e sobrevivam em novos ambientes. No entanto, a evolução é muito mais do que sobrevivência e competição; a *cooperação* é um fator tão importante quanto. Os biólogos evolucionários Michod e Roze escrevem: "A cooperação é agora vista como uma força criativa primária por trás de maiores níveis de complexidade e organização na biologia,"[45] argumentando que a cooperação é o tema comum de várias transições importantes na história da evolução. A cooperação

[44]Frase do poema de Alfred Tennyson, *In Memoriam*, que foi publicada dez anos antes de Darwin publicar A *origem das espécies*.
[45]MICHOD, R. E.; ROZE, D. Cooperation and Conflict in the Evolution of Multicellularity, *Heredity* 86/1, Jan 2001, 1–7, <http://www.ncbi.nlm.nih.gov/pubmed/11298810>.

aumenta na transição de organismos unicelulares para multicelulares, da reprodução assexuada para a reprodução sexual, do comportamento individual para o comportamento social e da cooperação animal para os níveis impressionantes da cooperação social humana. De fato, alguns biólogos dizem que a cooperação é tão importante que não devemos chamar a evolução de "a luta pela existência", mas de "aconchego pela existência."[46]

Aleatoriedade. Embora alguns ateus atribuam uma visão de mundo niilista à evolução, chamando-a de aleatória e, portanto, sem sentido, eles estão indo muito além do que é garantido pela própria ciência. O processo evolutivo se baseia na variação genética aleatória, mas também no processo não aleatório de seleção. Mesmo para o lado aleatório do processo, a palavra "aleatório" é usada com o significado científico de "imprevisível", não com o significado habitual de "sem sentido". De fato, processos aleatórios (imprevisíveis) podem realmente ter funções com propósito. Considere a *designer* de videogame que escolhe incorporar elementos aleatórios em um jogo. Ela faz isso deliberadamente porque um jogo imprevisível é mais interessante e agradável, e com o elemento aleatório irá atingir melhor seus objetivos. Da mesma forma, muitos cristãos veem Deus usando aleatoriedade intencional, optando deliberadamente por incluir alguns elementos aleatórios na criação para trazer mais variedade. O processo evolucionário produz não apenas um tipo de flor, mas uma variedade exorbitante de flores de todas as formas, cores e fragrâncias.

Propósito e direcionalidade. O biólogo Stephen Jay Gould está entre alguns biólogos que pensam que "somos um acidente cósmico momentâneo que nunca mais surgiria se a árvore da vida pudesse ser replantada..."[47] A primeira metade dessa afirmação é pura visão de mundo enviesada, mas a segunda é uma alegação biológica de que a evolução poderia ter levado a resultados muito diferentes se o

[46]NOWAK, Martin. HIGHFIELD, Roger. *Supercooperators*: Altruism, Evolution, and Why We Need Each Other to Succeed [Supercooperadores: altruísmo, evolução e por que precisamos uns dos outros para ter sucesso]. Nova York: Free Press, 2011, xix.
[47]GOULD, Stephen Jay. *Full House*. Cambridge, MA: Harvard University Press, 1996, 18.

processo se repetisse. Outros biólogos, como Simon Conway Morris, apresentam um quadro científico diferente.[48] Eles apontam que a evolução converge para as mesmas características repetidamente. O olho evoluiu independentemente várias vezes, assim como as asas (por exemplo, os morcegos descendem de mamíferos terrestres, não de aves). Nesse ponto de vista, se o processo fosse repetido, muitas das características do corpo surgiriam. Muitos criacionistas evolucionários veem Deus como tendo projetado o processo evolutivo com a intenção de produzir vida com essas características.

CONCLUSÃO

Os cristãos possuem múltiplas visões sobre questões de criação e evolução, assim como fazem com muitas questões teológicas. Embora nem todos concordem com a criação evolucionária, defendi que essa visão é uma opção digna de crédito para os cristãos sérios. Ela sustenta a autoridade da Bíblia e as doutrinas teológicas fundamentais, mesmo ao revigorar discussões antigas sobre como interpretar a Bíblia e várias teorias doutrinárias. Para os cristãos que estão encontrando as evidências científicas pela primeira vez, a evolução não precisa afastá-los de sua fé.

Mostrei também que a criação evolutiva é uma opção razoável para cientistas sérios. Essa visão aceita a defesa científica da evolução e, ao mesmo tempo, mostra que ela não precisa levar à rejeição de Deus ou a uma visão de mundo niilista. Para os amantes da ciência que estão considerando Cristo pela primeira vez, a evolução não precisa ser uma barreira para se chegar à fé. A maneira como falamos sobre essa questão é importante tanto para a igreja quanto para o mundo. Cristo chama a igreja à unidade (João 17). Unidade não significa uniformidade, mas significa um profundo amor pelos companheiros de fé que têm visões diferentes das nossas e certamente se abster de acusações de estupidez ou fé fraca. Unidade significa dedicar tempo para ouvir e entender aqueles

[48]Por exemplo, MORRIS, Simon Conway *The Runes of Evolution*. West Conshohocken, PA: Templeton Press, 2015. <http://www.mapoflife.org>.

de quem discordamos, celebrando nossas áreas de concordância mesmo quando debatemos seriamente nossas áreas de discordância. Oro para que este livro se torne uma ferramenta útil para promover o diálogo gracioso na igreja. Que o mundo veja a fragrância de Cristo entre nós por meio desse diálogo; eles saberão que somos cristãos pelo nosso amor.

Embora as questões de criação e evolução sejam importantes, elas não são a única questão científica que a igreja enfrenta hoje. A igreja também precisa estar envolvida em questões como assistência médica para os necessitados, uso responsável de novas tecnologias e cuidado com o meio ambiente. Oro para que os jovens cristãos de hoje ouçam o chamado de Deus para trazer seus talentos científicos e testemunho bíblico nessas áreas, assim como na questão das origens.

Finalmente, em meio a essas discussões, nunca devemos esquecer o chamado bíblico para louvar a Deus por sua glória e poder demonstrados na Criação. Como astrônoma, tenho um lugar na primeira fila para as maravilhas do universo e me maravilho continuamente com o fato de que aquele que criou tudo isso é também meu próprio Salvador e Senhor. Como João escreve na abertura do seu Evangelho: "No princípio era aquele que é a Palavra. (...) Todas as coisas foram feitas por intermédio dele." A Palavra viva, Jesus Cristo, é totalmente Deus e o Criador deste cosmos inteiro, de bilhões de galáxias a milhares de espécies de besouros. No entanto, a Palavra também se tornou carne e habitou entre nós, movendo-se para nossa vizinhança (João 1:14), para andar no pó desta terra e levar nossos pecados na cruz. Jesus Cristo é nosso Criador cósmico e nosso Salvador encarnado. A ele seja a glória!

3.1

Resposta do CRIACIONISMO DA TERRA JOVEM

Ken Ham

Infelizmente, não há muito no capítulo da Dra. Haarsma com o qual eu possa concordar. Concordo com ela que Deus se revelou nas Escrituras e na natureza. Obviamente, isso é verdade quanto às Escrituras, e a Bíblia também diz claramente a respeito da natureza (por exemplo, Romanos 1:18-20; Atos 14:15-17; Salmos 19:1; 97:6; e Jó 12:7-10). Mas, observe cuidadosamente o que Haarsma, a Bíblia e a *Confissão Belga* (que ela cita) dizem que a natureza revela: ela revela *Deus* (Sua existência e, pelo menos, alguns de seus atributos). Esses versos também ensinam que a natureza revela *infalivelmente* a Deus, de modo que todo descrente é inescusavelmente culpado por não adorá-lo. Mas, nem a Bíblia nem as confissões históricas ensinam que a natureza revela como e quando ela veio à existência.[1]

Relacionado a isso, concordo que tanto a Criação como a Escritura estão sujeitas à interpretação humana. Contudo, devemos lembrar que a Escritura é revelação *verbal* e a natureza fala *não verbalmente*, o que é menos claro. Além disso, a Escritura é perfeita e inerrante (Salmos 19:7-8), e Jesus prometeu seu Espírito Santo

[1]Para uma discussão completa dessas duas fontes de revelação (também chamada de revelação geral e revelação especial), veja MAYHUE, Richard L. Is Nature the 67th Book of the Bible? In: MORTENSON, Terry; URY, Thane H. (Orgs.). *Coming to Grips with Genesis. Green Forest*, AR: Master Books, 2008, p. 105-30.

para levar os crentes à verdade (João 16:13; 1João 2:27) ao estudarem sua Palavra diligentemente (2Timóteo 2:15), interpretando-a em seu contexto histórico e gramatical, e comparando Escritura com Escritura. Por outro lado, a natureza não verbal é amaldiçoada e escrava da corrupção (Gênesis 3:17; 5:29; 8:21; Romanos 8:19-22), tornando assim difícil a interpretação. Portanto, a Escritura deve ser usada para interpretar a natureza, e não vice-versa, especialmente quando se trata da questão das origens.

Concordo com Haarsma que a genética mostra que há apenas uma família humana (ou seja, uma raça) e que o homem é feito à imagem de Deus. Concordo também que a história da evolução impacta as doutrinas centrais da fé cristã, como expliquei em meu capítulo. Concordo que Romanos 3:23 ensina que "todas as pessoas são pecadoras e que ninguém é justo sem a obra redentora de Cristo". Finalmente, concordo com ela que Cristo chama os cristãos à unidade (João 17:21-23). Mas, a unidade cristã só pode ser alcançada e mantida à medida que nos comprometemos com a suprema verdade de Sua Palavra em nossas vidas (João 17:17; João 8:31-32; Atos 20:28-32; 1Timóteo 3:15; 2Timóteo 2:15-18). Onde esse compromisso compartilhado estiver faltando, haverá divisão, e quanto maiores forem as diferenças em nossa compreensão e submissão à Escritura, maior será nossa desunião. Não podemos sacrificar a verdade bíblica em prol de uma unidade superficial.

Esse ponto fundamental é onde vejo grande fraqueza no capítulo de Haarsma. Ela discute muito pouca a Escritura. Ela toca em uma palavra em Gênesis 1:6-8 para falar sobre a antiga imagem judaica do mundo. Ela se refere a Gênesis 1:26 ao dizer que tem havido considerável debate na igreja sobre o homem ser à imagem de Deus.[2] Ela diz que as várias teorias sobre isso não descartam a ideia de que Deus criou o homem pela evolução a partir de formas de vida inferiores, mas não discute nenhum verso para apoiar essa afirmação e,

[2]Para uma discussão completa do ensino histórico e bíblico sobre a imagem de Deus no homem, veja CASAS, David. Adam and the Image of God. In: MORTENSON, Terry. (Org.). Searching for Adam: Genesis and the Truth about Man's Origin. Green Forest, AR: Master Books, 2016, 195-228.

de fato, a ideia não pode ser defendida da Bíblia.[3] Ao lidar com a origem do pecado e da morte e a questão da morte antes da Queda, ela se refere vagamente a Gênesis 1-3, Romanos 5:12 e Jó 38-39, ignorando todos os versículos específicos que discuti em meu capítulo.

Sob a influência de John Walton, Haarsma assume e afirma que os antigos israelitas tinham uma visão do mundo tal como os os seus vizinhos pagãos, sugerindo que os israelitas acreditavam numa terra plana (que é improvável[4]) com um domo sólido[5] (também improvável[6]) e afirma que Deus "acomodou sua mensagem ao seu entendimento [errôneo]". Acusa Deus de usar o erro para ensinar a verdade, algo que o Deus da Bíblia nunca faria. Mas, a insistência de Walton e outros estudiosos de que devemos usar a literatura antiga do Oriente Próximo para interpretar Gênesis 1-11 é equivocada de muitas maneiras.[7]

Sobre a questão da morte e do mal natural antes da Queda, ela rejeita a visão da Terra jovem, dizendo que Romanos 5:12 não fala de morte animal. No entanto, em meu capítulo eu não disse que Romanos 5:12 fala. Ela também diz que esse versículo e Gênesis 2:17 "poderiam estar falando primariamente de morte espiritual ao invés

[3]Ibid. Veja uma análise aprofundada de todos os versículos relevantes da Bíblia nos capítulos 1, 2, 4 e 5.

[4]Jó 26:7,10; Provérbios 8:27; e Salmos 19:6 indicam que os autores bíblicos e seus leitores antigos crentes acreditavam em uma terra esférica repousando sobre o nada. Para uma discussão do firmamento (Gênesis 1:6-8), veja FAULKNER, Danny. (PhD, astronomia) *The Created Cosmos*: What the Bible Reveals about Astronomy. Green Forest, AR: Master Books, 2016, 39-43.

[5]Haarsma toma "abóbada" na tradução da NIV 2011 de Gênesis 1:6-7 (embora a NIV 1984 traduza o hebraico como "expansão"). Walton não acredita mais que "abóbada" seja uma tradução correta. Veja a sua "Response from the Archetypal View," in *Four Views on the Historical Adam*, orgs. BARRETT, Matthew; CANEDAY, Ardel B. Grand Rapids: Zondervan, 2013, 67-68.

[6]É muito questionável que muitos dos antigos acreditassem em uma terra plana e uma cúpula rígida. É mais provável que os estudiosos modernos, que não acreditam em Gênesis, tenham interpretado literalmente as palavras dos antigos que pretendiam ser metáforas. Quanto a isso e ao diagrama usado por Haarsma, veja William Barrick (estudioso do hebraico), "Old Testament Evidence for a Literal, Historical Adam and Eve" in: *Searching for Adam*, org. Terry Mortenson, 45-49, Jeffrey Burton Russell (professor de história), *Inventing the Flat Earth*. Nova York: Praeger, 1991, mostra que os antigos não acreditavam em uma terra plana.

[7]Veja a crítica de HAM, Steve. What's Lost in John Walton's The Lost World of Adam and Eve? MORTESON, TERRY. (Org.) In: *Searching for Adam*, 165-94.

de morte física" (p. 190). Mas, está falando de ambos. Em Gênesis 3:8, vemos a morte espiritual (separação de Deus) enquanto em 3:19 Deus declara sua eventual morte física. Os contextos de Romanos 5:12 e 1Coríntios 15:21-22 mostram que Paulo está se referindo à morte física tanto de Jesus quanto de Adão. De qualquer forma, os breves comentários de Haarsma sobre esse tópico tão importante não fornecem base para acreditar em milhões de anos de morte animal, doença e extinção antes da Queda de Adão.

Com relação a todas as "evidências" científicas que Haarsma apresenta para a evolução e milhões de anos, responderei apenas a alguns pontos e estimularei os leitores a considerarem os recursos citados nas notas de rodapé.

Um problema é que ela nunca define o que quer dizer com "evolução". Nem define o que quer dizer com formar "novas espécies". Todos os criacionistas da Terra jovem aceitam seleção natural e mutações, que podem até formar novas espécies dentro dos tipos originais criados. Mas, essas mudanças não produzem uma transformação levando do micróbio ao microbiologista que acrescente informação genética nova, fazendo com que uma espécie se transforme em outra espécie muito diferente.

Haarsma usa diagramas vagos e generalidades para afirmar que o registro fóssil prova a evolução. Mas, dois dos maiores evolucionistas norte-americanos na Universidade Harvard nos informaram o contrário. Em 1977, Stephen J. Gould disse:

> A extrema raridade das formas de transição no registro fóssil persiste como o segredo de ofício da paleontologia. As árvores evolucionárias que adornam nossos livros-texto têm dados somente nas pontas e nos nós de seus ramos; o resto é inferência, por mais razoável que seja, não evidência de fósseis.[8]

Ernst Mayr disse essencialmente o mesmo em 2001:

[8]GOULD, Stephen J. Evolution's Erratic Pace, *Natural History* 86/5, Maio 1977, 14.

> Dado o fato da evolução, seria de se esperar que os fósseis documentassem uma mudança gradual e constante das formas ancestrais para os descendentes. Mas, não é isso que o paleontologista encontra. Em vez disso, ele encontra lacunas em quase todas as séries filéticas... A descoberta de uma série ininterrupta de espécies mudando gradualmente em espécies descendentes é muito raro.[9]

Sinonyx jiashanensis
Viveu há 56 milhões de anos
1,8 metros de comprimento

Ambulocetus natans
Viveu há 49 milhões de anos
3,4 metros de comprimento

Rodhocetus kasrani
Viveu há 47 milhões de anos
4,5 metros de comprimento

Dorudon atrox
Viveu há 39 milhões de anos
6,1 metros de comprimento

Basilosaurus isis
Viveu há 39 milhões de anos
18,3 metros de comprimento

Extraído do livro do Dr. Carl Werner's *Evolution*: The Grand Experiment (2014, 3. ed.), 131. Usado com permissão.

Mas, e o exemplo específico da evolução das baleias? As linhas sólidas na "Árvore Genética das Baleias" (Figura 6) de Haarsma deveriam ser linhas pontilhadas (como nos antigos diagramas evolucionistas), indicando ao leitor que elas representam a imaginação evolucionista, não a evidência fóssil. Além disso, compare seu diagrama "Sequência Fóssil de Baleias" (Figura 5) com este (direita) da Universidade de Michigan, onde o Dr. Phil Gingerich é o especialista em paleontologia de baleias.[10] O diagrama da Universidade de

[9]MAYR, Ernst. *What Evolution* Is. Nova York: Basic Books, 2001, 14.
[10]Diagrama fotografado por Carl Werner quando entrevistou Phil Gingerich na Universidade de Michigan em 2001. WERNER, Carl. *Evolution*: The Grand Experiment. 3. ed. Green Forest, AR: New Leaf, 2014, 129-46. Veja também o DVD associado com o mesmo título.

Michigan parece mais convincente, pois mostra um animal terrestre se transformando gradualmente em criatura marinha, comparado ao diagrama de Haarsma, que faz uma mudança muito abrupta da terra para o mar entre a terceira e a quarta criatura.

Contudo, a primeira e a terceira criaturas não concordam nesses dois diagramas. Então, qual evolucionista está nos dizendo a verdade? Além disso, em 1983, Gingerich (que encontrou os fósseis do *Pakicetus*) disse com confiança que "é a mais antiga e primitiva baleia já descoberta... é uma importante forma de transição ligando mamíferos terrestres carnívoros do Paleoceno e, mais tarde, baleias marinhas mais avançadas".[11] Ele até mostrou o *Pakicetus* em seu habitat oceânico (abaixo à esquerda) baseado apenas em alguns ossos do crânio e dentes. Mas, em 2001, quase todo o esqueleto havia sido encontrado, e um artigo técnico na *Nature* descreveu-o como "não mais anfíbio que uma anta" (criatura parecida a um porco),[12] como esta à direita.[13]

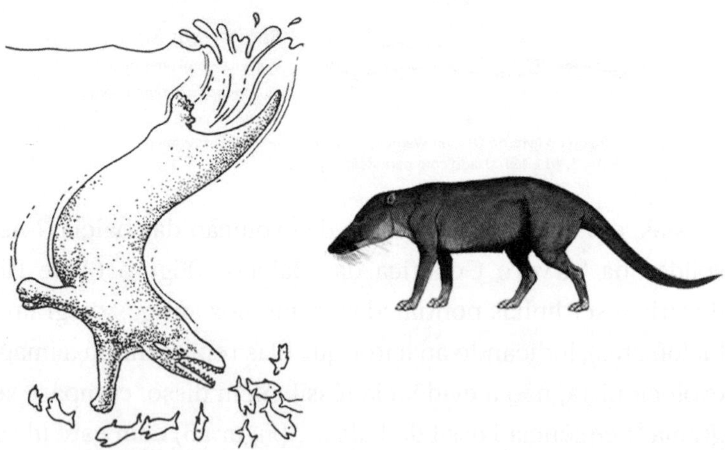

[11]GINGERICH, Phil. Evidence for Evolution from the Vertebrate Fossil Record, *Journal of Geological Education* 31, 1983, 140-44.

[12]THEWISSEN, J. G. M. et al. Skeletons of Terrestrial Cetaceans and the Relationship of Whales to Artiodactyls, *Nature* 413. Set. 2001, 277-81.

[13]Arte gráfica de Carl Buell em <http://www.amnh.org/exhibitions/whales-giants-of-the-deep/whale-evolution/>. Veja mais em MORTENSON, Terry. <Fossil Evidence for Whale Evolution?> Disponível em: <https://answersingenesis.org/aquatic-animals/ fossil-evidence-of-whale-evolution/>.

Gingerich também admitiu que as nadadeiras e a barbatana caudal no *Rodhocetus* eram especulações, não a evidência de fósseis.[14] A evolução das baleias a partir de animais terrestres é um mito, assim como o resto da história macroevolutiva, incluindo a história sobre *Tiktaalik*.[15] Nada disso resiste ao escrutínio.

A genética também não apoia a evolução. Ela confirma a verdade literal do Gênesis sobre Adão, incluindo a quanto tempo atrás ele foi criado.[16] Lightner e DeWitt refutam a alegação evolucionista sobre a fusão de dois genes de chimpanzé em um gene humano.[17] Sanford demonstra que as mutações são fatais à hipótese da macroevolução.[18] A surpreendente pesquisa de Lenski sobre as bactérias E. *coli* também não provou a evolução.[19]

Em relação à geologia, Haarsma não documenta nenhuma de suas alegações. Evolucionistas *assumem* que camadas de gelo e sedimentos foram formadas anualmente. Mas, a inspeção cuidadosa mostra que a interpretação é errônea.[20] As suposições e interpretações envolvidas na datação radiométrica são igualmente falhas.[21] Em relação à astronomia, os cientistas não *observaram* um universo em expansão; eles observaram o desvio para o vermelho da luz das

[14]A admissão de Gingerich é relatada em Werner, *Evolution: The Grand Experiment*, 141 e 143. Veja também em um DVD com o mesmo título. Um videoclipe dessa admissão no DVD está em https://www.youtube. com/watch?v=R7e6C6yUqck.

[15]MENTON, David. *Is Tiktaalik Evolution's Greatest Missing Link?* <https://answersingenesis.org/missing-links/is-tiktaalik-evolutions-greatest-missing-link/>.

[16]JEANSON, Nathaniel; TOMKINS, Jeff. "Genetics Confirms the Recent, Supernatural Creation of Adam and Eve" in: *Searching for Adam*, org. MORTENSON, Terry, 287-330.

[17]LIGHTNER, Jean. *Chromosome Tales and the Importance of a Biblical Worldview*. <https://answersingenesis.org/genetics/dna-similarities/chromosome-tales-and-importance-biblical-worldview/>; DEWITT, David. *What about the Similarity between Human and Chimp DNA?* Disponível em: <https://answersingenesis.org/genetics/dna-similarities-what-about-the-similarity-between-human-and-chimp-dna/>.

[18]SANFORD, John. Genetic Entropy. FMS Publications, 2014.

[19]PURDOM, Georgia. Bacteria Evolve Key Innovation or Not? Disponível em: <https://answersingenesis.org/blogs/georgia-purdom/2012/11/08/bacteria-evolve-key-innovation-or-not/>.

[20]HEBERT, Jake. ICR and AIG Refute BioLogos Old-Earth Argument. Disponível em: <http://www.icr.org/article/9761>. A publicação técnica que embasa este artigo sumário está em sua nota de rodapé 15.

[21]SNELLING, Andrew. Radiometric Dating: Problems with the Assumptions. Disponível em: <https://answersin.genesis.org/geology/radiometric-dating/radiometric-dating-problems-with-the-assumptions/>.

estrelas e o *interpretaram* (baseado em *suposições* naturalistas, novamente) como um universo em expansão, no entanto, essa pode não ser a interpretação correta. Mesmo que esteja correto, isso não prova que o universo começou de um fragmento quase infinitamente pequeno de matéria, energia e espaço. Muitos cientistas seculares de primeira linha rejeitam a teoria do Big Bang,[22] e pesquisadores criacionistas estão trabalhando em vários modelos para lidar com o distante problema da luz das estrelas (que é similar ao "problema do horizonte" dos evolucionistas).[23]

A Bíblia ensina claramente a origem sobrenatural de todos os tipos de plantas e animais junto com o homem, aptos para reproduzir apenas variações dentro de cada tipo, e a criação sobrenatural da Terra e dos corpos celestes. As alegações científicas evolucionistas são *interpretações* de algumas evidências físicas baseadas em *suposições* religiosas (ateístas) naturalistas, razão pela qual as "evidências" para a evolução e milhões de anos não resistem ao escrutínio. Adicionar Deus à história também não a torna verdadeira.

[22]LERNER, Eric J. Bucking the Big Bang. *New Scientist* 2448. Maio 22, 2004, 20. Originalmente assinado por trinta e quatro cientistas de dez países, foi assinado por mais de quatrocentos cientistas de mais de cinquenta países; <https://web archive org/web/20140401081546/>; <http://cosmologystatement.org>/. Veja também RATCLIFFE, Hilton. The First Crisis in Cosmology Conference. *Progress in Physics* 3. Dez. 2005, 19-24; STEINHARDT, Paul J. The Inflation Debate: Is the Theory at the Heart of Modern Cosmology Deeply Flawed? *Scientific American* 304:4, Abril, 2011, 36-43.

[23]LISLE, Jason. Does Distant Starlight Prove the Universe is Old? <https://answersin.genesis.org/astronomy/starlight/does-distant-starlight-prove-the-universe-is-old/>.

3.2

Resposta do CRIACIONISMO (PROGRESSIVO) DA TERRA ANTIGA

Hugh Ross

A Dra. Haarsma e eu compartilhamos da crença central de que "tanto a natureza quanto as Escrituras são meios que Deus usa para se revelar" (Confissão Belga, Artigo 2). Na medida em que minha posição está alinhada com as declarações do Conselho Internacional de Inerrância Bíblica sobre como devemos interpretar as revelações de Deus na ciência e nas Escrituras, ainda estou para entender como Haarsma se posiciona quanto a essas declarações.

A paixão de Haarsma pela ciência, assim como a minha, é motivada por compartilharmos a "visão da natureza como criação de Deus" (p. 169). O cristianismo, afinal, deu origem tanto ao método científico quanto à revolução científica. Eu particularmente endosso a advertência de Haarsma para que expressemos "profundo amor pelos companheiros de fé que têm visões diferentes das nossas, [...] dedicando tempo para ouvir e entender aqueles de quem discordamos" (p. 193-194). Meu coração se junta ao dela ao orar para que este livro se torne "uma ferramenta útil para promover o diálogo gracioso" (p. 194).

Ler o testemunho de Haarsma me permitiu uma apreciação mais profunda por sua relutância em usar a ciência como um recurso de evangelismo. Imersa no Criacionismo da Terra Jovem até os seus vinte e poucos anos e hesitante até então em examinar evidências científicas para a idade do universo, ela compreensivelmente conclui que a ciência "não está preparada para abordar as questões fundamentais de Deus e significado" (p. 169). Ela encontrou respostas à parte da ciência. Minha história é diferente por Deus ter usado a ciência para me apontar respostas às questões últimas, para me mostrar a confiabilidade das Escrituras, onde eu encontrei e me entreguei a Cristo Criador e Salvador da humanidade.

Eu reconheço francamente que muitos vêm a Cristo por meio de "um profundo sentimento de necessidade de Deus, uma profunda experiência espiritual, ou pelo testemunho dos Evangelhos" (p. 170). Contudo, para uma parcela considerável de nossa população, conectar ciência com as Escrituras fornece a motivação para pegar uma Bíblia, ouvir um testemunho cristão ou abrir-se à experiência espiritual.

Como Hebreus 11:6 declara: "Quem dele se aproxima precisa crer que ele existe e que recompensa aqueles que o buscam." Em minha experiência, pessoas com contato negativo, pouco ou nenhum contato com cristãos, precisam de um empurrãozinho do livro da natureza para se convencerem de que Deus existe, que ele é o Deus bíblico e que a Bíblia vale a pena ser levada a sério e encarada de forma pessoal.

Haarsma afirma que a evolução biológica foi um processo gradual. No entanto, o gradualismo enfrenta vários desafios. O registro fóssil, repetidos eventos de extinção e especiação em massa, e observações de campo de longo prazo mostram descontinuidades separadas por longos períodos de estase ou pequenas oscilações em torno de uma média. Os naturalistas carecem de um cenário plausível, muito menos de um modelo estabelecido, para explicar muitas dessas descontinuidades. Enquanto isso, o fato de que cada salto serve a um propósito específico em tornar possível a existência e redenção de bilhões de seres humanos sugere fortemente o envolvimento sobrenatural de Deus nesses saltos.

Enquanto Haarsma diz: "Não esperamos que nossa ciência pareça diferente [da ciência não teística]" (p. 170), Romanos 1 e outros textos bíblicos me levam a concluir que as diferenças serão aparentes. Da perspectiva criacionista evolucionária, a ciência não carrega significado apologético. A Bíblia, no entanto, afirma explicitamente que a natureza fornece um testemunho claro e convincente da existência de Deus e dos atributos divinos, base de nossa responsabilidade de responder a ele com fé.

Para sua hermenêutica bíblica, Haarsma cita John Walton, dizendo que a Bíblia foi escrita para nós, mas não dirigida a nós, e que não tinha como objetivo abordar o "como" e "quando" da Criação. Ela endossa a visão de acomodação de Walton, crença de que a inspiração das Escrituras por Deus inclui acomodar entendimentos equivocados do ambiente físico mantidos pelos contemporâneos dos autores bíblicos. Seu exemplo: supostas referências bíblicas a uma cúpula sólida acima de uma terra plana. Os léxicos apresentam "expansão", não "abóbada", como a definição primária da palavra hebraica *raqia*.[1] Em Gênesis 1:8, Deus chama a *expansão* de "céu". Em Gênesis 1:20, os pássaros voam através da *expansão*. Jó 36–38 e Isaías 5:6 indicam que os antigos hebreus sabiam que a chuva vinha das nuvens, não de buracos em uma cúpula de bronze. Embora seja verdade que alguns antigos mesopotâmios acreditavam que uma cúpula de bronze ficava acima de uma terra plana, não vejo nenhuma evidência convincente de que os escritores da Bíblia compartilharam ou expressaram tais crenças.

A maioria dos criacionistas evolucionários não veem previsões científicas nas Escrituras, mas reconhecem sua precisão em fazer previsões históricas. Por que a diferença? Acredita-se que Deus interveio milagrosamente na história humana e intervém hoje na vida dos que creem. Mais uma vez, parece inconsistente assumir que Deus também não interviria milagrosamente na história natural.

Como outros criacionistas evolucionários, Haarsma afirma a macroevolução e a relação de toda a vida a partir de "uma 'árvore' de ancestralidade comum". No entanto, notamos que o registro fóssil é mais precisamente descrito como um "gramado" do que como

[1]HARRIS, R. Laird; ARCHER, Gleason L.; WALTKE, Bruce K. *Theological Wordbook of the Old Testament*. Chicago: Moody, 1980, 2:862.

uma árvore. Se o modelo evolucionário estiver correto, as datas dos registros fósseis devem coincidir com as datas dos relógios moleculares. Eles raramente o fazem, com discordâncias maiores do que 200 milhões de anos. Em nossa opinião, o mesmo conjunto de dados se ajusta melhor a um design comum – o uso repetido por Deus de designs otimizados em diferentes tipos de vida que ele cria – ao invés de descendência comum.

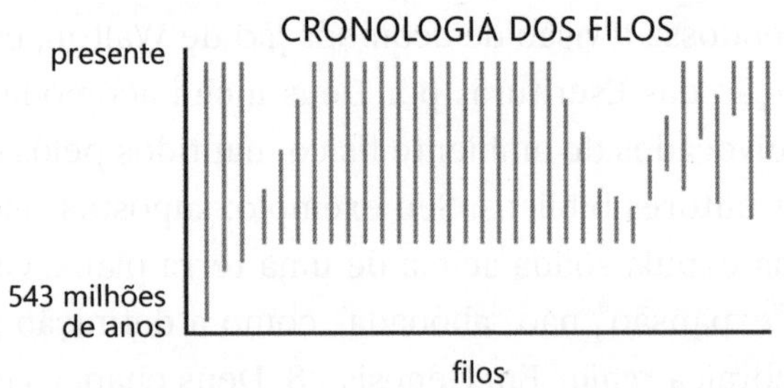

Em vez de novos filos ramificando-se em forma de árvore a partir de filos anteriormente existentes, eles aparecem como um gramado, como lâminas de grama originadas sem conexão aparente entre si.

Convergência e resultados de experimentos de evolução de longo prazo se encaixam bem com uma perspectiva de design comum. De acordo com o nosso modelo do dia-era, Deus deixou de fazer novas formas de vida depois que criou os humanos. O que vemos em toda a era humana (o sétimo dia) é a microevolução, a adaptabilidade da vida e a diversidade emergente dentro das espécies, não a geração de espécies novas e mais avançadas.

Experiências de longo prazo em tempo real (sétimo dia) mostram que os resultados evolutivos naturais são contingentes.[2] Processos naturais não convergem para as mesmas características repetidamente. No entanto, centenas de exemplos de características virtualmente idênticas aparecem em espécies amplamente separadas

[2]ROSS, Hugh. *More Than a Theory*: Revealing a Testable Model for Creation. Grand Rapids: Baker, 2009, 169-70; RANA, Fazale. Inability to Repeat the Past Dooms Evolution. *Today's New Reason to Believe*, Reasons to Believe, 05/09/2008. Disponível em: <http://www.reasons.org/articles/inability-to-repeat-the-past-dooms-evolution>.

em qualquer árvore evolucionária. Esses resultados repetidos falam da eficiência de Deus, seu uso de designs comuns e otimizados ao longo das seis eras da Criação.

Parece irônico que Haarsma cite as baleias como evidência de macroevolução e ancestralidade comum. A biologia da conservação e os princípios evolutivos revelam que as baleias possuem uma alta probabilidade de rápida extinção e baixa probabilidade de avanço evolucionário. Em parte, seus enormes tamanhos corporais, baixos níveis populacionais, longos períodos de geração, pouca progênie por adulto e sensibilidade a estresses ambientais explicam essas probabilidades. Assim, as baleias têm a menor probabilidade imaginável de gerar formas de transição.

Por que, então, vemos tantas espécies de baleias nos últimos 40 milhões de anos? A progressão observada é precisamente cronometrada para ajudar a compensar o brilho do Sol e ajudar a construir os recursos biológicos necessários para a civilização humana.[3]

Eventos de especiação de baleias não podem ser descritos como sequenciais. Por exemplo, as baleias modernas surgem de forma explosiva, com uma gama completa de tamanhos corporais e diversidade alimentar. Eles aparecem logo após a extinção das baleias "primitivas" e passam por mudanças evolutivas limitadas a partir de então. A pelve da baleia não é mais considerada vestigial. Ele serve como um anexo para os músculos usados na reprodução. A alegada transformação evolutiva apresenta por Haarsma de um habitante da terra, parecido com um lobo, em baleias "primitivas" no intervalo de apenas 5 a 9 milhões de anos parece irrealisticamente rápida, dada a magnitude das alterações anatômicas e fisiológicas. Os atos especiais de criação oferecem uma explicação mais plausível do registro fóssil das baleias.

A objeção costumeira a essa explicação de intervenção é rotulá-la como uma "falácia do Deus das lacunas". No entanto, as lacunas em nosso conhecimento e compreensão do livro da natureza são

[3]ROSS, Hugh. Thank God for Whales. *Today's New Reason to Believe*, Reasons to Believe, 23/09/2010. Disponível em: <http://www.reasons.org/articles/thank-god-for-whales>.

3.2 RESPOSTA

oportunidades para testar nosso modelo de criação juntamente com outros modelos.

Todos os modelos possuem lacunas. A questão é o que acontece com as lacunas à medida que os cientistas aprendem mais. Elas encolhem ou ampliam-se, tornam-se mais numerosas e problemáticas ou menos? Os últimos quarenta anos de pesquisa de baleias tornaram as explicações evolutivas progressivamente mais intratáveis, não menos. Enquanto isso, a pesquisa de baleias oferece evidências crescentes de mudanças rápidas, abrangentes e quase simultâneas, otimizadas para atender às necessidades da humanidade. Tais mudanças, sua cronologia e seus resultados, refletem cada vez mais o que se esperaria de um Deus decidido a apoiar e redimir bilhões de seres humanos.

Um exemplo mais dramático da eficácia desse "teste das lacunas" vem da pesquisa sobre a origem da vida. Nas últimas sete décadas, os cientistas fizeram um progresso impressionante na compreensão das vias químicas críticas à origem da vida e ao ambiente químico da Terra no momento da origem da vida. A pesquisa mostrou um grau de delicadeza crescente (não decrescente) com o qual as condições laboratoriais devem ser controladas para simular os caminhos químicos essenciais para a origem da vida. Tal grau de controle implica a necessidade de um Controlador com maiores capacidades e recursos do que os bioquímicos brilhantes dos melhores laboratórios.

Enquanto isso, fora de organismos vivos e de produtos de decomposição dos organismos vivos, não foram encontradas ribose, arginina, lisina ou triptofano – blocos de construção críticos para a montagem de proteínas, RNA e DNA – na Terra ou em qualquer outro lugar do universo. Embora possam existir abaixo de algumas partes por bilhão, essa escassez parece excluir modelos naturalistas de origem da vida. Nesse caso, a ausência de evidência implica evidência de ausência. Se os criacionistas evolucionários reconhecessem que a origem da vida pode, de forma razoável, ser considerada um evento sobrenatural, estaríamos bem mais próximos de resolver as nossas diferenças.

Haarsma encontrou evidências genéticas "mais convincentes" para a evolução biológica, incluindo evidências indicando que a humanidade veio de uma população, não de um casal. Os geneticistas de população, no entanto, precisam ainda identificar toda a gama de efeitos sistemáticos, quanto mais medir os erros sistemáticos. Esse problema sistemático provavelmente explica por que os experimentos de campo produzem resultados discordantes das previsões de modelos genéticos. Por exemplo, estudos de campo de orangotangos, cavalos e ovelhas mostram que a diversidade genética de geração é consistentemente muito maior do que os modelos genéticos atuais preveem. Esses resultados indicam que devemos hesitar em tirar conclusões sobre a população ancestral humana a partir dos modelos genéticos atuais.

As comparações de DNA de espécies modernas realmente mostram, como afirma Haarsma, relação entre as espécies. Essa relação, no entanto, se alinha tão razoavelmente, se não mais, com o design comum quanto com a descendência comum.

Não surpreende que 99% dos biólogos da Associação Americana para o Avanço da Ciência pesquisados concordem que "os humanos evoluíram com o tempo". Dadas as definições amplas desses termos, o criacionista mais ardente provavelmente concordaria. Além disso, dado que a maioria dos humanos escolheria autonomia ao invés de submissão a Deus, não importa quão forte seja o argumento científico contra a evolução naturalista, podemos esperar que a maioria dos pesquisadores se recuse a dar crédito a Deus.

Embora a anatomia humana se assemelhe à anatomia dos macacos, não existe similaridade na estrutura cerebral e na química do cérebro. Quanto a essas características, os humanos se parecem mais com corvídeos e roedores, respectivamente. Corvos, não chimpanzés, combinam melhor com as capacidades intelectuais humanas. A previsão de Darwin sobre esse assunto foi falsificada.

Temos boas razões para celebrar a recente explosão de achados fósseis de hominídeos. Esses novos fósseis ajudam a derrubar a hipótese de "uma transição gradual em direção ao caminhar bípede, maior altura e maior tamanho do cérebro". Em vez de afirmar esse cenário evolutivo, eles o lançam no caos. Mais uma vez, a árvore evolucionária se transforma em um gramado.

O cromossomo humano 2 pode aparecer como dois cromossomos de chimpanzé fundidos. No entanto, os telômeros e centrômeros extras nesse cromossomo apenas se parecem com os telômeros e um centrômero. Se o cromossomo 2, de fato, prova uma fusão de dois cromossomos, ele fala de um Criador sobrenatural e superinteligente. Eventos de fusão e fissão cromossômicas na natureza quase sempre se mostram catastróficos, e os bioquímicos ainda estão por alcançar uma fusão cromossômica bem-sucedida.

Pessoalmente, vejo a defesa de Adão e Eva literais, os progenitores de toda a humanidade, como cruciais para a defesa da inspiração e inerrância bíblicas. Gênesis 3:20, Atos 17:26, Romanos 5:12-19 e 1Coríntios 15:20-22 afirmam a descendência de todos os seres humanos de um único casal e o fato de termos herdado nossa natureza pecaminosa de Adão. Gênesis 1–2 usa os verbos *bara'* (criar), *'asah* (fazer) e *yatsar* (moldar) ao descrever a origem de Adão e Eva. Esses verbos implicam uma criação especial direta de Deus.

Espero que as diferenças entre criacionistas evolucionários e criacionistas do dia-era possam ser resolvidas por meio de pesquisas e estudos em andamento. Se respeitosamente nos comprometermos com total integração e consistência em nossa interpretação dos dois livros inerrantes de Deus, encontraremos caminhos para a resolução [dessas diferenças]. Esses caminhos nos capacitarão para trazer mais pessoas à fé em Jesus Cristo.

3.3

Resposta do DESIGN INTELIGENTE

Stephen C. Meyer

Deborah B. Haarsma defende uma posição que ela chama de "criação evolucionária" ou o que outros chamam de "evolução teísta". Ela explica que os criacionistas evolucionários equiparam o processo ou mecanismo(s) evolucionário(s) com a atividade criadora de Deus. Ela afirma que "a evolução é ... *um mecanismo natural* pelo qual Deus providencialmente alcança seus propósitos" (p. 160, ênfase adicionada). Como ela argumenta, a seleção natural agindo sobre mutações aleatórias gera não apenas variações em pequena escala na expressão de traços preexistentes, mas também mudanças em grande escala nas formas vivas. Como ela explica, os criacionistas evolucionários aceitam "que a seleção natural e outros mecanismos evolutivos, atuando por longos períodos de tempo, eventualmente resultam em grandes mudanças nas estruturas do corpo. Algumas pessoas chamam isso de 'macroevolução'" (p. 176).

Como o termo "evolução" pode ter muitos significados diferentes, o cuidado de Haarsma em definir o tipo de evolução que ela tem em mente é admirável. Keith Stewart Thomson, biólogo de Yale, observou que a evolução pode se referir a: (1) mudança ao longo do tempo, (2) ancestral comum universal, e/ou (3) mecanismos naturais que produzem mudança em organismos – seja (a) mudança "microevolutiva" de pequena escala na frequência de expressão de traços existentes ou (b) mudanças "macroevolutivas" de larga escala que resultam em novidade genética e morfológica.[1] Criacionistas evolucionários não apenas afirmam a ideia genérica de mudança ao longo do tempo, ou mesmo a ancestralidade comum de todos os organismos. Ao contrário, como Haarsma deixa claro, eles também afirmam que o mecanismo de seleção natural e mutação aleatória (e talvez outros mecanismos não especificados) geram "grandes mudanças nas estruturas do corpo".

Estranhamente, no entanto, Haarsma não oferece evidências do poder criativo da seleção natural e da mutação aleatória (ou outros supostos mecanismos de inovação macroevolutiva). Tampouco aborda as razões científicas bem documentadas para duvidar de seu poder criativo.

Em meu ensaio defendendo o design inteligente, expliquei uma dessas razões. Como a seleção natural só pode "selecionar" o que as mutações aleatórias geram primeiro, as mutações aleatórias devem produzir sozinhas a informação genética necessária para construir novas estruturas de proteínas (ou seja, dobras). No entanto, dada a extrema raridade de genes e proteínas funcionais dentro do conjunto de todas as combinações possíveis de DNA ou sequências de aminoácidos, buscas mutacionais aleatórias por genes ricos em nova informação, capazes de construir novas dobras de proteínas, têm uma probabilidade *esmagadoramente* maior de fracasso do que de sucesso, mesmo concedendo bilhões de anos para realizar tais buscas.

MAIS DESCOBERTAS, MAIS PROBLEMAS

Existem muitas outras razões científicas para duvidar do poder criativo do mecanismo de mutação/seleção. Primeiro, embora os biólogos evolucionistas tenham alardeado mutações como uma espécie de bala de prata capaz de gerar inovação ilimitada, os biólogos desenvolvimentistas descobriram que apenas mutações que ocorrem no início do desenvolvimento embriológico podem alterar todo

[1]THOMSON, Keith S. The Meanings of Evolution. *American Scientist* 70 (1982): 521–39.

um plano corporal animal – isto é, produzir uma *grande* mudança evolucionária. As mutações que ocorrem tardiamente ou em meio ao desenvolvimento do animal afetam apenas células somáticas individuais ou agrupamentos de células isoladas e não as arquiteturas de corpo inteiro. Essa descoberta apresenta dificuldades para todas as teorias de macroevolução que dependem de mutações para gerar grandes mudanças na forma. Por quê? Porque os biólogos desenvolvimentistas também descobriram que mutações no início do desenvolvimento de um animal são *inevitavelmente letais*. Esse problema de "letalidade embrionária" criou um dilema para os teóricos evolucionários: o tipo de mutação necessária para gerar novos planos corporais – ou seja, mutações *benéficas* de ação precoce alterando o plano corporal – nunca ocorre. Os tipos de mutações que realmente ocorrem – mutações precoces letais ou mutações de ação tardia que afetam apenas pequenos aglomerados de células somáticas – não geram novos planos corporais. Então, como o processo evolutivo poderia superar essa dificuldade para produzir grandes mudanças na forma animal? Biólogos evolutivos tradicionais não responderam a essa questão – nem criacionistas evolucionários como Haarsma.

Considere uma dificuldade relacionada: os biólogos desenvolvimentistas descobriram também que construir uma nova forma animal requer mais do que novos genes e proteínas. Requer também redes integradas de genes e proteínas chamadas redes de regulação gênica desenvolvimentais (dGRNs – sigla da expressão em inglês). Essas redes regulam o tempo de expressão gênica conforme os animais se desenvolvem. Os produtos dos genes dessas redes integradas transmitem sinais (conhecidos como reguladores transcricionais ou fatores de transcrição) que influenciam a maneira como as células individuais se desenvolvem e se diferenciam durante esse processo.

O biólogo do Caltech, Eric Davidson, explorou a lógica reguladora do desenvolvimento animal mais profundamente do que talvez qualquer outra pessoa.[2] No curso de suas investigações, ele desco-

[2]PETER, Isabelle S.; DAVIDSON, Eric H. *Genomic Control Processes*: Development and Evolution. Nova York: Academic Press, 2015.

briu não apenas o que essas redes fazem, mas também o que elas nunca fazem: ou seja, mudar significativamente. Davidson explicou por quê. A complexidade integrada das dGRNs (que ele comparou aos circuitos integrados) as torna teimosamente resistentes à reestruturação fundamental sem quebrar. Como ele explicou, as mutações que afetam as dGRNs que regulam o desenvolvimento do plano corporal levam inevitavelmente à

> perda catastrófica da parte do corpo ou perda de viabilidade completamente... Há sempre uma consequência observável se um sub-circuito de dGRN é interrompido. Como essas consequências são sempre catastroficamente ruins, a flexibilidade é mínima.[3]

Portanto, a construção de novos planos corporais requer não apenas novos genes e proteínas, mas novas dGRNs. Mas, construir uma nova dGRN a partir de uma dGRN pré-existente requer a alteração da dGRN preexistente – exatamente aquilo que Davidson mostrou que não ocorre sem consequências catastróficas.[4] Diante disso, como poderia um novo plano corporal animal – e a nova dGRN necessária para produzi-lo – evoluir de um plano corporal e dGRN preexistentes? Nem os principais biólogos evolucionistas, nem os criacionistas evolucionários responderam a essa questão.

Considere outra dificuldade: estudos recentes em embriologia mostram que o DNA sozinho não contém todas as instruções para construir um organismo ou animal inteiro. Em vez disso, o DNA ajuda a direcionar e regular o momento da síntese de proteínas dentro das células. No entanto, o DNA não determina por si só como as proteínas individuais se agregam em sistemas maiores de proteínas que servem a diferentes tipos de células. Nem determina unicamente como diferentes tipos de células se organizam em diferentes tipos de tecidos ou como diferentes tipos de tecidos

[3]DAVIDSON, Eric Evolutionary Bioscience as Regulatory Systems Biology. *Developmental Biology* 357, 2011, 35-40.
[4]DAVIDSON, Eric; ERWIN, Douglas. An Integrated View of Precambrian Eumetazoan Evolution. *Cold Spring Harbor Symposia on Quantitative Biology* 74, 2009, 1-16.

e órgãos se organizam em planos corporais. Em vez disso, outros fatores – como a organização tridimensional do citoesqueleto e a distribuição de "alvos" para ligação de proteínas em membranas celulares, bem como fontes ainda desconhecidas de informações epigenéticas (além do gene) – desempenham papéis importantes para determinar a formação de planos corporais.

Uma analogia pode ajudar a esclarecer o ponto. Os circuitos eletrônicos são compostos de muitos componentes, como resistores, capacitores e transistores. A fabricação desses componentes pode ser automatizada usando as instruções de montagem da máquina, mas as instruções para a construção desses componentes de nível inferior não determinarão sua disposição em uma placa de circuito integrado. Instruções adicionais são necessárias. Da mesma forma, as informações no DNA são necessárias, mas não suficientes para construir organismos inteiros.

Isso coloca outro problema. O neodarwinismo sustenta que a seleção natural agindo sobre variações genéticas aleatórias no DNA gera nova forma e estrutura biológicas. No entanto, se a informação genética no DNA não é totalmente responsável pela construção de planos corporais animais, então as sequências de DNA podem sofrer mutações de modo indefinido, independentemente do tempo disponível e ainda assim não produzir um novo plano corporal. Consequentemente, o mecanismo de seleção natural agindo sobre mutações aleatórias no DNA não pode, *em princípio*, gerar a informação epigenética necessária para produzir um novo plano corporal.

Essas várias dificuldades levaram muitos biólogos evolucionistas a duvidar do poder criativo do mecanismo de mutação/seleção e a rejeitar o neodarwinismo dos livros didáticos. Em uma conferência recente da Royal Society de Londres, chamada em parte para tratar desse problema, o biólogo evolucionista austríaco Gerd Müller iniciou a conferência delineando "os déficits explanatórios" do neodarwinismo, incluindo sua incapacidade de explicar a "origem da complexidade biológica". Ele e o coautor Stuart Newman argumentaram em outro lugar que o neodarwinismo não tem "nenhuma teoria do generativo."[5] Outros biólogos explicaram que a mutação e a seleção podem ser responsáveis pela "sobrevivência, mas não pela chegada do mais apto" – isto é, pequenas, mas não grandes mudanças.

Como consequência disso, muitos biólogos estão buscando novas teorias de evolução baseadas em vários mecanismos evolutivos propostos como parte de uma "síntese evolutiva estendida". No entanto, como mostro em *Darwin's Doubt* [A dúvida de Darwin], nenhum desses mecanismos recém-propostos explica a origem de informações genética e epigenética necessárias para gerar novidade biológica.[6]

Dessa forma, não há consenso dentro da biologia evolutiva em apoio ao poder criativo de *qualquer um* desses novos mecanismos propostos. Isso levanta uma questão para Haarsma: Por que tentar conciliar afirmações sobre o poder criativo dos mecanismos evolutivos com uma compreensão bíblica da criação divina se as evidências científicas lançam cada vez mais dúvidas sobre o poder criativo desses mecanismos?

LOGICAMENTE OU TEOLOGICAMENTE PROBLEMÁTICO

Haarsma também ignora as dificuldades teológicas presentes em sua tentativa de síntese da teoria evolucionária com a doutrina cristã – especialmente aquelas que surgem em resposta a considerar a *causa* das transformações biológicas e se a evolução deve ser vista como um processo direcionado ou não direcionado.

Onde a evolução teísta ou criação evolucionária afirma o terceiro significado da evolução – a ideia de que o mecanismo de seleção/mutação pode gerar uma grande transformação biológica – aí é que o conceito se torna profundamente problemático.

---

[5]MÜLLER, Gerd; NEWMAN, Stuart *On the Origin of Organismal Form*. Boston: MIT Press, 2003.

[6]MEYER, Stephen C. *Darwin's Doubt*: The Explosive Origin of Animal Life and the Case for Intelligent Design [A Dúvida de Darwin: A origem explosiva da vida animal e a defesa do design inteligente]. São Francisco: HarperOne, 291-335.

Dependendo de como os evolucionistas teístas (ou criacionistas evolucionários) concebam o papel de Deus nesse mecanismo evolutivo, a versão da evolução teísta que afirma o terceiro significado da evolução resulta em (1) contradições lógicas, (2) problemas teológicos, ou (3) uma afirmação cientificamente vazia.

Primeiro, se os evolucionistas teístas afirmam a visão neodarwinista padrão do mecanismo de mutação/seleção como um processo *não* direcionado, enquanto simultaneamente afirmam que Deus é causalmente responsável pela origem de novas formas de vida, então eles implicam que Deus de alguma forma *guiou* um processo *não guiado*. No entanto, logicamente, nenhum ser inteligente – nem mesmo Deus – pode direcionar um processo não direcionado. Assim que Ele o direciona, o processo não direcionado deixa de ser não direcionado.

Alternativamente, muitos evolucionistas teístas, como os biólogos evolucionários convencionais, *negam* que Deus direcione o processo evolucionário. Por exemplo, Kenneth Miller, um dos principais teístas evolucionistas, tem afirmado repetidamente em edições de seu popular livro-texto que "a evolução funciona sem qualquer plano ou propósito [...] A evolução é aleatória e não dirigida."[7]

Essa versão da evolução teísta sustenta que Deus criou o universo e suas leis no início e constantemente sustenta essas leis a cada momento. No entanto, nega que Deus direcione ativamente o mecanismo de mutação/seleção. Ao invés disso, ele concebe o papel de Deus na *criação* da vida (em oposição à Sua manutenção das leis físicas) como principalmente passiva e não ativamente diretiva. Mecanismos evolutivos não direcionados é que são vistos como os "agentes da criação" causalmente ativos.

A versão proposta da evolução teísta é teologicamente problemática, pelo menos para aqueles que derivam sua compreensão de ação divina do texto bíblico. A Bíblia descreve Deus não

[7]MILLER, Kenneth; LEVINE, Joseph S. *Biology*. Upper Saddle River, NJ: Prentice Hall:1998, 658.

apenas criando o universo no início e sustentando-o em seu contínuo ordenamento, ela também descreve Deus atuando discretamente como um agente dentro da ordem natural que ele, de outra forma, mantém. (Veja Gênesis 1:27: "Deus criou [*bara'*] os seres humanos" [NLT]; e Êxodo 10:13: "e o Senhor *fez* soprar um vento oriental" [NLT].) Além disso, se Deus não está ao menos dirigindo o processo evolutivo, então a origem dos sistemas biológicos deve ser atribuída, em alguma medida, à natureza atuando independentemente da direção de Deus. Isso implica uma visão diminuída da soberania e envolvimento de Deus na Criação, em desacordo com as leituras tradicionais das Escrituras. Além disso, muitos evolucionistas teístas têm raciocinado que se Deus não dirige (ou dirigiu) ou controla o processo evolutivo, então ele não poderia saber o que esse processo teria produzido, inclusive se teria produzido seres humanos – uma conclusão em desacordo com a providência e onisciência divinas.

De fato, muitos evolucionistas teístas que adotam essa visão insistem que o processo evolucionário poderia muito bem ter produzido tanto "um dinossauro de cérebro grande" quanto hominídeos bípedes de cérebro grande – ou seja, seres humanos.[8] Além disso, dado que nessa visão Deus não direciona o processo evolutivo, o que esse processo produz não pode ser dito como expressando suas intenções específicas na Criação – contrariando a alegação bíblica de que Deus fez o homem expressamente à sua própria imagem e que ele o "conheceu de antemão" (Romanos 8:29).

UMA FORMULAÇÃO VAGA E AMBÍGUA

Diante desse dilema, muitos criacionistas evolucionários, incluindo Francis Collins, talvez o mais conhecido proponente dessa posição,

---

[8]MILLER, Kenneth. *Finding Darwin's God:* A Scientist's Search for Common Ground Between God and Evolution. Nova York: HarperCollins, 1999; idem, *Evolution and Intelligent Design:* An Exchange (artigo apresentado na conferência Shifting Ground: Religion and Civic Life in America, Bedford, NH, patrocinada pelo New Hampshire Humanities Council, 24/03/2007); WEST, John G. "Nothing New Under the Sun," in: *God and Evolution:* Protestants, Catholics, and Jews Explore Darwin's Challenge to Faith. (Org.). RICHARDS, Jay Wesley. Seattle, WA: Discovery Institute Press, 2010, 40-45.

têm relutado em esclarecer o que pensam sobre essa questão. Em *A linguagem de Deus*,[9] Collins parece assumir a adequação dos mecanismos evolucionários padrões, mas não diz claramente se acha que esses mecanismos são direcionados ou não – apenas que poderiam ser. Talvez Haarsma achasse bom esclarecer sua posição aqui. Quando ela defende a Criação evolucionária, o que quer dizer com evolução – um processo direcionado ou não direcionado? Eu estaria interessado em saber.

[9]COLLINS, Francis S. *A linguagem de Deus*: um cientista apresenta evidências de que Ele existe. São Paulo: Editora Gente, 2007.

RÉPLICA

Deborah B. Haarsma

Agradeço as respostas ponderadas dos outros autores. Várias de suas preocupações foram abordadas em minhas respostas a seus capítulos, incluindo evidências geológicas, início da vida, evolução convergente, design comum, dobramento de proteínas e abordagens ao livro da natureza e apologética. Abordarei muitas outras questões aqui.

DIFERENÇAS BÍBLICAS E TEOLÓGICAS

Ham sente que meu capítulo é fundamentalmente fraco porque eu discuto muito pouco as Escrituras. Dado que eu discuto várias passagens de toda a Bíblia, espero que sua preocupação seja mais sobre interpretação do que sobre quantidade.

Ross pergunta por que a Criação Evolucionária (CE) aceita previsões históricas das Escrituras, mas não previsões científicas. Certamente muitas predições bíblicas são cumpridas mais tarde na Bíblia para eventos na história humana e no Reino vindouro de Deus. Não segue daí, necessariamente, que a Bíblia faça previsões para a ciência e a história natural, que seriam periféricas para as finalidades do Reino e obscuras até o século XX.

Meyer pergunta por que a CE tenta reconciliar a Bíblia com afirmações científicas que ele vê como fracas e fracassadas. No entanto, meus argumentos em relação à interpretação bíblica (p. 163-167 do meu capítulo) *não* são explicitamente conduzidos por afirmações científicas; eles são movidos pela autoridade das Escrituras, pelas melhores práticas hermenêuticas e pelo contexto antigo do texto.

Meyer pergunta sobre os pontos de vista da BioLogos quanto à ação divina. A BioLogos afirma explicitamente que Deus trabalha com propósito e intenção (Ken Miller, embora seja um teísta evolucionário, nesse ponto não representa a maioria dos criacionistas evolucionários). Muitos de nós vemos sinais de propósito e intenção na evolução convergente, no papel da cooperação,[1] ou em outros aspectos da evolução. Todos nós acreditamos que Deus planejou, criou, governa e continuamente sustenta o processo de evolução; esse é um papel ativo para Deus, não passivo ou distante. Deus em sua soberania escolheu usar processos aleatórios como parte de seu design, mas isso não exige que Deus determine explicitamente o resultado de cada evento aleatório. Essas questões não são exclusivas da evolução, mas têm sido discutidas pelos teólogos por milênios.[2] Jesus ensinou que Deus alimenta os pássaros (Mateus 6:26), mas Deus seleciona cada verme para cada ave? O salmista ensinou que Deus tece o feto no útero (Salmos 139:13–16), mas isso exige que Deus aja de alguma maneira especial? Mesmo nos tempos antigos, o comportamento das aves e o desenvolvimento fetal eram vistos como o trabalho regular do mundo natural e parte do cuidado providencial de Deus, sem qualquer diminuição em sua atividade ou soberania.

DIFERENÇAS CIENTÍFICAS

Ross lista várias áreas de desacordo científico, como fiz na minha resposta a ele. Ham e Meyer discutem menos áreas, mas com argumentos mais longos, que abordarei abaixo. Para qualquer um

[1]Por exemplo, MICHOD, R. E. ROZE, D. Cooperation and Conflict in the Evolution of Multicellularity. *Heredity* 86, Jan. 2001, 1-7.

[2]Para mais informações de vários teólogos e filósofos cristãos sobre isso, veja "The Divine Action Series," *BioLogos.org*, Maio–Junho 2016. Disponível em: <http://biologos.org/blogs/jim-stump-faith-and-science-seeking-understanding/series/divine-action>.

desses desacordos científicos, o leitor leigo é colocado na posição difícil de ter de julgar entre dois autores especialistas, cada um afirmando que o outro está errado. Isso pode favorecer aquelas vozes que um dado leitor confie; encorajo os leigos a ler mais para ajudá-los a decidir.[3]

Ham descreve a publicação de um paleontólogo de 1983 sobre um fóssil transicional de baleia e uma publicação de 2001 que mostrou uma mudança nas conclusões do pesquisador depois que mais evidências fósseis foram descobertas. Ham então dá um grande salto para concluir: "A evolução das baleias a partir dos animais terrestres é um mito" (p. 201). Longe disso! Seu exemplo, na realidade, mostra o funcionamento adequado da ciência, visto que os pesquisadores modificam e desenvolvem sua compreensão em resposta a novos dados. O que Ham não diz é que, nesses dezoito anos, muitos outros fósseis foram encontrados para várias espécies entre mamíferos terrestres e baleias, mostrando um grupo de criaturas que levaram às baleias que conhecemos hoje.[4]

Meyer introduz argumentos sobre os mecanismos evolutivos além da seleção natural, incluindo a epigenética e a regulação genética do desenvolvimento embrionário. Como argumentei em minha resposta ao seu capítulo, muitos mecanismos estão sendo discutidos hoje, à medida que os biólogos evolucionários investigam os detalhes de como a evolução funciona. Essas discussões de modo algum questionam a ancestralidade comum ou a força da descrição geral da evolução. Considere o exemplo de Meyer sobre redes de regulação gênica desenvolvimentais (dGRNs). Meyer reconhece corretamente Eric H. Davidson como líder mundial nessa

---

[3]Ross e eu expandimos nossa conversa em KEATHLEY, Kenneth; STUMP, J. B.; AGUIRRE, Joe. (Orgs.). *Old Earth or Evolutionary Creation?* Discussing Origins with Reasons to Believe and BioLogos. Downers Grove, IL: InterVarsity Press, 2017.

[4]Para mais informações sobre a evolução de baleias, veja VENEMA, Dennis. *Understanding Evolution: Theory, Prediction and Converging Lines of Evidence*. BioLogos org, Março-Abril 2012. Disponível em: <http:// biologos.org/blogs/ dennis-venema-letters-to-the-duchess/series/understanding-evolution-theory-prediction-and-converging-lines-of-evidence>. Para uma árvore genética de baleias detalhada (usando linhas sólidas, o padrão atual), veja FOOTE, Andrew D. et al., *Nature Genetics* 47, 2015, 272-275.

área. No entanto, uma simples pesquisa no Google mostra que Davidson não questiona a evolução; na verdade, ele rejeita claramente os argumentos antievolução. Em vez disso, o artigo de Davidson citado por Meyer intervém no debate sobre mecanismo, mostrando a importância das dGRNs e argumentando que no tempo do cambriano elas tinham a polifuncionalidade necessária para produzir muitos planos corporais ao nível de Filo e Classe. Ele argumenta que, desde então, as dGRNs se tornaram mais hierárquicas, dando estabilidade, durante escalas de tempo geológicas, aos rudimentos de plano corporal, embora permitindo o desenvolvimento de variações nos níveis de classe, ordem, família, gênero e espécie. O artigo de Davidson aprimora nossa compreensão de como a evolução funciona.

Esses exemplos são parte de um infeliz padrão em argumentos antievolução: um cristão cita um artigo de pesquisa na perspectiva dominante que debate *como* a evolução funciona como se a pesquisa mostrasse que a evolução *não* funciona de forma alguma. Tais argumentos dão aos demais cristãos uma falsa imagem do que sabemos sobre a Criação de Deus e dão aos cientistas a falsa impressão de que eles não são bem-vindos no cristianismo.

UNIDADE FUNDAMENTAL

Todos os quatro autores afirmam que a fé cristã nos chama à unidade, apesar de nossas claras diferenças. Como Ham observa, essa unidade é baseada nas crenças essenciais do cristianismo. No entanto, o chamado à unidade também inclui viver com nossas diferenças em questões secundárias (por exemplo, Romanos 14). Eu oro para que este livro ajude os cristãos a discutir suas diferenças sobre Criação e evolução em um espírito de verdade e graça.

4

DESIGN INTELIGENTE

Stephen C. Meyer

UMA BREVE HISTÓRIA DO DESIGN INTELIGENTE E DE SEU ARGUMENTO CIENTÍFICO

Em dezembro de 2004, o renomado filósofo britânico Antony Flew tornou-se notícia mundial quando repudiou seu anterior compromisso com o ateísmo, citando, entre outros fatores, evidências de design inteligente na molécula de DNA. Nesse mesmo mês, a *American Civil Liberties Union* entrou com uma ação para impedir Dover, um distrito escolar da Pensilvânia, de informar a seus estudantes que eles poderiam aprender mais sobre a teoria do design inteligente em um livro-texto de ciências complementar em sua biblioteca escolar. No mês de fevereiro seguinte, o *The Wall Street Journal*[1] relatou que um biólogo evolucionário do museu *Smithsonian Institution* com dois doutorados tinha sido punido por publicar um artigo científico revisado por pares que defendia o design inteligente.

Desde então, a teoria do design inteligente tem sido o foco de um frenesi de cobertura da mídia internacional, com histórias proeminentes que aparecem no *The New York Times*, *Nature*,

[1]KLINGHOFFER, David. "The Branding of a Heretic," *The Wall Street Journal*, 28/01/2005, W11.

The Washington Post, *The London Times*, *Sekai Nippo* (Tóquio), *The Times of India*, *Der Spiegel*, *The Jerusalem Post* e na revista *Time*, para citar apenas alguns. O papa Bento XVI, Dalai Lama e o ex-presidente George W. Bush fizeram declarações apoiando a teoria do design inteligente. Enquanto isso, as principais organizações científicas denunciaram a teoria como "pseudociência", "religião" ou "criacionismo em um *smoking* barato". Da mesma forma, o juiz federal que ouviu o caso *Kitzmiller*, em Dover, acabou decidindo que ensinar os alunos sobre a teoria, pelo menos no distrito central da Pensilvânia, sobre o qual ele tinha jurisdição, representava uma incursão inconstitucional de religião na instrução pública da ciência.

Na esteira de sua decisão, muitos críticos do design inteligente alegaram que o interesse pela teoria estava "acabado por Dover". No entanto, a controvérsia gerada pela teoria quase não diminuiu. Em 2008, mais de um milhão de pessoas assistiram ao filme *Expelled* [Expulso] em cinemas na América do Norte. O filme, com o ator Ben Stein, contou as histórias de Richard Sternberg (o cientista do *Smithsonian* mencionado acima, punido por sua publicação) e outros proponentes científicos do design inteligente, cuja liberdade acadêmica foi abreviada da mesma forma. Em 2009, um grande livro que defendia o design inteligente publicado por um proeminente editor tradicional foi nomeado livro do ano pelo *London Times Literary Supplement*.[2] Em 2013, outro livro proeminente que avança na teoria estreou em sétimo lugar na lista de *bestsellers* do *New York Times*.[3] E, desde 2004, quando o primeiro artigo científico que defende o design inteligente causou um alvoroço no *Smithsonian*, foram publicados em outros periódicos científicos cem novos artigos revisados por pares que apoiam a teoria.[4]

[2]MEYER, Stephen. *Signature in the Cell: DNA and the Evidence for Intelligent Design* [A assinatura na célula: o DNA e a evidência do design inteligente]. São Francisco: HarperOne, 2009.

[3]MEYER, Stephen. *Darwin's Doubt*: The Explosive Origin of Animal Life and the Case for Intelligent Design [A Dúvida de Darwin: A origem explosiva da vida animal e a defesa do design inteligente]. São Francisco: HarperOne, 2013.

[4]"Peer Reviewed Papers Supporting Intelligent Design," Veja: <http://www.discovery.org/id/peer-review>.

Mas o que é essa teoria do design inteligente? De onde ela veio e por que ela inspira esforços tão determinados para suprimi-la?

De acordo com uma torrente de reportagens recentes da mídia, o design inteligente é uma nova alternativa à evolução, baseada em fé e religião e não em evidências científicas. Da maneira como a história é contada, o design inteligente é apenas um criacionismo bíblico reembalado por fundamentalistas religiosos para contornar uma proibição da Suprema Corte dos Estados Unidos, de 1987, contra o ensino do criacionismo nas escolas públicas. Nos últimos anos, grandes jornais, revistas e emissoras de rádio e televisão, bem como o juiz federal no caso Dover, repetiram esse tropeço. Mas, isso está correto?

DESIGN INTELIGENTE: O QUE É E DE ONDE VEIO

Como um dos arquitetos da teoria do design inteligente e diretor de um centro de pesquisa que apoia os cientistas que desenvolvem a teoria, sei que esse estereótipo da mídia não é correto. A teoria moderna do design inteligente antecede o revés legal para os criacionistas em 1987, tendo sido proposta pela primeira vez no início dos anos 1980 por um grupo de cientistas – Charles Thaxton, Walter Bradley e Roger Olson – que tentavam explicar um mistério duradouro na moderna biologia: a origem da informação digital codificada ao longo da estrutura da molécula de DNA. Thaxton e seus colegas chegaram à conclusão de que as propriedades de informação do DNA forneciam fortes evidências de uma inteligência de projetista. Eles escreveram um livro propondo essa ideia em 1984, três anos antes da decisão da Suprema Corte dos Estados Unidos (no caso Edwards vs. Aguillard) declarar ilegal o ensino do criacionismo.

O interesse científico contemporâneo na hipótese do design não apenas antecede as decisões da Suprema Corte dos EUA contra o criacionismo, mas a teoria formal do design inteligente é claramente distinta do criacionismo tanto no método quanto no conteúdo. A teoria do design inteligente, ao contrário do criacionismo, não é baseada na Bíblia. Em vez disso, a teoria é baseada em descobertas científicas recentes e no que sabemos sobre a estrutura de causa e efeito do mundo – especificamente, o que sabemos sobre padrões de evidência que indicam causas *inteligentes*. Assim, o design inteligente não é uma dedução ou interpretação de um texto religioso, mas uma inferência a partir de evidências científicas.

O conteúdo proposicional da teoria do design inteligente também difere daquele do criacionismo. A teoria do design inteligente tenta explicar a complexidade observada e as estruturas ricas em informação encontradas nos sistemas vivos e em outras características da vida e do universo. O criacionismo ou ciência da criação, como definido pela Suprema Corte dos EUA, defende uma leitura particular do livro bíblico de Gênesis, afirmando tipicamente que Deus criou a Terra em seis períodos de 24 horas, alguns milhares de anos atrás. Em contraste, a teoria do design inteligente não oferece uma interpretação do livro de Gênesis, nem apresenta uma teoria sobre a duração dos dias bíblicos da Criação ou sobre a idade da Terra. Consequentemente, os proponentes do design inteligente podem ter uma variedade de posições em tais questões (ou nenhuma).

No entanto, se a teoria do design inteligente não é criacionismo, o que ela é então? Da forma como se aplica à biologia (o foco deste ensaio), o design inteligente é uma teoria científica baseada em evidências sobre a origem e o desenvolvimento da vida, que desafia visões estritamente materialistas da evolução. Segundo biólogos darwinianos, como Richard Dawkins, de Oxford, os sistemas vivos "dão a aparência de terem sido projetados para um propósito."[5] Mas, para os darwinistas modernos, essa aparência de design é inteiramente ilusória. Por quê? Segundo eles, processos totalmente não direcionados, como a seleção natural e mutações aleatórias, são plenamente capazes de produzir as intricadas estruturas com aparência de design nos sistemas vivos. Em sua opinião, os processos evolutivos podem imitar os poderes de uma inteligência projetual sem que eles mesmos sejam dirigidos por um agente inteligente.

[5]DAWKINS, Richard. *The Blind Watchmaker* [O relojoeiro cego]. Londres: Norton, 1986, 1.

Por outro lado, a teoria do design inteligente sustenta que existem características reveladoras dos sistemas vivos e do universo – por exemplo, o código digital no DNA, os circuitos e máquinas em miniatura nas células,[6] e o ajuste fino das leis e constantes da física[7] – melhor explicadas por uma causa inteligente, em vez de um processo material não direcionado. A teoria não se opõe à ideia de evolução definida como mudança ao longo do tempo ou ancestralidade comum, mas contesta a ideia darwinista de que a causa da mudança biológica é totalmente cega e não direcionada. Ou a vida surgiu como resultado de processos materiais puramente não direcionados ou uma inteligência orientadora desempenhou um papel. Os teóricos do design afirmam a última opção e argumentam que os organismos vivos parecem projetados porque realmente foram projetados.

Uma breve história do argumento clássico do design

Ao defender o design baseado em evidências na natureza, os defensores contemporâneos do design inteligente ressuscitaram o argumento clássico do design. Durante séculos, antes que A *origem das espécies*, de Darwin, aparecesse em 1859, a maioria dos pensadores ocidentais acreditava que a vida surgiu da atividade de um Designer intencional. Argumentos de design baseados em observações do mundo natural foram feitos por filósofos gregos e romanos como Platão[8] e Cícero,[9] por filósofos judeus como Maimônides e por pensadores cristãos como Tomás de Aquino.[10]

A ideia de design também figurou centralmente na revolução científica (1300–1700). Como os historiadores da ciência observaram com frequência,[11] muitos dos fundadores da ciência moderna

[6]BEHE, Michael. *Darwin's Black Box* [A caixa preta de Darwin]. Nova York: Free Press, 1996.
[7]HOYLE, Fred. *The Intelligent Universe*. Londres: Michael Joseph Limited, 1983.
[8]PLATO *The Laws*. trad. A. E. Taylor. Londres: Everyman, 1960, 279.
[9]CICERO, *De Natura Deorum*, trad. H. Rackham. Cambridge, MA: Harvard University Press, 1933, 217.
[10]HICK, John. *Arguments for the Existence of God*. Londres: Macmillan, 1970, 1.
[11]GILLESPIE, Neal C. Natural History, Natural Theology, and Social Order: John Ray and the "Newtonian Ideology," *Journal of the History of Biology* 20, 1987, 1-49.

inicial supunham que o mundo natural era inteligível e passível de investigação científica racional precisamente porque também supunham que ele fora projetado por uma mente racional. Além disso, muitos cientistas – Johannes Kepler em astronomia,[12] John Ray em biologia,[13] e Robert Boyle em química[14] – desenvolveram argumentos de design específicos baseados em descobertas empíricas em seus respectivos campos.

Essa tradição alcançou uma qualidade retórica quase majestosa nos escritos de Sir Isaac Newton, que criou argumentos sofisticados de design baseados em descobertas biológicas, físicas e astronômicas. Escrevendo no *General Scholium* aos *Principia*, Newton sugeriu que a estabilidade do sistema planetário dependia não apenas da ação regular da gravitação universal, mas também do posicionamento inicial preciso dos planetas e cometas em relação ao Sol. Como ele explicou, "embora esses corpos possam, de fato, continuar em suas órbitas pelas meras leis da gravidade, ainda assim eles não poderiam de modo algum derivar a posição regular das próprias órbitas a partir dessas leis". Assim, ele concluiu, "esse sistema incrivelmente belo do Sol, planetas e cometas, só poderia proceder do conselho e do domínio de um ser inteligente e poderoso".[15]

Ou como ele escreveu no *Opticks*:

> Como é que os Corpos de Animais foram inventados com tanta Arte, e para que fins foram suas várias partes? O Olho foi inventado sem Habilidade em Ótica e o Ouvido sem Conhecimento de Sons? [...] E estas coisas sendo corretamente executadas, não parece dos Fenômenos que há um Ser incorpóreo, vivo, inteligente, onipresente [...][16]

---

[12]KEPLER, Johannes. *Mysterium Cosmographicum* [The Secret of the Universe], trad. A. M. Duncan. New York: Arabis Books, 1981, 93-103. KEPLER, Johannes. *Harmonies of the World*, trad. Charles Glen Wallis. Nova York: Prometheus, 1995, 170, 240.

[13]RAY, John. *The Wisdom of God Manifested in the Works of the Creation* [A sabedoria de Deus manifesta nas obras da criação]. Londres, 1701.

[14]BOYLE, Robert. *Selected Philosophical Papers of Robert Boyle*. (Org.). STEWART, M. A. Manchester: Manchester University Press, 1979, 172.

[15]NEWTON, Isaac. *Newton's Principia*: Motte's Translation Revised, 1686, trad. MOTTE, Andrew, rev. CAJORI, Florian. Berkeley: University of California Press, 1934, 543-44.

[16]NEWTON, Isaac. *Opticks*. Nova York: Dover, 1952, 369-70.

Os cientistas continuaram a formular argumentos de design no início do século XIX, especialmente na biologia. Na parte final do século XVIII, no entanto, alguns filósofos iluministas começaram a expressar ceticismo quanto a esses argumentos. David Hume, em seus *Dialogues Concerning Natural Religion* [Diálogos sobre a religião natural] (1779), alegou que o argumento do design dependia de uma analogia falha com os artefatos humanos.[17] Ele admitiu que os artefatos derivam de artífices inteligentes e que os organismos biológicos têm certas semelhanças com artefatos humanos complexos. Os olhos e os relógios de bolso, por exemplo, dependem da integração funcional de muitas peças separadas e especificamente configuradas. No entanto, ele argumentou que os organismos biológicos também diferem dos artefatos humanos – eles se reproduzem, por exemplo – e os defensores do argumento do design não levam em conta essas diferenças. Como a experiência ensina que organismos sempre vêm de outros organismos, Hume defendeu que o argumento analógico deveria sugerir que os organismos, em última instância, vêm de algum organismo primitivo (talvez uma aranha gigante ou um vegetal), não de uma mente ou espírito transcendental.

A despeito de suas objeções, a rejeição categórica de Hume ao argumento do design não se mostrou decisiva. Pensadores tão diversos quanto o presbiteriano escocês Thomas Reid,[18] o deísta iluminista Thomas Paine[19] e o filósofo racionalista Immanuel Kant[20] continuaram a afirmar[21] várias versões do argumento do design após a publicação dos *Diálogos* de Hume. Além disso, com a publi-

---

[17]HUME, David. *Dialogues Concerning Natural Religion*. org. Richard H. Popkin. Indianapolis: Hackett, 1980, 61-66.

[18]REID, Thomas. *Lectures on Natural Theology*, 1780. (Org.). DUNCAN, Elmer, EAKIN, William R. Washington, DC: University Press of America, 1981, 59.

[19]PAINE, Thomas. *The Life and Works of Thomas Paine*, v. 8: The Age of Reason, New Rochelle, Nova York: Thomas Paine National Historical Association, 1925, 6.

[20]KANT, Immanuel. *Critique of Pure Reason*, trad. Norman Kemp Smith. Londres: Macmillan, 1963, 523.

[21]Kant procurou limitar o escopo do argumento do design, mas não o rejeitou por completo. Embora rejeitasse o argumento como uma prova do Deus transcendente e onipotente da teologia judaico-cristã, ele ainda aceitava que poderia estabelecer a realidade de um autor poderoso e inteligente do mundo. (*Critique of Pure Reason*, 523).

cação da *Teologia Natural*, de William Paley, os argumentos de design baseados em ciência alcançariam uma nova popularidade, tanto na Grã-Bretanha quanto no continente europeu. Paley catalogou uma série de sistemas biológicos que sugeriam a obra de uma inteligência superintendente.[22] Paley argumentou que a surpreendente complexidade e a excelente adaptação dos meios aos fins em tais sistemas não poderiam originar-se a partir das forças cegas da natureza, mais do que poderia uma máquina complexa como um relógio surgir de forças cegas. Paley também respondeu diretamente à afirmação de Hume de que as inferências de design repousavam em uma analogia falha. Um relógio que pudesse se reproduzir, argumentou ele, constituiria um sistema ainda mais maravilhoso do que um que não pudesse. Assim, para Paley, as diferenças entre artefatos e organismos apenas fortaleceram a conclusão de design. Assim, apesar das objeções de Hume, muitos cientistas continuaram a achar atraente o raciocínio relógio-relojoeiro de Paley até o século XIX.

Darwin, neodarwinismo e o eclipse do design

A aceitação do argumento do design começou a diminuir no final do século XIX com o surgimento de explicações materialistas cada vez mais poderosas do design "aparente" da vida, particularmente na teoria de Charles Darwin de evolução pela seleção natural. Darwin argumentou, em 1859, que os organismos vivos apenas *pareciam* ser projetados. Para mostrar isso, ele propôs um mecanismo concreto, a seleção natural agindo a partir de variações aleatórias, para explicar a adaptação dos organismos ao seu ambiente (e outras evidências do design aparente) sem invocar uma agência inteligente. Darwin achava que a seleção natural poderia realizar o trabalho de um criador de animais e, assim, essa natureza cega poderia imitar, com o tempo, a ação de uma inteligência seletiva – de um Designer. Se a origem dos organismos biológicos pudesse ser explicada de

[22]PALEY, William. *Natural Theology*. Boston: Gould and Lincoln, 1852, 8-9.

modo naturalista, como argumentou Darwin,[23] então as explicações que invocam um Design*er* inteligente eram desnecessárias (e até sem sentido).

Assim, não foram os argumentos dos filósofos que destruíram a popularidade do argumento do design, mas uma teoria científica sobre origens biológicas. Essa tendência foi reforçada pelo surgimento de outras teorias sobre origem, totalmente naturalistas, em astronomia, biologia e geologia ao longo do século XIX.

Embora o argumento de design em biologia tenha entrado em recuo depois que A *origem das espécies* foi publicada, ele nunca desapareceu completamente. Darwin foi desafiado por vários cientistas importantes de sua época, mais fortemente pelo grande naturalista de Harvard, Louis Agassiz, o qual argumentou que o súbito aparecimento das primeiras formas complexas de animais no registro fóssil cambriano apontava para um "poder intelectual" e atestava "atos mentais". Da mesma forma, o cofundador da teoria da evolução pela seleção natural, Alfred Russel Wallace, argumentou que algumas características dos seres humanos, tais como sua consciência e capacidade de usar a linguagem, eram melhor explicadas pela referência ao trabalho de uma "inteligência superior" do que à evolução darwiniana.[24] Parecia-lhe "ser evidência de um poder" guiando as leis do desenvolvimento orgânico "em direções definidas e para fins especiais". Wallace insistiu ainda que "muito longe desta visão estar fora de harmonia com os ensinamentos da ciência, ela tem uma analogia impressionante com o que está ocorrendo agora no mundo". E em 1897, o estudioso de Oxford F. C. S. Schiller argumentou que "não será possível descartar a suposição de que o processo de evolução possa ser guiado por um design inteligente."[25]

[23]DARWIN, Charles. *On the Origin of Species*. Cambridge, MA: Harvard University Press, 1964, 481-82.

[24]WALLACE, Alfred Russel. Sir Charles Lyell on Geological Climates and the Origin of Species. In: SMITH, Charles H. (Org.). *An Anthology of His Shorter Writings* Oxford: Oxford University Press, 1991, 33-34.

[25]SCHILLER, F. C. S. Darwinism and Design Argument. In: *Humanism*: Philosophical Essays. Nova York: Macmillan, 1903, 141.

O interesse contínuo na hipótese do design foi possível em parte porque o mecanismo da seleção natural teve uma recepção contraditória no período pós-darwiniano imediato. Como observou o historiador da biologia Peter Bowler,[26] o darwinismo clássico entrou em um período de eclipse durante o final do século XIX e início do século XX, principalmente porque Darwin não dispunha de uma teoria adequada para a origem e transmissão de novas variações hereditárias. A seleção natural, como Darwin bem entendeu, não poderia realizar nada sem um constante suprimento de variação, a fonte primordial de novas estruturas biológicas. Contudo, tanto a teoria da herança misturada, que Darwin havia assumido, quanto a genética mendeliana clássica, que logo a substituiu, implicavam em limitações na quantidade de variabilidade genética disponível para a seleção natural. Isso, por sua vez, implicava em limites à quantidade de estruturas novas que a seleção natural poderia produzir.

No final dos anos 1930 e 1940, no entanto, a seleção natural foi revivida como o principal motor de mudança evolutiva à medida que desenvolvimentos em vários campos esclareciam a natureza da variação genética. A ressuscitação do mecanismo de variação/seleção natural pela genética moderna e genética de populações tornou-se conhecida como síntese neodarwinista. Segundo ela, a seleção natural, agindo sobre um tipo especial de variações aleatórias conhecidas como mutações genéticas, poderia explicar a origem de novas formas e estruturas biológicas. Essas mutações aleatórias (concebidas como erros de cópia ou alterações no material hereditário) forneciam as variações sobre as quais a seleção natural poderia atuar e a partir das quais surgiriam novas formas e estruturas biológicas. Mudanças microevolutivas em pequena escala poderiam, então, ser extrapoladas indefinidamente para dar conta do desenvolvimento macroevolutivo em larga escala.

Com o ressurgimento do mecanismo de seleção natural, os neodarwinistas afirmariam, como os darwinistas antes deles, que haviam

[26]BOWLER, Peter J. *Theories of Human Evolution*: A Century of Debate, 1844-1944. Baltimore: Johns Hopkins University Press, 1986, 44-50.

encontrado um processo ou mecanismo natural inteiramente não direcionado que explicava a aparência de design em biologia. Como Ernst Mayr, biólogo evolucionista de Harvard, explicou: "O núcleo real do darwinismo... é a teoria da seleção natural. Essa teoria é tão importante para o darwinista porque permite a explicação da adaptação, o 'design' do teólogo natural, por meios naturais."[27] Por volta da celebração do centenário de A *origem das espécies*, de Darwin, em 1959, muitos cientistas presumiam que a seleção poderia explicar completamente a aparência de design e, consequentemente, o argumento do design em biologia estava morto. Como Julian Huxley proclamou na celebração do centenário:

> Os historiadores do futuro talvez tomem esta Semana do Centenário como epítome de um importante período crítico na história desta Terra... quando o processo de evolução, na pessoa do homem inquiridor, começou a ser verdadeiramente consciente de si mesmo.[28]

A EVIDÊNCIA E O ARGUMENTO PARA O DESIGN INTELIGENTE

Apesar de tais pronunciamentos e do triunfo percebido do neodarwinismo, novas descobertas ressuscitariam a questão do design. De fato, descobertas no florescente campo da biologia molecular durante a década de 1950, algumas feitas pouco antes da celebração do centenário em 1959, iriam sugerir que pelo menos uma aparência-chave de design em biologia não tinha sido explicada pela seleção natural e pela mutação aleatória ou por qualquer outro mecanismo puramente materialista de evolução.

O enigma do DNA e a aparência de design

Quando Watson e Crick descobriram a estrutura do DNA, eles descobriram também que o DNA armazena informações na forma de

[27]MAYR, Ernst "Foreword" to *Darwinism Defended* by RUSE, Michael. Reading, MA: Addison Wesley, 1982, xi-xii.

[28]HUXLEY, Julian. *Evolution After Darwin*. (Org.). TAX, Sol. Chicago: University of Chicago Press, 1960, 3:249-61.

um código alfabético de quatro caracteres. Cadeias de substâncias químicas sequenciadas com precisão, chamadas de nucleotídeos, armazenam e transmitem instruções de montagem – informação – para construir as moléculas de proteína cruciais e as máquinas de proteína de que as células precisam para sobreviver.

Crick desenvolveu ainda mais essa ideia com sua agora famosa "hipótese de sequência", segundo a qual as subunidades químicas do DNA (as bases dos nucleotídeos) funcionam como letras em um texto escrito ou caracteres digitais ou símbolos em um *software* de computador. Assim como as letras de uma sentença em português ,ou os caracteres digitais em um programa de computador, podem transmitir informações dependendo do arranjo, também certas sequências de bases químicas ao longo da "espinha" da molécula de DNA transmitem instruções precisas para organizar os aminoácidos dos quais as proteínas são feitas. (As proteínas executam a maioria das funções de manutenção da vida nas células. Por exemplo, elas funcionam como enzimas que catalisam reações químicas a taxas muito mais rápidas do que ocorreriam; processam informações genéticas e formam as partes estruturais das máquinas moleculares.)

Além disso, as sequências de bases de nucleotídeos no DNA não possuem apenas informação no sentido estritamente matemático da teoria da informação, desenvolvida pelo famoso cientista do MIT Claude Shannon no final da década de 1940. Shannon desenvolveu uma teoria matemática da informação[29] que igualava a quantidade de informação transmitida com a quantidade de incerteza reduzida ou eliminada por uma série de símbolos ou caracteres.[30] Na teoria de Shannon, quanto mais improvável um evento ou sequência, mais incerteza ele elimina e mais informação transmite. Shannon generalizou essa relação afirmando que a quantidade de informação transmitida por um evento ou sequência de caracteres é inversamente proporcional à probabilidade de sua ocorrência. Quanto

[29]SHANNON, Claude. A Mathematical Theory of Communication. *Bell System Technical Journal* 27, 1948, 379-423, 623-56.
[30]DRETSKE, Fred. *Knowledge and the Flow of Information* [Conhecimento e o fluxo de informação]. Cambridge, MA: MIT Press, 1981, 6-10.

maior o número de possibilidades, maior a improbabilidade de uma qualquer ser realizada e, portanto, mais informação é transmitida quando uma possibilidade particular ocorre.

No entanto, o formalismo matemático de Shannon não pôde medir ou detectar se uma sequência de caracteres é significativa – ou se ela desempenha uma função de comunicação. Para ver a distinção entre uma sequência improvável de caracteres (ou seja, uma que possua apenas a informação de Shannon) e uma sequência que possua *tanto* informação de Shannon *quanto* informação funcional, considere estas duas sequências:

> inwehnsdysk]ifhsnmcpew,m.sa
> O tempo e a maré não esperam por ninguém.

Embora seja muito improvável para, digamos, um homem cego digitar em um teclado padrão gerando uma dessas sequências exatas de caracteres, apenas a sequência de baixo executa uma função de comunicação, enquanto a sequência de cima não. Assim, enquanto a sequência de cima contém informação de Shannon, a sequência de baixo contém também o que foi chamado de "informação especificada" ou "funcional".

Por que essa distinção é importante? Acontece que os arranjos específicos de bases na molécula de DNA, da mesma forma que o arranjo de caracteres em uma sentença em português ou em uma parte de *software* de computador, não exibem apenas um alto grau de improbabilidade matemática. Em vez disso, a maneira específica pela qual as bases de nucleotídeos no DNA são organizadas é crucial para a função da molécula de DNA na célula. Ou seja, o arranjo de bases nucleotídicas nas regiões codificantes do DNA também exibe "especificidade". Como Francis Crick explicou em 1958, "informação significa aqui a determinação *precisa* da sequência, seja de bases no ácido nucléico [DNA] ou em resíduos de aminoácidos na proteína."[31]

[31]CRICK, Francis. On Protein Synthesis. *Symposium for the Society of Experimental Biology* 12, 1958, 138-63, esp .144, 153.

Assim, o DNA não só tem informação de Shannon, como também contém informação no sentido comum de sequências ou arranjos alternativos de caracteres *que produzem um efeito específico.* Sequências de bases de DNA transmitem instruções que produzem proteínas, as quais desempenham funções e produzem efeitos específicos. Assim, elas não apenas possuem informação de Shannon, mas também informação especificada ou funcional.

Mais do que isso, a presença de sequências portadoras de informação funcionalmente específica no DNA representa uma aparência marcante de design. Como observa Richard Dawkins, "o código de máquina dos genes é estranhamente parecido com o de um computador,"[32] e o desenvolvedor de *software* Bill Gates observou: "O DNA é como um programa de computador."[33] Após o início dos anos 1960, novas descobertas deixaram claro que a informação digital no DNA e no RNA é apenas parte de um complexo sistema de processamento de informação – uma forma avançada de nanotecnologia, que espelha e excede a nossa em sua complexidade, lógica de design e densidade de armazenamento de informação.

Mas, se isso é verdade, como surgiu a informação funcional no DNA? Os biólogos sabem que todas as formas de vida, e todas as células vivas em todo organismo, requerem informação genética para construir as moléculas de proteína cruciais que as células e os organismos precisam para viver. Isso implica que a construção de novas formas de vida durante a história da vida exigiu novas informações genéticas funcionais. Como surgiu essa nova informação?

Quando eu era professor universitário, costumava fazer uma pergunta aos meus alunos: "Se você quer que seu computador adquira uma nova função ou capacidade, o que você precisa dar a ele?" Normalmente, as respostas dos alunos se concentravam em expressões como "novo código", "instruções", "*software*" ou "informação". Todas essas respostas estão corretas, é claro – e agora sabemos que o mesmo vale para os organismos vivos. Para

[32]DAWKINS, Richard. *River Out of Eden.* Nova York: Basic Books, 1995, 17.
[33]GATES, Bill *The Road Ahead.* Nova York: Viking, Penguin Group, 1995, 188.

construir novas formas de vida a partir de formas preexistentes mais simples, ou para construir a primeira célula a partir de substâncias químicas não vivas mais simples, seriam necessárias novas informações funcionais.

Mas, se isso é assim, é plausível pensar que a seleção natural agindo sobre mutações aleatórias, ou outros mecanismos evolutivos não direcionados, poderiam ter produzido a informação necessária no DNA para gerar novas formas de vida? Existem várias razões convincentes para pensar que não. De fato, explicar a origem da informação digital armazenada no DNA – mais uma vez, uma impressionante aparência de design – revelou-se um problema formidável para ambos os ramos da teoria evolutiva – para a teoria da evolução biológica, que tenta explicar a origem de novas formas de vida a partir de formas de vida preexistentes mais simples, e para a teoria evolucionária química, que tenta explicar a origem da primeira forma de vida a partir de substâncias químicas não vivas mais simples.

Evolução biológica e a origem da informação genética

De acordo com o neodarwinismo, uma nova informação genética surge quando ocorrem mutações aleatórias no DNA dos organismos existentes. "Aleatório" aqui significa "sem relação com resultado funcional", implicando que não pode haver direcionalidade ou *telos* para eventos mutacionais. Quando surgem mutações que, estritamente por acaso, conferem uma vantagem funcional aos organismos que as possuem (aumentando assim seu rendimento reprodutivo), as mudanças genéticas resultantes serão repassadas pela seleção natural para a geração seguinte. À medida que essas mudanças se acumulam, as características de uma população mudam com o tempo.

No entanto, a seleção natural só pode "selecionar" o que as mutações aleatórias geram primeiro. Assim, para a seleção natural preservar qualquer inovação funcional significativa, as mutações aleatórias devem primeiro produzir novas informações genéticas para a construção de novas proteínas (a partir de um novo arranjo de aminoácidos). Sem novas mutações funcionais, a seleção natural não terá nada de vantajoso para preservar e passar para a próxima geração – nesse caso, nenhuma mudança evolutiva significativa ocorrerá. A seleção natural aguarda, necessariamente, as deliberações do processo mutacional, porque é aí que surge uma nova função selecionável (e novidade morfológica).

No entanto, se a mutação ocorre sem direção, o mecanismo evolutivo enfrenta o que equivale a um problema de agulha no palheiro, ou o que os matemáticos chamam de "problema de pesquisa combinatória". Na matemática, o termo "combinatório" refere-se ao número de possíveis maneiras que um conjunto de objetos pode ser organizado ou combinado.

Por exemplo, à medida que o comprimento de um gene ou proteína necessário aumenta, o número de possíveis nucleotídeos de base (no caso do DNA) ou sequências de aminoácidos (no caso de proteínas) desse comprimento cresce exponencialmente. Por exemplo, usando os vinte aminoácidos formadores de proteínas, existem 20^2 ou 400 maneiras de fazer uma combinação de dois aminoácidos, uma vez que cada posição pode apresentar qualquer um dos vinte aminoácidos diferentes. Da mesma forma, há 20^3 ou 8 mil maneiras de fazer uma sequência de três aminoácidos, e 20^4 ou 160 mil maneiras de fazer uma sequência de quatro aminoácidos, e assim por diante. Porém, a maioria das proteínas funcionais são feitas de *centenas* de aminoácidos. Assim, mesmo uma proteína relativamente curta de, digamos, 150 aminoácidos, representa uma sequência entre um número astronomicamente grande de outras combinações possíveis de aminoácidos (aproximadamente 10^{195}). Intuitivamente, isso sugere que a probabilidade de encontrar até mesmo uma única sequência funcional – isto é, um gene ou proteína funcional – como resultado de busca mutacional aleatória pode ser proibitivamente pequena, devido ao grande número de sequências possíveis que devem ser pesquisadas por mutações no tempo disponível.

Para ver por que, vamos considerar um simples cadeado de bicicleta de quatro mostradores com dez configurações possíveis para cada mostrador. Um ladrão, que encontra um desses cadeados (e não possui outras ferramentas), enfrenta um problema de pesquisa combinatória porque existem 10×10×10×10 ou 10 mil maneiras possíveis de combinar as configurações possíveis dos quatro mostradores. No entanto, existe apenas uma combinação que abrirá o cadeado. Tentar aleatoriamente as combinações possíveis é improvável que produza a configuração correta, a menos que o ladrão tenha muito tempo à disposição para pesquisar exaustivamente.

Imagine, no entanto, que encontramos um ladrão de bicicletas realmente comprometido em procurar pacientemente no "espaço de sequências" por possíveis combinações do cadeado a uma taxa de uma combinação a cada dez segundos. Se nosso ladrão hipotético tivesse quinze horas e não fizesse pausas, poderia gerar mais da metade (5.400 de 10 mil) do total de combinações possíveis no cadeado de bicicleta de quatro mostradores. Nesse ponto, a probabilidade de que ele chegue à combinação correta já ultrapassa a probabilidade de que ele falhe. Nesse caso, seria mais provável ele ser *bem sucedido* (do que não ser) em abrir o cadeado por pesquisa aleatória. E a hipótese do acaso – ou seja, a hipótese de que ele consiga abrir o cadeado por meio de uma busca aleatória – é, portanto, também mais provável de ser *verdadeira* do que falsa.

Mas, imagine agora um cadeado muito mais complicado Em vez de quatro mostradores, este cadeado tem dez mostradores. Em vez de 10 mil combinações possíveis, esse cadeado tem 10^{10} ou 10 bilhões de combinações possíveis. Tendo apenas uma combinação que abrirá o cadeado em 10 bilhões – uma proporção proibitivamente pequena – é muito mais provável que o ladrão falhe, *mesmo que dedique toda a sua vida à tarefa.*

Um pouco de matemática mostra que isso é verdade. Se o ladrão não fizesse nada a não ser tentar combinações ao acaso, uma a cada dez segundos durante uma vida inteira de cem anos, ainda assim ele chegaria a tentar apenas cerca de 3% do número total de combinações nesse cadeado tão grande. Nessa situação reconhecidamente planejada, ele mais provavelmente iria *falhar* em abrir o cadeado por busca aleatória. E, nesse caso, a hipótese do acaso

– a hipótese de que o ladrão conseguirá encontrar a combinação por meio de busca aleatória – também tem muito mais probabilidade de ser *falsa* do que verdadeira.

Então, o que dizer de confiar em mutações aleatórias para "procurar" por uma nova sequência de bases de DNA capaz de direcionar a construção de uma nova proteína funcional? Será que tal busca aleatória por informação genética nova teria maior probabilidade de ter sucesso – ou falhar – no tempo disponível para o processo evolutivo? Em outras palavras, será que uma busca mutacional aleatória para um novo gene capaz de produzir uma nova proteína é mais parecida com a busca pela combinação no cadeado de quatro mostradores ou no cadeado de dez mostradores?

Como nossos exemplos mostram, a probabilidade final de sucesso de uma busca aleatória – e a plausibilidade de qualquer hipótese que afirme o sucesso de tal busca – depende tanto do *tamanho do espaço* que precisa ser pesquisado quanto do *número de oportunidades* disponíveis para se realizar a busca.

Contudo, acontece que os cientistas precisam saber outra coisa para determinar a probabilidade de sucesso no caso de genes e proteínas. Eles precisam saber quão raros ou comuns são os arranjos funcionais de bases de DNA capazes de gerar novas proteínas dentre todos os arranjos possíveis para uma proteína de um determinado comprimento. Isso ocorre porque, no caso de genes e proteínas, diferentemente do nosso exemplo do cadeado de bicicleta, há *muitas combinações funcionais* de bases e aminoácidos (em oposição a apenas uma do cadeado) entre todas as combinações. Assim, a fim de avaliar a plausibilidade de uma busca aleatória, precisamos conhecer a proporção geral de sequências funcionais para não funcionais no DNA.

Até recentemente, os biólogos moleculares não sabiam quantas das possíveis combinações em um dado trecho de informação genética eram funcionais. Eles não sabiam, na verdade, quantas das possíveis combinações "abririam o cadeado". Mas, experimentos recentes em biologia molecular e ciência da proteína resolveram o problema.

Enquanto trabalhava na Universidade de Cambridge, de 1990 a 2003, o biólogo molecular Douglas Axe resolveu responder a essa questão usando uma técnica de amostragem chamada "mutagênese sítio-dirigida". Seus experimentos revelaram que, para cada sequência de DNA que gera uma proteína *funcional* curta, com apenas 150 aminoácidos de comprimento, existem 10^{77} combinações *não* funcionais – isto é, 10^{77} arranjos de aminoácidos que *não* se dobram em uma estrutura de proteína tridimensional estável capaz de desempenhar uma função biológica.[34]

Em outras palavras, existem inimaginavelmente mais maneiras de arranjar bases nucleotídicas que resultam em sequências não funcionais de DNA do que existem sequências que resultam em genes funcionais. (Consequentemente, há também imensamente mais maneiras de arranjar aminoácidos que resultam em cadeias de aminoácidos não funcionais do que formas de arranjar aminoácidos para produzir proteínas funcionais). De fato, a estimativa derivada experimentalmente por Axe colocou esta relação – o tamanho do palheiro em relação à agulha – em 10^{77} sequências não funcionais para cada gene ou proteína funcional. Essa relação implica que a dificuldade de uma busca mutacional por um novo gene ou proteína é equivalente à dificuldade de procurar por apenas uma combinação em um cadeado com 10 dígitos em cada um dos 77 mostradores.

As mutações genéticas aleatórias poderiam efetivamente esquadrinhar um espaço de possibilidades tão grande no tempo disponível para as principais transições evolutivas documentadas no registro fóssil, ou mesmo em toda a história da vida na Terra? Claramente 10^{77} representa um número enorme. (Para colocar esse número em contexto, considere que existem apenas 10^{65} átomos em nossa galáxia.) No entanto, para avaliar se o mecanismo de

[34]AXE, Douglas. Estimating the Prevalence of Protein Sequences Adopting Functional Enzyme Folds. *Journal of Molecular Biology* 341, 2004, 1295-1315. Para uma estimativa anterior também derivada de experimentos de mutagênese, veja REIDHAARD-OLSON, John; SAUER, Robert. Functionally Acceptable Solutions in Two Alpha-Helical Regions of Lambda Repressor. *Proteins: Structure, Function, and Genetics* 7, 1990, 306-16.

mutação/seleção poderia efetivamente pesquisar um número tão grande de combinações possíveis no tempo disponível, precisamos saber também quantas oportunidades o processo evolucionário teria tido para cobrir esse enorme número de possibilidades.

Vamos considerar que toda vez que um organismo se reproduz e gera um novo organismo ocorre uma oportunidade de gerar e transmitir uma nova sequência de DNA. Mas, durante toda a história de vida de 3,85 bilhões de anos na Terra, apenas 10^{40} organismos individuais já viveram – isso significa que, no máximo, apenas 10^{40} dessas oportunidades ocorreram. No entanto, 10^{40} representa apenas uma pequena fração de 10^{77} – apenas um décimo de trilionésimo de trilionésimo de trilionésimo, para ser exato.

Assim, mesmo que uma única proteína funcional relativamente simples surja, o mecanismo de seleção de mutações teria tempo para pesquisar apenas uma pequena fração do número total de sequências relevantes – um décimo de trilionésimo de trilionésimo de trilionésimo das possibilidades totais. Ou seja, o número de tentativas disponíveis para todo o processo evolucionário revela-se incrivelmente pequeno em relação ao grande número de sequências possíveis que precisam ser pesquisadas. O tamanho dos espaços relevantes que precisam ser pesquisados pelo processo evolucionário supera o tempo disponível para pesquisa – mesmo levando em conta o longo tempo evolutivo.

Segue-se disso que é esmagadoramente mais provável que uma busca mutacional aleatória não teria conseguido produzir nem mesmo uma nova sequência de DNA e proteína funcional (rica em informação) em toda a história da vida na Terra. Consequentemente, também se segue que a hipótese de que essa busca aleatória tenha tido sucesso é mais provável que seja falsa do que verdadeira. E, claro, a geração de novas plantas e animais iria requerer muitas novas proteínas, não apenas uma.

Quando nosso ladrão de bicicletas enfrentou muitas combinações a mais do que ele tinha tempo para explorar, era muito mais provável que ele falhasse do que conseguisse abrir o cadeado. Da mesma forma, é muito mais provável que o mecanismo de mutação e seleção fracasse do que conseguir gerar até mesmo uma única proteína nova – e a informação genética necessária para produzi-la – na história conhecida de vida na Terra. Segue-se que o mecanismo neodarwiniano não fornece uma explicação adequada para a origem da informação genética necessária para produzir as principais inovações na forma biológica que surgiram durante a história da vida na Terra. Em meu livro *Darwin's Doubt* [A dúvida de Darwin], observo que muitos dos principais biólogos evolucionários reconhecem agora a inadequação do mecanismo neodarwinista de seleção natural e mutação aleatória por essa e por outras razões. Mostro também que como parte de novas teorias da evolução, mas ainda estritamente materialistas (como auto-organização, herança neolamarckiana, teoria neutra, engenharia genética natural) as tentativas de substituir ou suplementar esse mecanismo também não conseguem resolver o problema da origem da informação biológica.

Teoria evolucionária química e a origem da informação

Explicar a origem de informação genética coloca uma dificuldade ainda mais aguda para os cientistas que tentam explicar a origem da vida em primeiro lugar. Lembre-se de que a teoria de Darwin procurou explicar a origem de novas formas de vida a partir de formas mais simples. Não pretendia explicar como a primeira forma de vida – presumivelmente um simples organismo unicelular – poderia ter surgido no começo. Durante a década de 1930, um bioquímico russo chamado Alexander I. Oparin tentou remediar essa lacuna na história evolutiva sugerindo que a vida poderia ter evoluído primeiramente por meio de uma longa série de reações químicas não direcionadas ao longo de centenas de milhões de anos. No entanto, nem ele nem ninguém na década de 1930 havia avaliado inteiramente a complexidade das células mais simples.

Embora parecesse que a teoria de Oparin tenha recebido apoio experimental em 1953, quando Stanley Miller simulou a produção dos aminoácidos que são "blocos de construção" de proteínas sob condições atmosféricas ostensivamente pré-bióticas, sua versão didática da teoria evolutiva química está repleta de dificuldades. O experimento de simulação de Miller é agora entendido por pesquisadores de origem da vida como tendo pouca ou nenhuma relevância para explicar como os aminoácidos – e muito menos o seu sequenciamento preciso, necessário para produzir proteínas – poderiam ter surgido na atmosfera real Terra da primitiva.

Além disso, como outros biólogos, os pesquisadores da origem da vida (também conhecidos como teóricos evolucionários químicos) reconhecem agora a centralidade da informação até mesmo nos sistemas vivos mais simples. Eles reconhecem que a construção de uma célula viva requer instruções de montagem armazenadas no DNA ou em alguma molécula equivalente. Mas, como surgiram essa informação digital funcional e o complexo sistema de processamento de informações da célula? Hoje, essas questões estão no centro da pesquisa sobre a origem da vida. Como o pesquisador Bernd-Olaf Küppers explicou, "O problema da origem da vida é, claramente, basicamente equivalente ao problema da origem da informação biológica".[35]

Claramente, as características informacionais da célula, pelo menos, *parecem* projetadas. Elas também parecem exigir algum tipo de explicação. No entanto, como Oparin propôs sua teoria da evolução química antes da elucidação da estrutura do DNA e a formulação da hipótese de sequência, ele inicialmente não propôs nenhuma explicação para a origem da informação presente no DNA e no RNA, mesmo da mais simples célula viva. Desde a década de 1960, entretanto, os cientistas propuseram três tipos amplos de explicações materialistas para a origem da informação necessária para produzir a primeira célula – explicações baseadas no (1) acaso, (2) leis auto-organizacionais (ou "necessidade" físico-química), ou (3) alguma combinação dos dois. Em *Signature in the Cell* [Assinatura na célula], mostro que todos esses três tipos de explicações não conseguiram explicar a origem última da informação genética.

[35]KÜPPERS, Bernd-Olaf. *Information and the Origin of Life*. Cambridge, MA: MIT Press, 1990, 172.

Em resumo, teorias do acaso fracassam porque a probabilidade de gerar um gene ou proteína funcional (isto é, rica em informações) a partir de substâncias químicas inanimadas mais simples é ainda menor do que a probabilidade de se constituir um novo gene ou proteína funcional a partir de um gene ou proteína preexistente em um organismo já existente (isto é, a probabilidade calculada acima) – mesmo levando em conta todas as oportunidades para que tal evento tenha ocorrido desde o início do universo. Por essa e outras razões, pesquisadores sérios da origem da vida consideram agora o "acaso" uma explicação causal inadequada para a origem da informação biológica.[36]

Além disso, mostrou-se também que a informação no DNA desafia a explicação pela referência a leis "auto-organizativas" ou forças de atração química, embora alguns dos primeiros cientistas da origem da vida tenham proposto que tanto o DNA quanto as proteínas poderiam ter se originado dessa maneira. Esses cientistas pensaram que, assim como as forças eletrostáticas juntam sódio (Na^+) e cloreto (Cl^-) em padrões altamente ordenados dentro de um cristal de sal (NaCl), da mesma forma aminoácidos com afinidades especiais entre si, ou bases nucleotídicas com afinidades especiais entre si, organizam-se em proteínas e moléculas de DNA portadoras de informação. No entanto, proteínas e DNA não são como cristais. Enquanto os cristais são caracterizados por sequências altamente *ordenadas* ou *repetidas* de seus constituintes químicos, sequências ricas em informação, seja em *software*, numa frase em um texto em português ou em DNA, desafiam a redução a padrões tão rigidamente repetitivos. Em vez disso, as sequências de bases no DNA variam de maneiras imprevisíveis e, consequentemente, podem transmitir informação (redutora de incerteza).

No caso do DNA, as forças de atração subjacentes que mantêm a molécula unida não determinam as sequências exatas das bases de nucleotídeos que transportam informação. Como resultado, as

[36]DUVE, Christian de. The Constraints of Chance. *Scientific American* 271, 1996, 112; CRICK, Francis. *Life Itself*. Nova York: Simon & Schuster, 1981, 89-93.

sequências podem variar de inúmeras maneiras, ao contrário de um cristal. Assim como letras magnéticas podem ser combinadas e recombinadas para formar várias sequências em uma superfície de metal, assim também cada uma das quatro bases (representadas pelas letras A, T, G e C) pode ser anexada a qualquer posição na "espinha dorsal" do DNA com igual facilidade, tornando todas as sequências igualmente prováveis (ou improváveis). Assim, em vez de suas subunidades químicas tornarem uma sequência rigidamente repetitiva ou altamente ordenada (como Na-Cl Na-Cl Na-Cl ...), as subunidades portadoras de informação no DNA são aperiódicas e altamente complexas. Ainda assim, justamente por essa razão, as bases do DNA podem carregar informação (em oposição à ordem repetitiva) e funcionar como uma molécula instrucional. Se cada sequência de DNA fosse caracterizada pelo mesmo padrão de repetição rígida, o DNA não seria capaz de fornecer instruções para construir as muitas milhares de proteínas diferentes nas células – mas, na melhor das hipóteses, apenas uma. O DNA contém informação funcional para a construção de numerosas proteínas diferentes, precisamente porque não exibe padrões rígidos de repetição, do tipo que pode se auto-organizar pelas leis da atração química. Como mostro em *Signature in the Cell* em mais detalhes, a biologia molecular revelou que forças de atração auto-organizativas entre os constituintes portadores de informação no DNA (e RNA e proteínas) não explicam a especificidade da sequência (a informação) nessas grandes moléculas portadoras de informação. Dizer de outra maneira seria como dizer que uma manchete de jornal pode surgir como resultado da atração química entre tinta e papel.

Finalmente, outras teorias evolucionárias químicas tentaram combinar os dois tipos de explicações – aquelas baseadas no acaso e aquelas que invocam processos semelhantes à lei. A teoria mais popular desse tipo, "o mundo do RNA", invoca as variações do acaso e um processo semelhante à lei da "seleção natural pré-biótica".

A teoria é baseada na descoberta de que as moléculas de RNA são capazes tanto de armazenar informações, como o DNA, quanto de catalisar algumas reações enzimáticas, como as proteínas.

Por essa razão, alguns cientistas da origem da vida propuseram que a vida poderia ter surgido primeiro de um grupo de moléculas de RNA que se autocopiariam, competindo entre si na Terra primitiva. Os proponentes do mundo RNA imaginaram seções de RNA com diferentes sequências de bases surgindo por acaso na Terra pré-biótica, com algumas delas eventualmente adquirindo a capacidade de fazer cópias de si mesmas. Nesse cenário, a capacidade de se autorreplicar favoreceria a sobrevivência daquelas moléculas de RNA que poderiam fazê-lo e, portanto, favoreceriam também as sequências específicas que as primeiras moléculas autorreplicantes teriam.

Entretanto, surgiram inúmeras dificuldades com o cenário do mundo de RNA. Primeiro, sintetizar (e manter) muitos blocos de construção essenciais de moléculas de RNA sob condições realistas mostrou-se difícil ou impossível.[37] Segundo, os catalisadores de RNA que ocorrem naturalmente (as chamadas "ribozimas") possuem muito poucas propriedades enzimáticas específicas das proteínas necessárias às células existentes. Terceiro, os defensores do mundo de RNA não oferecem nenhuma explicação plausível sobre como os replicadores de RNA primitivos podem ter evoluído para células modernas que permitem que as proteínas processem e traduzam informações genéticas e regulem o metabolismo.[38]

Mais importante ainda, a hipótese do mundo de RNA pressupõe, mas não explica, a origem da especificidade de sequência ou informação nas moléculas originais de RNA funcional. Até hoje, os cientistas conseguiram projetar catalisadores de RNA que copiam apenas cerca de 10% deles mesmos.[39] Ainda assim, para que os filamentos de RNA cheguem a esse nível, eles devem ter arranjos muito *específicos* de componentes constitutivos (nucleotídeos na cadeia

[37]SHAPIRO, Robert. Prebiotic Cytosine Synthesis: A Critical Analysis and Implications for the Origin of Life. *Proceedings of the National Academy of Sciences*, USA 96, 1999, 4396-4401.

[38]WOLF, Yuri I; KOONIN, Eugene V. On the Origin of the Translation System and the Genetic Code in the RNA World by Means of Natural Selection, Exaptation, and Subfunctionalization. *Biology Direct* 2, 2007, 14.

[39]JOHNSTON, Wendy et al. RNA-Catalyzed RNA Polymerization: Accurate and General RNA Templated Primer Extension. *Science* 292, 2001, 1319-25.

de RNA). Além disso, os filamentos devem ser longos o suficiente para dobrar em formas tridimensionais complexas. Assim, qualquer molécula de RNA capaz de se autocopiar, mesmo limitadamente, deve possuir informação (especificada) considerável. No entanto, explicar como os blocos de construção do RNA se organizaram em sequências especificadas funcionalmente não se mostrou mais fácil do que explicar como as partes do DNA poderiam tê-lo feito, especialmente dada a alta probabilidade de reações cruzadas destrutivas entre moléculas desejáveis e indesejáveis em qualquer sopa pré-biótica. Como o bioquímico ganhador do Prêmio Nobel, Christian de Duve, observou em uma crítica à hipótese do mundo do RNA: "Agrupar os componentes da maneira correta [rica em informação] levanta problemas adicionais... que ninguém ainda tentou [resolver] em um contexto pré-biótico".[40] Ele explicou ainda que todas as teorias de seleção natural pré-biótica "precisam de informação, o que implica que elas têm que pressupor o que deve ser explicado em primeiro lugar".[41]

Em todo caso, tentativas de melhorar as propriedades catalíticas e autorreplicantes limitadas de moléculas de RNA em experimentos de "engenharia de ribozimas" inevitavelmente requerem ampla manipulação por parte do investigador, simulando, assim, a necessidade de design inteligente, não a eficácia de um processo evolutivo químico não direcionado.

O MISTÉRIO DA ORIGEM DA VIDA E A HIPÓTESE DA "CAUSA INTELIGENTE"

Foi a crise na pesquisa sobre a origem da vida (já aparente em 1984, mas não totalmente) que levou o químico Charles Thaxton, o cientista de polímeros Walter Bradley e o geoquímico Roger Olsen a escrever *The Mystery of Life's Origin* [O mistério da origem da vida]

[40]DUVE, Christian de. *Vital Dust*: Life as a Cosmic Imperative [Poeira vital: a vida como um imperativo cósmico]. Nova York: Basic Books, 1995b, 23.
[41]DOBZHANSKY, Theodosius. "Discussion of G. Schramm's Paper," in *The Origins of Prebiological Systems and of their Molecular Matrices*, org. FOX, Sidney W. Nova York: Academic, 1965, 310.

– o primeiro livro contemporâneo a antecipar a ideia de design inteligente. Em *Mystery*, Thaxton e seus colegas criticaram todas as teorias evolucionárias químicas atuais. Eles mostraram que o experimento de Miller-Urey não simulou as condições iniciais da Terra; que a existência de uma sopa pré-biótica da Terra primitiva era um mito; que as transições evolutivas químicas estavam sujeitas a reações cruzadas interferentes e destrutivas; e que nem o acaso nem leis auto-organizativas poderiam explicar a informação em proteínas e no DNA.

Mas, foi no epílogo do livro que os três cientistas propuseram uma alternativa radical. Lá, eles sugeriram que as propriedades do DNA portadoras de informação poderiam apontar para uma "causa inteligente". Baseando-se no trabalho do famoso químico Michael Polanyi, eles argumentaram que a química e a física por si só não podiam produzir informação, assim como tinta e papel não poderiam produzir as informações contidas em um livro. Em vez disso, argumentaram que nossa experiência uniforme sugere que a informação (ou o que eles chamavam de complexidade especificada) é o produto de uma "causa inteligente".[42] Em *Mystery*, eles também argumentaram que causas inteligentes poderiam ser consideradas hipóteses científicas legítimas dentro das ciências históricas, um modo de investigação que eles chamaram de *ciência das origens*.

Design inteligente: uma explicação melhor?

O livro *Mystery* marcou o início do interesse pela teoria contemporânea do design inteligente. Também inspirou uma geração de estudiosos e cientistas mais jovens a investigar se há evidência de design real em organismos vivos ou apenas a aparência de design. Quando o livro foi publicado, eu estava trabalhando como geofísico em Dallas, onde Charles Thaxton vivia. Em 1985, eu o conheci em uma conferência científica e soube da hipótese que ele estava desenvolvendo

[42]THAXTON, Charles et al., *The Mystery of Life's Origin*: Reassessing Current Theories [O mistério da origem da vida: reavaliando teorias atuais]. Nova York: The Philosophical Library, 1984, 211.

sobre o DNA. Comecei a encontrá-lo depois do trabalho para discutir os argumentos que ele havia apresentado em seu livro.

Intrigado com sua tese, mas ainda não totalmente convencido, no ano seguinte deixei meu trabalho como geofísico para cursar um doutorado na Universidade de Cambridge, em história e filosofia da ciência. Durante minha pesquisa de doutorado, investiguei questões que surgiram em minhas discussões com Thaxton. Quais métodos os cientistas usam para estudar as origens biológicas? Eles usam um método distinto de investigação científica histórica? Depois de concluir meu doutorado, abracei uma outra questão: seria possível formular uma defesa científica rigorosa para o design inteligente baseado na presença de informação digital no DNA?

Quando comecei a estudar o método de raciocínio que os cientistas históricos usam para identificar as causas responsáveis por eventos no passado remoto, descobri que esses cientistas frequentemente fazem inferências com uma forma lógica característica, conhecida tecnicamente como *inferências abdutivas*.[43] Geólogos, paleontólogos, biólogos evolucionistas e outros cientistas históricos raciocinam como detetives, inferindo condições ou causas *passadas* a partir de pistas *presentes*. Como Stephen Jay Gould observa, os cientistas históricos tipicamente "inferem a história de seus resultados".[44]

No entanto, como muitos filósofos observaram, esse tipo de raciocínio histórico pode ser problemático, porque mais de uma causa pode muitas vezes explicar o mesmo efeito ou pista. Isso faz com que o raciocínio a partir de pistas atuais seja capcioso, porque as evidências podem apontar para mais de uma explicação ou hipótese causal. Para abordar esse problema na geologia, o geólogo do século XIX Thomas Chamberlain delineou um método de raciocínio que ele chamou de "o método de múltiplas hipóteses de trabalho".[45]

---

[43]PEIRCE, C. S. *Collected Papers, Volumes* 1–6, orgs. HARTSHORNE, C.; WEISS, P. Cambridge, MA: Harvard University Press, 1932, 2:375.

[44]GOULD, Stephen J. "Evolution and the Triumph of Homology: Or, Why History Matters," *American Scientist* 74, 1986, 61.

[45]CHAMBERLAIN, Thomas C. "The Method of Multiple Competing Hypotheses," *Science* 148, 1965, 754-59.

Filósofos da ciência contemporâneos como Peter Lipton chamaram isso de método de "inferência à melhor explicação".[46] Isto é, ao tentar explicar a origem de um evento ou estrutura do passado, os cientistas frequentemente comparam várias hipóteses para ver qual delas, se verdadeira, poderia melhor explicá-lo. Eles então provisoriamente afirmam a hipótese que melhor explica os dados como a mais provável de ser verdadeira.

Mas isso levantou uma questão importante: exatamente o que torna uma explicação *a melhor*? Acontece que cientistas históricos já haviam desenvolvido critérios para decidir qual causa, dentre um grupo de possíveis causas concorrentes, fornece a melhor explicação para algum evento no passado remoto. O mais importante desses critérios é chamado de "adequação causal". Esse critério requer que os cientistas históricos, como condição de uma explicação bem-sucedida, identifiquem as causas conhecidas por terem o poder de produzir o tipo de efeito, característica ou evento em questão. Ao fazer essas determinações, os cientistas históricos avaliam as hipóteses confrontando-as com seu conhecimento atual de causa e efeito. Causas que são conhecidas por produzir o efeito em questão são julgadas melhores candidatas do que aquelas que não são. Por exemplo, uma erupção vulcânica fornece uma melhor explicação para uma camada de cinzas na Terra do que um terremoto, porque observou-se que erupções vulcânicas produzem camadas de cinzas, enquanto que terremotos não.

Um dos primeiros cientistas a desenvolver esse princípio foi o geólogo Charles Lyell, que também influenciou Charles Darwin. Darwin leu a obra-prima de Lyell, *The Principles of Geology* [Os princípios da geologia], na viagem do *Beagle*, e empregou seus princípios de raciocínio em A *origem das espécies*. O subtítulo dos *Principles* de Lyell resumiu o princípio metodológico central do geólogo: *uma tentativa de explicar as antigas mudanças da superfície da Terra, pela referência a causas que agora estão em operação*.

[46]LIPTON, Peter. *Inference to the Best Explanation*. Londres e Nova York: Routledge, 1991, 1.

Lyell argumentou que quando os cientistas procuram explicar os eventos no passado, eles não devem invocar causas desconhecidas, cujos efeitos não sabemos. Em vez disso, eles deveriam citar causas conhecidas de nossa experiência uniforme que tenham o poder de produzir o efeito em questão.[47] Os cientistas históricos devem citar "causas agora em operação" – isto é, causas atuantes no presente. Essa foi a ideia por trás de sua máxima uniformitarista: "O presente é a chave para o passado".

O próprio Darwin adotou esse princípio metodológico ao tentar demonstrar que a seleção natural qualificava-se como uma *vera causa*, em outras palavras, uma causa verdadeira, conhecida ou real de mudança biológica significativa.[48] Ele procurou mostrar que a seleção natural era causalmente adequada para produzir os efeitos que ele estava tentando explicar.

Tanto os filósofos da ciência quanto os principais cientistas históricos enfatizaram a adequação causal como o principal critério para avaliar hipóteses concorrentes. Os filósofos da ciência também observaram que as avaliações de poder explanatório levam a inferências conclusivas apenas quando pode ser demonstrado que existe apenas uma causa conhecida para o efeito ou evidência em questão.[49] Quando os cientistas podem inferir uma causa unicamente plausível, eles podem evitar a falácia de afirmar o consequente – o erro de decidir por uma explicação causal enquanto ignora outras causas que também podem ter o poder de produzir o mesmo efeito.[50]

O que tudo isso tem a ver com a origem da informação biológica, o que chamei de "enigma do DNA"? Quando eu era estudante

[47]LYELL, Charles. *Principles of Geology*: Being an Attempt to Explain the Former Changes of the Earth's Surface, by Reference to Causes Now in Operation, 3 vols. Londres: Murray, 1830-33, 75-91.

[48]KAVALOVSKI, V. "The Vera Causa Principle: A Historico-Philosophical Study of a Meta-theoretical Concept from Newton Through Darwin". Dissertação de doutorado, University of Chicago, 1974, 78-103.

[49]SCRIVEN, Michael "Explanation and Prediction in Evolutionary Theory," *Science* 130,1959, 480.

[50]MEYER, Stephen. *Of Clues and Causes: A Methodological Interpretation of Origin of Life Studies*. Dissertação de doutorado, Cambridge University, 1990, 96-108.

de doutorado, eu me perguntei se não se poderia formular e justificar uma defesa para uma causa inteligente da mesma forma que os cientistas históricos justificam qualquer outra alegação causal sobre um evento no passado. Meu estudo do raciocínio científico histórico e da pesquisa sobre a origem da vida me sugeriu que era possível formular uma defesa científica rigorosa para o design inteligente como uma inferência à melhor explicação, especificamente, como a melhor explicação para a origem de informação biológica. A ação criativa de um agente consciente e inteligente representa claramente uma causa conhecida (presentemente atuante) e adequada como origem da informação. A experiência uniforme e repetida afirma que agentes inteligentes podem produzir grandes quantidades de informação funcional ou especificada, seja em programas de *software*, inscrições antigas ou sonetos de Shakespeare. Mentes são claramente capazes de gerar informação especificada.

Além disso, a informação especificada na célula também aponta para o design inteligente como a *melhor* explicação para a origem da informação biológica. Por quê? A experiência mostra que grandes quantidades de informação funcional (especialmente quando expressas em formato digital ou alfabético) se originam invariavelmente de uma fonte inteligente – de uma mente ou agente pessoal. Em outras palavras, atividade inteligente é *a única causa conhecida* da origem de informação especificada funcionalmente (pelo menos, em quantidade suficiente para produzir uma nova dobra de proteínas – a unidade mínima de inovação biológica. Veja a nota de rodapé para uma explicação desta ressalva).[51] Como inteligência é a

[51]Construir uma nova forma de vida animal requer inovação em forma e estrutura. Novas dobras de proteínas – subunidades de estrutura de larga escala, das quais proteínas inteiras são feitas – constituem a menor unidade de inovação *estrutural* na história da vida. Assim, uma nova dobra de proteína representa a menor unidade de inovação que a seleção natural pode detectar. Como a construção de formas de vida fundamentalmente novas exige inovação estrutural, as mutações devem gerar novas dobras de proteínas para que a seleção natural tenha a oportunidade de preservar e acumular inovações estruturais ou morfológicas. Assim, a capacidade de produzir novas dobras de proteínas representa uma condição *sine qua non* para a inovação macroevolutiva. Por essa razão, os experimentos de Douglas Axe testaram a dificuldade de se gerar novas dobras de proteínas, não apenas novas funções de proteínas

única causa conhecida de informação especificada, a presença de informação funcional ou especificada, mesmo nos sistemas vivos mais simples, aponta decisivamente para a existência e atividade passadas de uma inteligência planejadora.[52]

Ironicamente, esta generalização – que inteligência é a única causa conhecida de informação especificada – recebeu apoio da própria pesquisa sobre a origem da vida. Durante os últimos cinquenta anos, todos os modelos materialistas propostos falharam em explicar a origem da informação genética funcionalmente especificada necessária para construir uma célula viva.[53] Ela também recebeu confirmação de novos desenvolvimentos na biologia evolucionária, em que não apenas o neodarwinismo, mas – como demonstrei em *Darwin's Doubt* – os mecanismos de mudança evolutiva mais recentemente propostos também falharam em explicar a origem de novas informações – novamente, pelo menos em quantidades suficientes para produzir novas dobras em proteínas. Assim, a inteligência, ou o que os filósofos chamam de "causação por agente", destaca-se agora como única causa conhecida capaz

dentro de uma estrutura dobrada existente. Embora mutações aleatórias possam produzir ligeiras mudanças nas funções das proteínas dentro de uma dobra de proteína comum (isto é, sem produzir uma nova dobra), o trabalho de Axe mostrando que a extrema raridade (e isolamento) de novas dobras dentro do espaço de sequência de aminoácidos sugeriu que gerar uma nova dobra requer mais informações novas do que se poderia razoavelmente esperar que surgissem, dados os recursos probabilísticos disponíveis à história evolutiva da Terra. Assim, os experimentos de Axe sugeriram também um limite *informacional* para o poder criativo da mutação e seleção. Veja: MEYER, *Darwin's Doubt* (p. 221-27) e KLINGHOFFER, David (Org.), *Debating Darwin's Doubt*: A Scientific Controversy That Can No Longer Be Denied. Seattle: Discovery Institute Press, 2016; para exemplos de tentativas fracassadas de demonstrar que a mutação e a seleção natural podem gerar novas dobras em proteínas.

[52]Minhas conclusões foram reforçadas pelo trabalho do matemático William Dembski em seu livro *The Design Inference*. Cambridge: Cambridge University Press, 1998. O capítulo 16 de *Signature in the Cell* explica como os critérios de Dembski e o método de detecção de design se relacionam com a ideia de informação especificada.

[53]THAXTON et al. *The Mystery of Life's Origin*, 42-172; SHAPIRO, Robert, *Origins*: A Skeptic's Guide to the Creation of Life on Earth. Nova York: Summit, 1986; DOSE, Klaus. The Origin of Life: More Questions Than Answers. *Interdisciplinary Science Review* 13, 1988, 348-56; YOCKEY, Hubert P. *Information Theory and Molecular Biology*. Cambridge: Cambridge University Press, 1992, 259-93; THAXTON, Charles B. BRADLEY, Walter L. Information and the Origin of Life. In: GROVE, J. P. (Org.). Moreland Downers. *The Creation Hypothesis*: Scientific Evidence for an Intelligent Designer. IL: InterVarsity Press, 1994, 193-97. MEYER, *Signature in the Cell*.

de gerar grandes quantidades de informação especificada.[54] Como resultado, a presença de sequências especificadas ricas em informação mesmo nos sistemas vivos mais simples, e nos grandes incrementos de informação biológica que surgem ao longo da história da vida, aponta para a atividade de uma inteligência planejadora.

Cientistas em muitos campos reconhecem a conexão entre inteligência e informação e fazem inferências de acordo com isso. Arqueólogos supõem que um escriba produziu as inscrições na pedra de Roseta. A busca por inteligência extraterrestre (SETI) pressupõe que qualquer informação especificada embutida em sinais eletromagnéticos vindos do espaço indicaria uma fonte inteligente.[55] Até agora, os radioastrônomos não encontraram tais sinais portadores de informação, mas mais próximos de nós, os biólogos moleculares identificaram sequências e sistemas especificados ricos em informação na célula, sugerindo, pela mesma lógica, a existência passada de uma causa inteligente para esses efeitos.

De fato, nossa experiência uniforme afirma que informações especificadas – seja inscritas em hieróglifos, escritas em um livro, codificadas em um sinal de rádio ou produzidas em um experimento de "engenharia de ribozimas" – sempre surgem de uma fonte inteligente, de uma mente, não de um processo estritamente material. Assim, a descoberta de informação digital funcional na molécula de DNA e a evidência de que grandes infusões dessas novas informações entraram na biosfera durante a história da vida fornecem bases sólidas para inferir que a inteligência desempenhou um papel na origem dessa informação. De fato, sempre que encontramos informações especificadas e sabemos a história causal de como essa informação surgiu, descobrimos invariavelmente

[54]Naturalmente, a frase "grandes quantidades de informação especificada" levanta uma questão quantitativa, ou seja, "Quanta informação especificada a célula minimamente complexa teria que ter para implicar em design?" Em *Signature in the Cell*, justifico uma resposta quantitativa precisa a esta pergunta. Mostro que a emergência de quinhentos ou mais bits de informação especificada indica design de forma confiável. Veja também nota 53.

[55]MCDONOUGH, Thomas R. *The Search for Extraterrestrial Intelligence*: Listening for Life in the Cosmos [A busca por inteligência extraterrestre: ouvindo a vida no cosmos]. Nova York: Wiley, 1988.

que ela surgiu de uma fonte inteligente. Segue-se que a explicação melhor e mais causalmente adequada para a origem da informação codificada digitalmente especificada no DNA é uma fonte inteligente. O design inteligente explica melhor a origem da informação biológica – o enigma do DNA.

OBJEÇÕES FILOSÓFICAS AO DESIGN INTELIGENTE

Em resposta aos argumentos para o design inteligente resumidos aqui, os oponentes responderam com objeções filosóficas ao invés de evidenciais. As duas mais comuns são: (1) que a teoria do design inteligente é um argumento fundado na ignorância e (2) que o design inteligente "não é ciência". Vamos examinar cada um desses argumentos por vez.

Um argumento fundado na ignorância?

Opositores do design inteligente frequentemente caracterizam a teoria como um argumento a partir da ignorância. De acordo com essa crítica, qualquer um que fizer uma inferência de design a partir da presença de informação especificada no mundo biológico usa nossa ignorância atual de uma causa materialista adequada de tal informação como base para inferir uma causa inteligente. Segundo a objeção, como os defensores do design não conseguem imaginar um processo natural capaz de produzir informação biológica, eles recorrem à invocação da misteriosa noção de design inteligente. Nessa visão, o design inteligente funciona não como uma explicação, mas como algo para ocupar o lugar da ignorância.

Mas, argumentos fundados em ignorância ocorrem quando evidências contra uma proposição são a única base oferecida para se aceitar uma proposição alternativa. Os argumentos para o design inteligente apresentados por teóricos contemporâneos do design não cometem essa falácia. É verdade que os argumentos de design empregados pelos defensores contemporâneos do design inteligente realmente dependem em parte de avaliações negativas da adequação causal de hipóteses materialistas concorrentes. E, claramente, a falta de uma causa materialista adequada realmente fornece parte dos fundamentos para inferir o design de estruturas ricas em informação na célula.

Contudo, essa carência é apenas parte da base para inferir o design. Os proponentes do design inteligente também inferem o design porque *sabemos* que agentes inteligentes podem e realmente produzem sistemas especificados ricos em informações. Como observou o teórico da informação Henry Quastler, "informação surge habitualmente da atividade consciente".[56] De fato, temos um *conhecimento* positivo, baseado em experiência, de uma causa alternativa suficiente para produzir o efeito em questão – e essa causa é inteligência ou uma mente. Assim, os teóricos do design inferem o design inteligente não apenas porque os processos naturais não explicam a origem da informação especificada nos sistemas biológicos, mas também porque *sabemos*, baseados em nossa experiência uniforme, que agentes inteligentes, e somente eles, produzem esse efeito. Ou seja, temos conhecimento positivo baseado em experiência de uma causa alternativa (inteligência) que é suficiente para produzir informação especificada.

O fato de os argumentos contemporâneos para o design necessariamente incluírem avaliações críticas da adequação causal de hipóteses concorrentes é, portanto, inteiramente apropriado. Todos os cientistas históricos devem comparar a adequação causal das hipóteses concorrentes a fim de fazer um julgamento sobre qual hipótese é a melhor. Não diríamos, por exemplo, que um arqueólogo teria cometido a falácia do "escriba das lacunas" simplesmente porque – depois de rejeitar a hipótese de que uma antiga inscrição hieroglífica foi causada por uma tempestade de areia – ele concluiu que a inscrição fora produzida por um escriba humano. Em vez disso, reconhecemos que o arqueólogo fez uma inferência fundamentada em seu *conhecimento*, baseado na experiência

[56]QUASTLER, Henry. *The Emergence of Biological Organization*. New Haven: Yale University Press, 1964, 16.

de que inscrições ricas em informação surgem invariavelmente de causas inteligentes, não apenas em seu julgamento de que não há causas naturais adequadamente eficazes que possam explicar a inscrição.

Raciocinando dessa maneira, os defensores contemporâneos do design empregam o método de raciocínio uniformitariano padrão, usado em todas as ciências históricas. Em todos os casos em que sabemos como informações especificadas surgiram, a experiência mostrou que o design inteligente desempenhou um papel causal. Assim, quando encontramos tais informações nas biomacromoléculas necessárias à vida, podemos inferir – com base em nosso *conhecimento* das relações estabelecidas de causa e efeito (isto é, "causas agora em operação") – que uma causa inteligente operou no passado para produzir a informação necessária para a origem de novas formas de vida ou do início da vida.

Mas, é ciência?

Naturalmente, muitos simplesmente se recusam a considerar a hipótese do design com base em que ela não se qualifica como científica. Tais críticos[57] afirmam o princípio extraevidencial conhecido como naturalismo metodológico. O naturalismo metodológico afirma que, por uma questão de definição, para uma explicação qualificar-se como científica, ela deve invocar apenas entidades materialistas. Assim, dizem os críticos, a teoria do design inteligente não é válida. No entanto, mesmo que se admita esta definição, não se segue que algumas hipóteses não científicas (como definidas pelo naturalismo metodológico) ou metafísicas não constituam uma explicação melhor e mais adequada causalmente para alguns fenômenos do que as hipóteses materialistas concorrentes. Os teóricos do design argumentam que, qualquer que seja sua classificação, a hipótese do design inteligente constitui uma explicação melhor do que a de suas rivais materialistas para a origem de informação biológica, assim

[57]RUSE, Michael. McLean v. Arkansas: Witness Testimony Sheet. In: RUSE, M. Amberst. (Org.). *But Is It Science?* Nova York: Prometheus Books, 1988, 103.

como outros indicadores de design – como a complexidade irredutível de máquinas moleculares celulares e o ajuste fino das leis e constantes da física. Seguramente, simplesmente classificar um argumento como "não científico" não o refuta.

De todo modo, o materialismo metodológico carece de justificação como definição normativa de ciência. Primeiro, tentativas de justificar o materialismo metodológico por referência a critérios de demarcação metafisicamente neutros (isto é, sem pressupostos tendenciosos) falharam.[58] Segundo, afirmar o naturalismo metodológico como um princípio normativo para toda a ciência tem um efeito negativo sobre a prática de certas disciplinas científicas, especialmente aquelas nas ciências históricas. Na pesquisa sobre a origem da vida, por exemplo, o materialismo metodológico restringe artificialmente a investigação e impede que os cientistas considerem algumas hipóteses que poderiam fornecer as melhores e mais adequadas explicações causais. Para ser um esforço de busca da verdade, a questão que os pesquisadores da origem da vida devem abordar não é "Qual cenário materialista parece mais adequado?", mas sim "O que realmente fez a vida surgir na Terra?" Claramente, é pelo menos logicamente possível que a resposta para essa última questão seja: "A vida foi projetada por um agente inteligente que existia antes do advento dos humanos". Se o naturalismo metodológico for aceito como normativo, os cientistas nunca poderão considerar essa hipótese do design como possivelmente verdadeira. Tal lógica excludente diminui a importância de qualquer reivindicação de superioridade teórica para qualquer hipótese remanescente e levanta a possibilidade de que a melhor explicação

[58]MEYER, Stephen C. The Scientific Status of Intelligent Design: The Methodological Equivalence of Naturalistic and Non-Naturalistic Origins Theories. In: *Science and Evidence for Design in the Universe.* São Francisco: Ignatius Press, 2000b. LAUDAN, L. The Demise of the Demarcation Problem. In: RUSE, M. Amberst. (Org.). *But Is It Science.* Nova York: Prometheus Books, 2000a, 337-50. LAUDAN, L. Science at the Bar: Causes for Concern. In: RUSE, M. Amberst. (Org.). *But Is It Science?*, Nova York: Prometheus Books, 2000b, 351-55; PLANTINGA, A. Methodological Naturalism? *Origins and Design* 18 1, 1986a, 18-26; Idem. Methodological Naturalism? *Origins and Design* 18 2, 1986b, 22-34.

científica (como definida pelo naturalismo metodológico) possa não ser a melhor de fato.

Como muitos filósofos da ciência agora reconhecem, a avaliação de uma teoria científica é um empreendimento intrinsecamente comparativo. Não se pode afirmar de teorias que ganham aceitação em competições artificialmente limitadas que sejam as mais provavelmente verdadeiras, nem as empiricamente mais adequadas. Na melhor das hipóteses, essas teorias podem ser consideradas as mais provavelmente verdadeiras ou adequadas dentre um conjunto artificialmente limitado de opções. Assim, a abertura à hipótese do design pareceria necessária a qualquer ciência histórica totalmente racional – isto é, àquela que busca a verdade "sem reservas."[59] Uma ciência histórica comprometida em seguir as evidências onde quer que elas levem não excluirá hipóteses *a priori* em bases metafísicas Em vez disso, empregará apenas critérios metafisicamente neutros – como capacidade explanatória e adequação causal – para avaliar hipóteses concorrentes. Essa abordagem mais aberta, e aparentemente mais racional, da avaliação de uma teoria científica sugere a teoria do design inteligente como a explicação melhor e mais causalmente adequada para a origem de certas características do mundo natural, incluindo a origem da informação especificada necessária para construir novas formas de vida.

CONCLUSÃO

É claro, muitos continuam a desconsiderar o design inteligente como nada mais que "religião disfarçada de ciência". Eles apontam para as implicações obviamente favoráveis da teoria para a crença teísta como uma justificativa para descartar a teoria como religião. Mas, tais críticos confundem as implicações de uma teoria com sua base probatória. A teoria do design inteligente pode muito bem ter implicações teístas. Na verdade, acho que isso acontece precisamente porque sugere que o design que observamos na natureza

[59]BRIDGMAN, Percy Williams. *Reflections of a Physicist*, 2. ed. Nova York: Philosophical Library, 1955, 535.

é real, não apenas aparente – exatamente como uma cosmovisão teísta tradicional, e na verdade bíblica, nos levaria a esperar. Embora o design inteligente não seja *baseado em* crença religiosa, ele afirma um princípio fundamental de uma cosmovisão bíblica – a saber, que a vida e o universo são produtos de uma inteligência projetual – uma inteligência que eu e outros cristãos atribuiríamos ao Deus da Bíblia.

Contudo, as implicações teístas do design inteligente não são motivos para descartá-lo. As teorias científicas devem ser julgadas por sua capacidade de explicar as evidências, não por terem implicações indesejáveis. Aqueles que dizem o contrário ignoram o testemunho da história da ciência. Por exemplo, muitos cientistas inicialmente rejeitaram a teoria do *Big Bang*, porque ela parecia desafiar a ideia de um universo eternamente autoexistente e apontava para a necessidade de uma causa transcendente da matéria, espaço e tempo. Contudo, os cientistas acabaram aceitando a teoria apesar de tais implicações potenciais, porque as evidências a apoiavam fortemente. Hoje, um preconceito metafísico semelhante confronta a teoria do design inteligente. No entanto, ela também deve ser avaliada com base nas evidências, não em nossas preferências filosóficas ou preocupações sobre suas possíveis implicações religiosas. Como o professor Antony Flew, o filósofo ateu de longa data que aceitou a hipótese do design inteligente, aconselhou: Devemos "seguir as evidências onde quer que elas levem."

4.1 Resposta do CRIACIONISMO DA TERRA JOVEM

Ken Ham

Os criacionistas da Terra jovem encontram muito com o que podemos concordar na teoria do design inteligente (daqui em diante, TdDI) apresentada pelo Dr. Meyer. Mas, já de início, acho importante destacar a diferença entre os *argumentos* do design inteligente, por um lado, e, por outro lado, a *estratégia* do movimento do DI (daqui em diante, MDI) desenvolvida por Phillip Johnson, William Dembski e outros associados ao *Discovery Institute*, do qual Meyer é um dos principais líderes.

Provavelmente, todos os palestrantes e escritores criacionistas da Terra jovem usam argumentos de design inteligente como parte de sua defesa da verdade do Gênesis, e eles o fazem desde muito antes do MDI moderno ter nascido. Durante décadas, depois de se juntar a Henry Morris no *Institute for Creation Research*, em 1970, Duane Gish falou e escreveu frequentemente sobre o incrível design do besouro-bombardeiro, da borboleta-monarca e dos dinossauros, que desafiam as explicações evolucionárias para as suas origens. Toda edição da revista *Answers* da *AiG* (que ensina uma cosmovisão bíblica) tem pelo menos um artigo sobre o incrível design de uma das criaturas de Deus, e a *AiG* vende muitos livros e DVDs (incluindo alguns produzidos por pessoas ligadas ao MDI) que defendem existência de Deus a partir do design que vemos na natureza. Os argumentos de design inteligente são perfeitamente consistentes com o ensino da Bíblia em Romanos 1:20, Atos 14:15-17, Salmos 19:1, Jó 12:7-10 e outras passagens. Como Deus projetou e criou esse universo, esperamos ver todo o tipo de evidências de design inteligente. Os criacionistas da Terra jovem estão agradecidos pela forma como os líderes do MDI aumentaram a sofisticação e a profundidade filosófica dos argumentos do DI.

Contudo, o MDI e sua estratégia para lidar com a evolução e sua influência na ciência e na cultura é uma questão diferente. Certamente concordamos com o Dr. Meyer que, ao contrário do que muitos secularistas pensam, a TdDI não é simplesmente criação bíblica reembalada. Ela é, de fato, distinta da criação da Terra jovem tanto no método quanto no conteúdo. É importante notar a afirmação de Meyer de que a "teoria não não se opõe à de evolução definida como mudança ao longo do tempo ou ancestralidade comum, mas contesta a ideia darwinista de que a causa da mudança biológica é totalmente cega e não direcionada" (p. 229). Assim, no MDI, nem a evolução teísta nem bilhões de anos de história para o universo e a Terra são descartados: somente a evolução *ateísta* é rejeitada. Isso explica por que o MDI e o *Discovery Institute* reúnem pessoas de diversos pontos de vista religiosos (até mesmo agnósticos). Como resultado, a Bíblia (especialmente Gênesis) é quase completamente deixada de fora de seus argumentos de DI, como foi no capítulo de Meyer.

Eu e a maioria dos criacionistas da Terra jovem pensamos que essa é uma estratégia equivocada. O fato é que o *Designer* inteligente do céu e da Terra e de tudo que neles há é o Deus da Bíblia, e ele não está em silêncio. Ele falou, e a Bíblia é sua Palavra inspirada e inerrante. Qualquer um que afirme ser cristão e crer nisso não pode justificadamente ignorar o que a Bíblia diz ou tratar seu texto de maneira superficial. E devemos lembrar: "Consequentemente, a fé vem por ouvir a mensagem, e a mensagem é ouvida mediante a palavra de Cristo" (Romanos 10:17).

Essa estratégia de argumentar em favor do design, mas ignorar o Gênesis, foi tentada no início do século XIX, mas não conseguiu inviabilizar o deísmo e o ateísmo que estavam tomando conta cada vez mais da ciência, resultando primeiro na ideia de milhões de anos e depois na evolução. E isso não vai parar essas ideias agora. Não vai "rachar as fundações do naturalismo"[1] e quebrar o controle do naturalismo sobre a ciência ou a cultura. Embora as evidências científicas e os argumentos sejam extremamente importantes na apologética cristã, em última análise, a batalha entre criação e evolução é espiritual. Ela só pode ser travada e vencida, com sucesso, no coração de um indivíduo pelo Espírito de Deus usando a Palavra de Deus. É por isso que os criacionistas da Terra jovem usam a Palavra de Deus, evidências e argumentos, não apenas esses últimos. É por isso que os argumentos do DI levaram Anthony Flew a aceitar um *Designer* inteligente de algum tipo, mas ele não "seguiu as evidências onde quer que elas levem". Tendo rejeitado ou nunca considerado a esmagadora evidência de que a Bíblia é a Palavra de Deus, ele aparentemente morreu como um pecador que rejeita a Cristo e que, infelizmente, passará a eternidade no inferno. Não é suficiente para a mudança cultural ou para o destino eterno de uma pessoa simplesmente levar as pessoas a acreditar na existência de um *Designer* inteligente. Somente Cristo e sua Palavra podem mudar uma vida e impactar a cultura. Eu e outros no movimento da Criação bíblica admitimos livremente que nosso objetivo não é converter as pessoas a criacionistas, mas ajudá-las a confiar em Jesus Cristo para a salvação.

Todos os criacionistas da Terra jovem concordariam com a discussão de Meyer sobre as evidências de design inteligente na complexa molécula de DNA, carregada de informações, em cada criatura viva. Ele ajuda a demonstrar que nenhum processo natural, inclusive seleção natural e mutações, pode fazer com que informação surja em matéria não viva para formar a primeira célula viva. Esses processos também não podem criar novas informações genéticas para transformar a primeira criatura unicelular em todas as

[1]Subtítulo do livro de JOHNSON, Phillip E. *The Wedge of Truth* [A cunha da verdade]. [Johnson é considerado o criador do movimento do design inteligente. (N. T.)]

diversas plantas, animais e pessoas, não importa quanto tempo seja permitido. De fato, como Sanford argumenta,[2] o tempo é inimigo da evolução, porque com o passar do tempo as mutações nocivas estão aumentando no DNA de todas as criaturas. Todas as investigações científicas e não científicas do mundo mostram que a informação não vem da matéria, mas de uma mente inteligente, e a vida vem da vida. Meyer está certo: *sabemos* disso. Mas, Paulo nos diz (Romanos 1:18-20) que as pessoas suprimem essa verdade em sua rebelião pecaminosa contra Deus. O Deus da Bíblia é o Criador vivo, eterno e infinitamente inteligente, não só da informação genética, mas também dos vários tipos de organismos que funcionam e se reproduzem "segundo a sua espécie" (Gênesis 1). Deus não está guiando a seleção natural e as mutações para criar criaturas vivas porque a seleção natural e as mutações não produzem as novas informações necessárias ao homem para a evolução de moléculas.

Meyer e outros defensores do DI estão corretos em ver e expor o controle do naturalismo (isto é, do ateísmo) sobre as ciências relacionadas às origens biológicas (química, biologia, genética e antropologia). Ele também vê corretamente que Darwin baseou sua ideia de evolução biológica diretamente na teoria naturalista e uniformitarista da evolução geológica ao longo de milhões de anos, de Charles Lyell, como também documentei em meu capítulo. Mas, os líderes do MDI estão falhando em lidar com o controle do naturalismo sobre a geologia (e a cosmologia), e a maioria deles aparentemente aceita a afirmação evolucionista de milhões de anos.

Meyer menciona Thomas Chamberlain (1843-1928), um geólogo americano que desenvolveu o método de múltiplas hipóteses de trabalho. Ele estudou geologia em 1868-1869 na Universidade de Michigan, que, como todas as universidades, já estava aferrada nos milhões de anos e provavelmente na evolução darwiniana. O método de Chamberlain nunca foi seguido, no entanto, porque desde o final do século XVIII até o presente os geólogos geralmente negam o testemunho ocular do Criador. Com exceção

[2]SANFORD, John. *Genetic Entropy*. Livonia, NY: FMS Foundation, 2014.

dos criacionistas da Terra jovem, eles nunca tiveram a ideia de que uma criação sobrenatural há cerca de 6 mil anos e o dilúvio de Noé poderiam ser a chave para decifrar a história do registro geológico. Suas múltiplas hipóteses de trabalho foram todas naturalistas e nunca foram provisórias em relação à idade da Terra. Na verdade, a maioria dos geólogos rejeitou o dilúvio e a cronologia bíblica antes mesmo que a primeira sociedade geológica do mundo fosse formada em Londres em 1807.[3]

Os criacionistas da Terra jovem também concordam com Meyer sobre a diferença significativa entre ciência experimental (por exemplo, química e física) e ciência histórica ou ciência das origens (por exemplo, geologia, paleontologia e cosmologia). Ele está certo ao afirmar que, na ciência histórica, os investigadores são como detetives tentando determinar as causas passadas que produziram as evidências que vemos no presente. Mas, aqui eu encontro algumas deficiências na análise de Meyer. Aparentemente, ele não considera o papel do testemunho ocular na reconstrução do passado irrepetível e não observado. Nenhum bom detetive ignoraria o testemunho verdadeiro de testemunhas oculares; na verdade, ele consideraria isso como o mais importante e a chave para interpretar corretamente as evidências físicas de um crime. Mas, todos os cientistas de origem da Terra antiga ignoram (ou pior, distorcem) o testemunho ocular de Deus em Gênesis em seus esforços para interpretar as evidências físicas de eventos do passado.

Se não tivéssemos testemunhas oculares confiáveis sobre a origem e a história da Criação, então ficaríamos apenas com a evidências físicas no presente e só poderíamos raciocinar a partir dos processos atuais para reconstruir o passado. Mas, temos esse testemunho, e o líder do MDI, Phillip Johnson, estava exatamente certo quando disse: "Se Deus falou, então precisamos construir sobre esse fundamento ao invés de tentar encaixar o que Deus fez em algum esquema que vem da filosofia humana."[4] Infelizmente,

[3]Veja MORTENSON, Terry. *The Great Turning Point*, 27-33.
[4]JOHNSON, Phillip E. *The Wedge of Truth*. Downers Grove, IL: InterVarsity Press, 2000, 158.

Johnson e muitos outros líderes do MDI nunca consideraram seriamente (pelo menos, em qualquer de seus escritos ou palestras, até onde eu saiba) o que Deus disse em Gênesis 1–11 sobre a Criação, o dilúvio e a idade da Terra. Assim, eles têm estado abertos à aceitação de milhões de anos (e outras crenças evolucionárias) e não expuseram e se opuseram ao controle do naturalismo na geologia e na cosmologia. Os criacionistas da Terra jovem são os únicos cientistas de origem totalmente consistentes porque só eles levam em conta o testemunho ocular do Deus que conhece tudo, sempre diz a verdade e viu todos os eventos da história desde o primeiro momento da Criação.

Uma outra fraqueza do MDI e da TdDI é a incapacidade de lidar com um ponto importante que discuti em meu capítulo, ou seja, o problema da morte, da doença e do sofrimento antes da Queda. A teoria do design inteligente simplesmente não é uma explicação adequada para o mundo em que vivemos. A Criação não apenas testemunha o trabalho criativo inteligente de Deus, mas também seus juízos do mundo na Queda e no dilúvio. Mas, o testemunho da natureza para esses juízos só pode ser reconhecido e adequadamente entendido à luz do testemunho escrito de Deus nas Escrituras. Evitar a questão da idade da Terra ou abraçar os milhões de anos é, de fato, rejeitar o ensinamento da Bíblia sobre a Criação "muito boa" original e a Queda, ou seja, rejeitar o que Deus disse.

Assim, os argumentos de design inteligente do MDI são muito bem-vindos, mas a estratégia do MDI de deixar a Bíblia, ou pelo menos Gênesis, fora da discussão leva a um compromisso com milhões de anos e o *Big Bang* e outras ideias, que minam a verdade e a autoridade das Escrituras. Isso, por sua vez, enfraquece a moralidade bíblica e o evangelho na cultura, impedindo assim as pessoas de abraçar a obra salvadora de Jesus Cristo. O MDI não é um movimento cristão, ao passo que os criacionistas bíblicos são, abertamente e sem constrangimento, cristãos.

4.2

Resposta do CRIACIONISMO (PROGRESSIVO) DA TERRA ANTIGA

Hugh Ross

O foco de Meyer no argumento teleológico sobre um *Designer* inteligente parece sábio. Durante milênios, o argumento teleológico permaneceu consistentemente entre as linhas mais populares de evidência da existência de Deus.

Como astrônomo cristão, aprecio o apelo de Meyer ao ajuste fino cósmico como evidência para o design inteligente (DI). O ajuste fino cósmico e a cosmologia do *Big Bang* têm claras implicações teístas, especificamente implicações cristãs. A longa história de reação negativa ao *Big Bang* por astrônomos e físicos não teístas remonta a essas implicações. Graças ao acúmulo de evidências em apoio a um evento de origem como o *Big Bang* e contrário aos modelos concorrentes, a cosmologia do *Big Bang* ganhou aceitação crescente. No entanto, dado que o ajuste fino cósmico e o *Big Bang* se alinham com a teologia cristã, a resistência científica persiste e suspeito que sempre o fará.

Aplaudo a ênfase de Meyer na origem da vida, que é cientificamente a melhor oportunidade para testar o paradigma evolutivo, produzindo a evidência mais inequívoca e rigorosa para o DI.

Consequentemente, a *Reasons to Believe* publicou quatro livros sobre a origem da vida.[1]

Meyer identifica corretamente que as biomoléculas possuem não apenas ordem, mas níveis extremos de complexidade especificada. A referência de Meyer aos experimentos de engenharia de ribozimas, que exigem laboratórios sofisticados e "ampla manipulação por parte do investigador" (p. 250), reforça seu argumento de intervenção direta na origem da vida realizada por um *Designer* inteligente. No mínimo, essas experiências estabelecem que alguém, com recursos imensamente maiores do que os cientistas que conduzem esses experimentos, deve ter sido responsável pela montagem da vida há cerca de 3,825 bilhões de anos.

Compartilho também com a abordagem filosófica de Meyer quanto à pesquisa em DI. Seu apelo ao raciocínio abdutivo, ou "inferência à melhor explicação", nos permite distinguir nitidamente entre uma interpretação meramente deísta da história da vida e uma interpretação teísta, também entre uma interpretação teísta e uma interpretação explicitamente cristã. Eu acrescentaria que na astronomia podemos fazer mais do que inferir as melhores explicações de eventos passados. Graças à velocidade finita e constante da luz, podemos observar diretamente o passado.

A pesquisa em design tem sido parte do meu ministério desde antes da fundação de *Reasons to Believe* e da fundação do movimento do DI. O que diferencia a abordagem da minha equipe da de outros proponentes do DI é o nosso reconhecimento de um fundamento bíblico. Nosso objetivo é construir e comunicar um modelo de criação testável, falsificável e preditivo, que integre todas as disciplinas científicas e todos os livros da Escritura. Tal modelo pode ser apresentado em praticamente qualquer ambiente, pois identifica a fonte do design e os modos e tempos específicos pelos quais Deus interveio na ordem natural.

[1]RANA, Fazale; ROSS, Hugh. *Origins of Life*, 2. ed. Covina, CA: RTB Press, 2014; RANA, Fazale. *The Cell's Design*. Grand Rapids: Baker, 2008; Idem. *Creating Life in the Lab*. Grand Rapids: Baker, 2011; ROSS, Hugh. *Improbable Planet*. Grand Rapids: Baker, 2016.

De uma perspectiva evangelística, Meyer paga um alto preço por se abster de tomar uma posição quanto à identidade do *Designer*, à idade da Terra, aos dias de Criação do Gênesis e às datas das origens da vida e da humanidade. Ele faz vários sacrifícios:

1. Ele não pode usar algumas das melhores evidências científicas para a fé cristã.
2. Ele desperta suspeita entre os cientistas, suspeita de uma agenda oculta.
3. Ele pode parecer endossar a credibilidade científica do Criacionismo da Terra Jovem.
4. Ele renuncia a oportunidades de abordar questões bíblicas que inevitavelmente surgem da discussão sobre evidências de design.
5. Ele inadvertidamente reforça uma má interpretação amplamente difundida da decisão da Suprema Corte dos EUA sobre o ensino da Criação.

Sim, a Suprema Corte dos EUA proibiu "o ensino do criacionismo". No entanto, o que a corte proibiu, na verdade, foi o ensino do Criacionismo da Terra Jovem em salas de aula de ciências de escolas públicas. Por quê? Porque os defensores não conseguiram estabelecer para a corte qualquer mérito científico para o seu modelo de criação. Para a corte estava claro que, se tal mérito pudesse ser estabelecido, o conteúdo seria permissível.[2]

De acordo com o famoso físico Paul Davies, qualquer um que apresentasse um modelo identificando o *Designer*, citando datas, locais e meios de design específicos, mostrando como seu modelo poderia ser refutado e fazendo previsões do que os cientistas deveriam descobrir no curto prazo (diferentes das previsões de outros modelos), ganharia um lugar nas mesas de pesquisa e educação

[2]Eu documento isso no capítulo 15 do meu livro *More Than a Theory*. Grand Rapids: Baker, 2009.

científicas.[3] O compromisso com tal modelo abriria as portas para a discussão nas universidades públicas. Ele também suscitaria críticas valiosas de cientistas pesquisadores não cristãos e ofereceria oportunidades para atraí-los para a fé em Jesus Cristo.

Meyer e outros colegas proponentes do DI parecem não se comprometer com o Criacionismo da Terra Jovem, com a Criação Evolucionária e com outros modelos criacionistas religiosos e não religiosos. Meyer "não se opõe" a tais crenças como "ancestralidade comum", embora ele realmente conteste que "a causa da mudança biológica é totalmente cega e não direcionada" (p. 229). O que ele escreve aqui é exatamente o que Haarsma diria. Tal semelhança me leva a perguntar se Meyer vê casos específicos em que a intervenção do *Designer* no processo de "descendência comum" é inequivocamente revelada?

Um dos principais argumentos de Meyer para o design na origem da vida exemplifica a importância de argumentos de apologética testáveis na área, experimentando-os com cientistas de pesquisa ativos em disciplinas relevantes. O argumento de Meyer de que a informação bioquímica não pode surgir a partir de processos casuais parece convincente para o público leigo, mas notamos que ela tem pouco ou nenhum impacto sobre bioquímicos e pesquisadores da origem da vida. Tentativas de usar esse argumento em um ambiente universitário podem levar ao constrangimento.

Os bioquímicos evolucionistas acham que o argumento de Meyer representa erroneamente os processos que eles acreditam ter gerado moléculas ricas em informação. Por exemplo, eles citam pesquisas recentes mostrando que o espaço de proteínas é muito mais densamente povoado por proteínas funcionais do que o que Meyer reconhece.[4]

[3]Davies fez este comentário durante um diálogo comigo no *Unbelievable?*, um programa conduzido por Justin Brierley na *Premier Christian Radio*, no Reino Unido.
[4]SKOLNICK, Jeffrey; GAO, Mu. Interplay of Physics and Evolution in the Likely Origin of Protein Biochemical Function. *Proceedings of the National Academy of Sciences* USA 110, Junho 2013, 9344-49, doi:10 1073/pnas 1300011110.

A crítica de que os números de probabilidade de Meyer são exagerados não implica que todos os argumentos de informação bioquímica favoráveis a um *Designer* devam ser evitados. Significa simplesmente que devemos usar aqueles que os pesquisadores da origem da vida reconhecem abertamente como problemas importantes, se não intratáveis, para os modelos naturalistas. A seguir estão uns poucos exemplos, alguns dos quais Meyer faz referência em seus outros escritos:

1. Nenhum mecanismo natural conhecido pode explicar a natureza algorítmica da informação bioquímica. A informação acondicionada em biomoléculas funciona como o *software* de computador. Ela exerce um controle altamente especificado e sequencialmente programado sobre a operação de máquinas bioquímicas e sistemas bioquímicos.
2. Os sistemas bioquímicos empregam três códigos diferentes: o código genético, o código das histonas e o código de paridade par do DNA. Somente seres pelo menos tão inteligentes quanto os humanos podem programar códigos tão complexos.
3. As regras que compõem o código genético são as melhor projetadas para minimizar erros do que qualquer outro código concebível.
4. Sistemas bioquímicos baseados em informação exibem uma estrutura de linguagem tão complexa quanto a linguagem humana.
5. Mesmo com instalações laboratoriais de alta tecnologia, os bioquímicos não podem produzir a capacidade de autorreplicação do RNA ou do DNA. Além disso, estudos bioquímicos de evolução em laboratório não conseguiram fornecer evidências de que processos evolutivos podem gerar informação sob as condições que existiam na Terra no momento da origem da vida. Experimentos de laboratório projetados para fornecer uma explicação evolutiva para a origem da vida evidenciam que alguém mais capaz e inteligente do que os seres humanos mais brilhantes criou a vida.

Argumentos robustos sobre informação bioquímica favoráveis ao *Designer* são complexos e difíceis de ser apresentados. Pode-se construir argumentos mais simples para a necessidade de um *Designer* e, quando integrados com outras evidências, de um Criador bíblico. Veja uma lista parcial:

1. *Escassez de blocos de construção.* Fora dos organismos vivos e seus produtos de decomposição, os cientistas não encontram ribose, arginina, lisina ou triptofano moléculas críticas para a montagem de proteínas, RNA e DNA na Terra ou em qualquer outro lugar do universo. Embora esses blocos de construção possam existir em algum lugar abaixo dos limites de detecção de algumas partes por bilhão, essa escassez parece excluir uma origem naturalista da vida.
2. *Falta de uma fonte para moléculas homoquirais.* A montagem de proteínas requer que todos os aminoácidos envolvidos possuam uma configuração de mão esquerda. A montagem de DNA e RNA requer que todos os açúcares ribose envolvidos sejam "destros". Fora de organismos, de produtos orgânicos de decomposição e de laboratórios controlados, nenhuma fonte foi encontrada, seja na Terra ou em qualquer outro lugar do universo, para essa homoquiralidade. A natureza fornece uma mistura de moléculas de mão direita e de mão esquerda. Nenhum cenário naturalístico concebível é capaz de gerar conjuntos grandes e estáveis de riboses homoquirais e aminoácidos homoquirais.
3. *Curta expectativa de vida dos blocos de construção.* Muitas das moléculas essenciais aos blocos de construção não conseguem durar fora dos organismos e de seus produtos de decomposição por mais do que apenas dias, horas ou minutos.
4. *Desafios de montagem.* Quanto mais isômeros (blocos de construção) ligam-se entre si sobre um substrato mineral, mais difícil se torna para isômeros adicionais se unirem à ligação e mais difícil para a cadeia isomérica separar-se do substrato. Nos experimentos de laboratório mais recentes, cadeias de menos

de cinquenta aminoácidos ou bases nitrogenadas representam o limite superior, um número muito aquém do necessário para a vida.

5. *Presença de oxigênio primordial.* Até mesmo a menor quantidade de oxigênio desliga os caminhos químicos para uma origem naturalista da vida. A abundância de urânio e tório na Terra primitiva teria (pelo seu decaimento radiométrico) dividido a água superficial da Terra em hidrogênio e oxigênio, interrompendo esses caminhos.
6. *Rapidez de origem da vida.* A janela de tempo medida entre o ambiente na Terra mortalmente hostil à vida mesmo para reações bioquímicas complexas e uma abundância de vida é mais estreita do que alguns milhões de anos.
7. *Data antecipada da origem da vida.* A vida originou-se na Terra sob as condições mais hostis que a vida já enfrentou e, ainda assim, cedo o suficiente para pôr em movimento a tectônica de placas necessária para que vida avançada posterior existisse.
8. *Diversidade da primeira vida na Terra.* De acordo com a análise isotópica, a vida mais antiga na Terra incluía não apenas uma espécie microbiana com algumas centenas de produtos gênicos, mas dúzias ou mais de formas diferentes apresentando múltiplas químicas metabólicas independentes, incluindo a fotossíntese. Algumas possuíam pelo menos 15 mil produtos gênicos.
9. *Relevância para a existência humana.* Se não fosse pela notável abundância e diversidade de micróbios na Terra, tão cedo quanto as leis da física e as características grosseiras do universo permitiram, a transformação química e geológica da Terra (impulsionada por aquela vida primitiva) não teria tido tempo suficiente para alcançar condições de sobrevivência para os humanos e para a civilização humana antes que o fulgurante Sol se tornasse brilhante demais.
10. *Relevância para o propósito redentor.* Nada menos do que o aparecimento de vida no primeiro momento que a física permitiu e

> a máxima diversificação e abundância da vida daquele momento em diante, enquanto a física permitir, poderia oferecer uma explicação para a disponibilidade de recursos para a existência de seres humanos aos bilhões, muito menos pelo desenvolvimento de tecnologias que permitissem a disseminação da mensagem do evangelho a todos os povos da Terra.

Deixe-me reiterar que Meyer está certo em fazer da origem da vida o eixo de seu argumento de DI. Porém, eu o encorajo a ouvir mais atentamente as críticas dos pesquisadores da origem da vida. Esse tópico, a origem da vida, pode ser a chave para resolver as diferenças que este livro apresenta. Por exemplo, se nós, os quatro autores, recebêssemos a tarefa de pesquisar a ciência e teologia da origem da vida e desenvolver nossas descobertas em uma abordagem convincente para levar adultos não crentes à fé em Jesus Cristo, esse exercício, por si só, poderia resolver a maioria das nossas diferenças teológicas e científicas. Também veríamos muitos outros cientistas e estudantes de ciência se tornando seguidores de Cristo.

Também quero enfatizar que a resposta de Meyer ao naturalismo metodológico acerta no alvo: "simplesmente classificar um argumento como 'não científico' não o refuta" (p. 261). Embora eu preferisse ver proponentes de DI reformularem sua agenda e se abrirem para identificar o *Designer*, tal mudança significaria um deslocamento sísmico de grandes proporções. Mas, não posso evitar de imaginar o que tal mudança poderia realizar para o avanço do Reino de Cristo.

O comentário final de Meyer sobre a "a avaliação de uma teoria científica" como um "empreendimento intrinsecamente comparativo" (p. 262) contém uma grande promessa para o progresso em direção a uma unidade maior. Minha oração é que o empreendimento comparativo e a competição aberta de ideias que este livro facilita se tornem um modelo tanto para a comunidade cristã quanto para a comunidade de pesquisa científica.

4.3

Resposta da CRIAÇÃO EVOLUCIONÁRIA

Deborah B. Haarsma

Sou grata por esta oportunidade de interagir com Stephen C. Meyer e os pontos de vista do *Discovery Institute* sobre design inteligente, dando continuidade a várias trocas entre nossos acadêmicos ao longo dos anos.

Criação Evolucionária (CE) *e Design Inteligente* (DI) *concordam em áreas importantes do* design *e da ciência.*

A CE junta-se ao DI em acreditar que um *Designer* inteligente criou o universo e a vida com propósito e intenção. Quem é esse agente inteligente? O *Discovery Institute* (e o próprio argumento do DI) evitam qualquer referência à religião organizada ou a Deus e contam com agnósticos, muçulmanos e judeus entre seus adeptos. Entretanto, Stephen C. Meyer e muitos defensores do DI compartilham com a CE a crença de que este *Designer* Inteligente é o Deus da Bíblia.

Cientificamente, o DI tem importantes áreas de concordância com a CE. Meyer claramente afirma que aceita as evidências de um universo antigo e a longa escala de desenvolvimento da vida na Terra.[1] Além disso, fiquei satisfeita (e surpresa) ao ler sua declaração de que

[1]Note, no entanto, que alguns defensores do DI defendem uma Terra jovem e alguns criacionistas da Terra jovem adotam a linguagem do movimento do Design Inteligente.

não contesta a ancestralidade comum de toda a vida, uma vez que a maioria dos defensores do DI rejeita a ancestralidade comum.

A *Criação Evolucionária vê o* design *no que a ciência pode explicar.*

O argumento do Design Inteligente enquadra-se no contraste entre "processo material não direcionado" versus "causa inteligente" e coloca uma explicação natural completa em oposição ao argumento do design. Meyer cita céticos que acham que uma explicação natural reduz o design a um design meramente "aparente" e torna o argumento do design "vazio".

A CE argumenta que podemos perceber o design na natureza mesmo quando os cientistas têm uma explicação natural completa. Enquanto o DI aponta para supostas falhas nas explicações evolucionárias, a CE vê o design em toda a estrutura do universo que torna a vida (e a evolução) possível.[2] Seguindo Robert Boyle e outros líderes cristãos na revolução científica, os criacionistas evolucionários são motivados por uma cosmovisão cristã a descobrir os mecanismos *naturais* que Deus está usando. Embora alguns cientistas ateus demorem a considerar outros modelos por causa de sua visão de mundo ateísta (por exemplo, o *Big Bang*), em muitos casos, cristãos como Galileu, Boyle, Mendel e Lemaître foram pioneiros científicos que viam seu trabalho como resposta ao chamado de Deus para investigar os processos naturais na Criação. Às vezes, o termo "naturalismo metodológico" (NM) é usado para este projeto de buscar apenas por causas materiais, mas o NM não é intrinsecamente ateísta (o termo foi cunhado em contraste com o naturalismo *metafísico*). Os criacionistas evolucionários se deliciam com os mecanismos naturais como descrições da atividade contínua e regular de Deus no mundo natural. Sem a ação sustentadora de Deus, todas as leis naturais e a matéria em si deixariam de existir. Deus também opera, às vezes, de maneira não regular (ou seja, milagrosa), mais notavelmente na encarnação e ressurrei-

[2]Curiosamente, o DI vê o design dessa maneira no ajuste fino da cosmologia e da física, mas não na história da vida.

ção de Cristo. No entanto, uma explicação completamente natural nunca nega a Deus como o *Designer*.

Alguns cristãos estão preocupados que a abordagem da CE não seja uma apologética convincente. É verdade que um ateu pode olhar para uma explicação completamente natural e concluir que não há necessidade de Deus. No entanto, muitos cientistas, até mesmo cientistas ateus, não consideram que uma explicação científica descarte a espiritualidade. E, para muitos leigos, uma maior compreensão científica leva a uma maior apreciação do design e do *Designer*; estudos recentes de pessoas assistindo a documentários sobre a natureza (com cenários deslumbrantes e belos animais) descobriram que os espectadores eram mais propensos a perceber algo além de uma explicação materialista.[3] De uma perspectiva cristã, as explicações científicas provocam elogios ainda mais profundos, pois revelam novos exemplos da beleza, poder, complexidade e habilidade de Deus.

A teoria do design *inteligente partilha dos riscos dos argumentos do "Deus das lacunas".*

Meyer afirma que o DI é mais do que um argumento a partir da ignorância. No entanto, mesmo que a teoria do DI não seja intrinsecamente um argumento do "deus das lacunas", ela partilha dos riscos de argumentos do tipo "deus das lacunas": se cientistas descobrirem uma explicação natural para um fenômeno atribuído ao design, o argumento do DI falhará. Em vez disso, a CE argumenta que o Deus da Bíblia é o soberano *Designer* tanto dos fenômenos que a ciência pode explicar quanto dos que a ciência não pode explicar.

Os argumentos do Design Inteligente têm fraquezas científicas significativas.

Das visões neste livro, o DI tem mais concordância com a CE em questões de ciência, embora essas duas visões ainda tenham

[3]HARDIN, Jeff. Is Science 'Awe'some for Christians?, *BioLogos.org*, 25/09/2016. Disponível em: http://biologos.org/blogs/deborah-haarsma-the-presidents-notebook/is-science-awesome-for-christians.

discordâncias científicas significativas. A CE tem as mesmas preocupações científicas que a maioria dos biólogos têm com o DI.

Máquinas moleculares não poderiam evoluir? Meyer menciona brevemente estruturas biológicas, como o flagelo bacteriano, que foi um argumento central do DI em 1996, com a publicação de *Darwin's Black Box* [A caixa preta de Darwin], de Michael Behe. Argumentou-se que o flagelo era irredutivelmente complexo e, portanto, não poderia ter evoluído. Desde então, cientistas descobriram funções adicionais dos componentes do flagelo, mostrando que ele *não* é irredutivelmente complexo, e encontraram alguns possíveis precursores evolucionários.[4]

Informações especificadas só podem vir de inteligência? A CE concorda com o DI que o DNA contém um padrão de informações altamente especificadas.[5] A CE discorda, no entanto, da fonte dessas informações, vendo evidências abundantes de que essas informações podem surgir e realmente surgem a paritr de processos naturais. Então, de onde vem a nova informação? *Do meio ambiente.* Para ilustrar isso, imagine um programa de computador simples escrito para navegar em um labirinto.[6] Em cada bifurcação do labirinto, o programa escolhe aleatoriamente uma direção para virar (norte, sul, leste, oeste). Se atingir uma parede, o programa retorna e tenta outras combinações de curvas e, eventualmente, atinge o final do labirinto. O programa resulta em uma lista de mudanças de direção que funcionam, um conjunto de informações especificadas. De onde veio a informação? Não do programa de computador, nem da pessoa que escreveu o programa. Pelo contrário, a informação veio do ambiente do labirinto. A informação está agora incorporada no "organismo" (a lista de instruções) que "vive" naquele ambiente.

[4]How Can Evolution Account for the Complexity of Life We See Today? *Biologos.org*. Disponível em: <http://biologos.org/common-questions/scientific-evidence/complexity-of-life>.

[5]ISAAC, Randy. Information, Intelligence, and the Origins of Life. *Perspectives on Science and Christian Faith* 63/4, Dez. 2011.

[6]HAARSMA, Loren; GRAY, Terry. Complexity, Self-Organization, and Design In: MILLER, Keith B. (Org.). *Perspectives on an Evolving* Creation. Grand Rapids: Eerdmans, 2003.

A evolução é semelhante, pois os organismos incorporam informações de seu ambiente à medida que se tornam mais complexos e se adaptam melhor a ele.

A evolução de proteínas funcionais é altamente improvável? Meyer cita a alegação de Axe de que apenas uma em 10^{77} proteínas é estavelmente dobrada e que, portanto, a evolução "não teria conseguido produzir nem mesmo uma nova sequência de DNA e proteína funcional (rica em informação) em toda a história da vida na Terra" (p. 244). No entanto, a estimativa de Axe foi baseada na função de apenas uma enzima específica; estudos examinando outras funções enzimáticas ou estruturas dobradas encontraram uma proporção muito maior de proteínas funcionais, indicando que o trabalho de Axe não é uma estimativa da função da proteína em geral.[7] Além disso, biólogos observaram muitas proteínas que se formaram *de novo*, ou seja, onde uma proteína funcional se formou via mutação de uma sequência que anteriormente não codificava para ela.[8] Um exemplo é uma enzima bacteriana que degrada o nylon uma substância química produzida pelo homem. Esta proteína *de novo* surgiu nos quarenta anos desde que o nylon foi introduzido no ambiente e resultou de uma mutação que produziu uma proteína completamente nova com mais de trezentos aminoácidos de comprimento.[9] A observação de que proteínas *de novo* estáveis, funcionais e dobradas se formam prontamente na natureza mostra que a evolução é bastante capaz de formar novas proteínas funcionais, ricas em informação, em escalas de tempo evolucionárias muito curtas.

[7]CHIARABELLI, C. et al. Investigation of de novo totally random biosequences, Part II: On the folding frequency in a totally random library of de novo proteins obtained by phage display. *Chem Biodivers* 3, 2006, 840-59; e FERRADA, E. WAGNER, A. Evolutionary Innovations and the Organization of Protein Functions in Sequence Space. PLoS ONE 5(11), 2010, e14172.

[8]VENEMA, Dennis Venema. Biological information and intelligent design: De novo or ex nihilo. *BioLogos.org*, 20/12/2016, Disponível em: <http://biologos.org/blogs/dennis-venema-letters-to-the-duchess/biological-information-and-intelligent-design-de-novo-or-ex-nihilo>.

[9]Idem. Intelligent Design and Nylon-Eating Bacteria. *BioLogos.org*, 07/04/2016, Disponível em: <http://biologos.org/blogs/dennis-venema-letters-to-the-duchess/intelligent-design-and-nylon-eating-bacteria>.

O neodarwinismo é uma explicação fracassada? O termo "neodarwinismo", como usado neste ensaio, refere-se ao mecanismo evolucionário da seleção natural no contexto da genética moderna. O DI muitas vezes observa cientistas que dizem que o neodarwinismo é uma explicação inadequada para a evolução, mas isso negligencia a perspectiva mais ampla. Os cientistas hoje estão discutindo mecanismos evolutivos adicionais. Embora os fundamentos da seleção natural não estejam em disputa, novos e mais amplos estudos apontam para fatores adicionais. Sabemos agora que o processo evolucionário inclui uma interação vibrante entre o meio ambiente e os organismos vivos e que isso, às vezes, dá origem a um alto grau de cooperação entre membros individuais de uma espécie. Entendemos melhor as alterações genéticas que influenciam o desenvolvimento dos embriões e que algumas dessas alterações produzem alterações significativas nos planos corporais. Nada disso sugere que haja necessidade de reinterpretar o que sempre esteve no cerne da biologia evolutiva.[10] O DI chama a evolução de uma teoria em crise,[11] quando, na verdade, o consenso científico em favor da evolução é forte e crescente.

A vida inicial não poderia surgir da não-vida? Como Meyer observa, essa é uma questão separada da evolução de vida complexa a partir de vida simples, então vou abordar isso apenas brevemente. A CE concorda que uma explicação natural completa e satisfatória não foi (ainda) encontrada para a origem da vida a partir da não-vida, mas a CE vê isso como um campo de pesquisa ativo. Muitos criacionistas evolucionários estão abertos para a vida inicial ser originada por Deus, seja usando processos naturais, seja um milagre, mas sentem que é muito cedo para concluir que uma explicação natural nunca será encontrada.

[10]A visão da BioLogos é resumida em Is Evolutionary a Theory in Crisis? BioLogos.org, <http://biologos.org/common-questions/scientific-evidence/is-evolution-a-theory-in-crisis. Veja também a série de blogs detalhados, "Reviewing Darwin's Doubt," *BioLogos.org*, 2014–15, http://biologos.org/blogs/deborah-haarsma-the-presidents-notebook/series/reviewing-darwins-doubt>.

[11]DENTON, Michael. *Evolution*: Still a Theory in Crisis. Discovery Institute, 2016.

A Criação Evolucionária vê o design e a intenção de Deus no processo natural de evolução.

A CE vê Deus como o *Designer* da evolução para que novos seres vivos pudessem se autoconstruir através de processos naturais, todos sob o seu governo. Cientificamente, é verdade que as mutações genéticas ocorrem sem qualquer preferência pelo que é útil, mas o caráter seletivo da evolução tem tudo a ver com utilidade e propósito, uma vez que a seleção favorece aqueles organismos mais adequados ao meio ambiente. Mais amplamente, a história da evolução de mais de um bilhão de anos pode ser vista como tendo direcionalidade na medida em que favorece o desenvolvimento em direção a uma maior variedade, maior complexidade, maior cooperação e convergência em direção a planos corporais úteis.

A *BioLogos* não é a primeira voz cristã a ver a evolução como um processo governado por Deus. O panorama histórico de Meyer deixa de mencionar figuras como o teólogo B. B. Warfield, o botânico cristão Asa Gray e muitos outros. Assim como todos os cristãos louvam a Deus pelo desenvolvimento de um óvulo fertilizado em um bebê humano saudável (Sl 139:13-14), não obstante os cientistas entendam todos os passos desse desenvolvimento, os criacionistas evolucionários louvam a Deus por tecer novas espécies através de processos que a ciência pode compreender.

A CE *apresenta Jesus Cristo como o Designer Inteligente.*

O *Discovery Institute* visa combater visões de mundo ateístas em nossa cultura e Meyer abre o ensaio com uma visão atual dessa guerra cultural. O DI escolheu uma estratégia que é independente da religião organizada, mas, infelizmente, isso significa que seu argumento só pode convencer alguém de um deus deísta. Embora Antony Flew tenha aceito o argumento do DI e deixado o ateísmo, ele não passou a acreditar no Deus da Bíblia ou em qualquer religião organizada.[12]

[12]FLEW, Antony. *Wikipedia.org*, https://en.wikipedia.org/wiki/Antony_Flew.

Outro desafio para o DI é que seus principais argumentos estão em características sutis desconhecidas fora da ciência moderna e inacessíveis para a maioria da população mundial.

A CE também visa se contrapor a visões de mundo ateístas em nossa cultura, especialmente quando os ateus militantes abusam da ciência evolucionária para argumentar contra Deus e a espiritualidade.[13] Mas, ao invés de deixar que observadores especulem sobre a influência da religião em nossa abordagem, a CE coloca o cristianismo à frente e no centro, inspirando-se em sua rica estrutura teológica para apoio intelectual e no poder do evangelho para mudar vidas. A CE convida os ateus a ver o mundo através de uma lente cristã, o que traz uma maior clareza e unidade à nossa compreensão não apenas do mundo físico, mas também das relações, da cultura e da experiência espiritual. Os principais argumentos da CE para o design estão nas demonstrações de poder divino aparentes em todo o mundo natural (Romanos 1:20), não apenas em detalhes científicos, mas na glória da natureza que todos os seres humanos experimentam. Quando os cientistas encontram explicações naturais para as maravilhas dos organismos, tanto mais os criacionistas evolucionários louvam o Deus da Bíblia como nosso *Designer* inteligente e poderoso Criador.

[13]Por exemplo, a série de blogs de Ted Davis "Science, Religion, and the New Atheism," *BioLogos.org*, 2016-17, <http://biologos.org/blogs/ted-davis-reading-the-book-of-nature/series/science-religion-and-the-new-atheism>.

RÉPLICA

Stephen C. Meyer

A teoria do design inteligente faz uma alegação limitada, mas importante: certas características do mundo natural são melhor explicadas por uma causa inteligente em vez de processos materialistas não direcionados. Argumentei aqui que o design inteligente (DI) constitui especificamente a melhor explicação para a origem da *informação funcional* necessária para produzir novas formas de vida (e novas dobras de proteínas, a menor unidade de inovação estrutural nos sistemas vivos).

Nas respostas precedentes, apenas Haarsma contesta essa conclusão. Ross e Ham afirmam que a informação funcional no DNA aponta para o design inteligente, mas criticam os *proponentes* do DI por não fazerem outras afirmações. Ambos criticam os proponentes do DI por: (1) não rejeitar a ancestralidade comum universal (embora, pessoalmente, eu o faça; ver minha resposta a Ross), (2) não identificar o *Designer* como Deus (embora eu o faça em outros textos publicados), e (3) não usar as evidências científicas como uma apologética bíblica (embora eu aprecie muitos apologistas que o fazem).

Mesmo assim, Ham e Ross entenderam corretamente o escopo limitado da teoria do DI (embora, talvez, não minhas opiniões pessoais sobre outros assuntos). De fato, *a teoria* do design inteligente (em oposição ao que os proponentes individuais do DI podem pensar ou fazer) não usa as evidências científicas como uma apologética bíblica embora evidências claras mostrando que uma inteligência de designer agiu para gerar vida e o universo apoie *um princípio* de fé bíblica.

Como Ross e Ham não contestam a verdade da DI, mas apenas criticam seus proponentes por não abordarem questões além de seu escopo, não vou responder às críticas deles aqui. Basta dizer que parece-me autoevidente que (1) demonstrar que o universo e a vida são produtos de uma inteligência proposital e (2) estabelecer uma nova estrutura para a ciência que não pressuponha uma falsa visão materialista do mundo são esforços importantes tanto científica quanto filosoficamente mesmo que não impliquem em defender tudo o que a Bíblia ensina.

Ao invés disso, focarei minha resposta na crítica de Haarsma, uma vez que ela contesta a validade do meu argumento, mas o faz com base em caracterizações imprecisas de dois estudos científicos. Haarsma afirma que (1) novos estudos mostram que as proteínas funcionais *não* são extremamente raras (Ross ecoa esta afirmação), apesar do que os experimentos de Douglas Axe indicam, e (2) a evolução de uma enzima capaz de digerir nylon mostra que novas informações podem surgir por mutação e seleção no tempo evolutivo disponível.

Ambas as afirmações são problemáticas.

Primeiro, quatro outros estudos usando diferentes métodos para estimar a raridade de proteínas funcionais[1] confirmaram o estudo experimental de vários anos de Axe (citado anteriormente), mostrando sua extrema raridade no "espaço de sequências" de possí-

[1]DURSTON, K. et al. Measuring the Functional Sequence Complexity of Proteins. *Theoretical Biology and Medical Modelling* 4, 2007, 47; REIDHAAR-OLSON, J.; SAUER, R. Functionally Acceptable Solutions in Two Alpha-Helical Regions of Lambda Repressor. *Proteins*, 1990, 306-16; TAYLOR, S, et al. Searching Sequence Space for Protein Catalysts. *Proceedings of the National Academy of Sciences*, USA 98, 200110596-10601; YOCKEY, H. A Calculation of the Probability of Spontaneous Biogenesis by Information Theory. *Journal of Theoretical Biology* 67, 1977, 377-98.

veis combinações de aminoácidos. O estudo italiano[2] que Haarsma cita não mostra o contrário. Esse estudo avaliou com que frequência cadeias de aminoácidos geradas aleatoriamente se organizam em estruturas tridimensionais estáveis. Infelizmente, o teste usado para identificar estruturas tridimensionais estáveis não conseguiu distinguir proteínas funcionais dobradas de agregações não funcionais de aminoácidos. O grupo realmente relatou duas estruturas dobradas, mas descobriu que, exceto em ambientes fortemente ácidos, essas estruturas formavam agregados insolúveis (não proteínas). Isso significa que essas cadeias de aminoácidos não se dobrariam nas células vivas. Assim, este estudo não refuta os resultados de Axe mostrando a extrema raridade das dobras de proteínas.

As alegações de Haarsma sobre a nylonase são imprecisas e enganosas. Argumentei que "a atividade inteligente é *a única causa conhecida da* origem de informação funcionalmente especificada, pelo menos *em quantidades suficientes para produzir uma nova dobra de proteína* ..." Em resposta, Haarsma afirma que a nylonase "surgiu nos quarenta anos desde que o nylon foi introduzido no ambiente e resultou de uma mutação que produziu uma proteína completamente nova ... " (p. 282). No entanto, a nylonase não é "uma proteína completamente nova" e não surgiu *de novo* a partir de uma única mutação por deslocamento da matriz de leitura (como defende a fonte dela, Dennis Venema[3]). Em vez disso, os pesquisadores japoneses que estudaram extensivamente a nylonase postularam que ela surgiu por meio de mutações de dois pontos[4] no gene de uma proteína *preexistente* de 392 aminoácidos dificilmente um evento de originação *de novo*.

Os pesquisadores japoneses inferiram também que o gene original (do qual o gene da nylonase surgiu) codificava uma proteína

RÉPLICA

[2]CHIARABELLI, C. et al. *Investigation of de novo totally random biosequences, Part II*
[3]<http://biologos.org/blogs/dennis-venema-letters-to-the-duchess/intelligent-designand-nylon-eating-bacteria>.
[4]NEGORO, Seiji, et al. X-Ray Crystallographic Analysis of 6-Aminohexanoate-Dimer Hydrolase: Molecular Basis for the Birth of a Nylon Oligomer-Degrading Enzyme. *The Journal of Biological Chemistry* 280, 2005, 39644-39652.

com função limitada de nylonase mesmo antes da invenção do nylon. Eles concluíram isso porque uma "prima" natural da nylonase uma enzima com alto grau de similaridade de sequência com ela tem atividade mensurável (se fraca) de nylonase e pode ser convertida em atividade completa com apenas duas mutações.[5] A aproximada identidade de sequência entre a nylonase e sua prima sugere que os genes de ambas as proteínas surgiram de um gene ancestral comum, que também teria produzido uma proteína com atividade de nylonase. Isso sugere que as mutações que produziram o gene para a nylonase não geraram um gene e uma proteína funcionais inteiramente novos, mas apenas otimizaram um gene funcional *preexistente* para uma proteína semelhante.

Mais importante ainda, as evidências indicam que a nylonase não exemplifica uma nova dobra de proteína, mas sim a mesma dobra complexa tridimensional (beta-lactamase) como sua provável proteína ancestral. Como observam os pesquisadores japoneses, "propomos que as substituições de aminoácidos em ... uma *esterase preexistente com dobra de beta-lactamase* resultaram na evolução da hidrolase de oligômeros de nylon" (ênfase adicionada)[6]. Observe os termos "*preexistente*" e "*dobra de beta-lactamase*". Eles indicam que as mutações responsáveis pela origem da nylonase não produziram um gene capaz de codificar uma *nova dobra de proteína*, mas sim um gene que codifica a *mesma* dobra de beta-lactamase como a sua antecessora.

Assim, como Axe e eu explicamos em outro lugar, o mecanismo de mutação/seleção pode *otimizar* (ou deslocar) a função de uma proteína, desde que não precise gerar uma nova dobra. No entanto, como também argumentamos, dada a extrema raridade de dobras de proteína no espaço de sequências, o número de alterações mutacionais necessárias para produzir uma nova dobra (*inovar* em

[5]KATO et al. Amino Acid Alterations Essential for Increasing the Catalytic Activity of the Nylon-Oligomer-Degradation Enzyme of *Flavobacterium* Sp. *European Journal of Biochemistry* 200, 1991, 165-169.
[6]NEGORO, et al. X-*Ray Crystallographic Analysis*. 39644.

vez de *otimizar*) excede o que se pode razoavelmente esperar que ocorra no tempo evolutivo disponível. A história da nylonase confirma essa afirmação em vez de refutá-la. Também reforça minha afirmação de que design inteligente é a única causa conhecida, e a melhor explicação, para a quantidade de novas informações necessárias para gerar uma nova dobra de proteínas e, portanto, quaisquer inovações estruturais significativas na história da vida.

CONCLUSÃO

J. B. Stump

Agradeço a oportunidade de trabalhar neste projeto e com esses coautores. Quando o livro for lançado ao público, já terá transcorrido mais de dois anos desde a minha conversa inicial sobre ele com a Zondervan. Claro que o trabalho não é constante, pois há períodos de tempo em que não há muito o que fazer, exceto esperar que os coautores enviem seus ensaios. Mas, o projeto ocupou um lugar de destaque em minha mente neste período de tempo. Ao analisar agora as seções concluídas, tenho algumas considerações conclusivas sobre o projeto: um aspecto que não me surpreendeu, um que me decepciona um pouco (mas não deveria ser surpreendente), e um que considero ser a questão central para os leitores desta discussão avançarem.

Por causa de minha ocupação e interesses profissionais, estou bem familiarizado com o trabalho dos coautores, e não fiquei surpreso com o conteúdo de nenhum dos ensaios. Eles são os argumentos padrão que vemos para posições neste campo. A contribuição única deste livro é que os argumentos estão sendo articulados (e respondidos) pelos líderes das quatro organizações mais proeminentes no país, relacionadas com as questões das origens. Isso adiciona uma reviravolta interessante à dinâmica de um livro da série *Counterpoints*. Tenho certeza de que cada um dos coautores afirmaria seu compromisso em seguir as evidências onde elas levarem, mas isso não é mera discussão acadêmica para eles. Suas organizações defendem posições específicas, e parece quase impossível pensar que eles poderiam ser persuadidos a mudar de posição nesse estágio.

Isso me faz lembrar de uma frase de Upton Sinclair, autor de meados do século XX, que se candidatou a governador da Califórnia em 1934. Ele propôs um plano para aumentar os benefícios pagos a pessoas idosas necessitadas, mas muitos de seus oponentes se sentiram pessoalmente afetados por sua proposta e alegaram que não tinha mérito. Sobre eles, Sinclair disse: "É difícil fazer com que um homem entenda algo, quando seu salário depende de ele não entender isso!"[1] Não estou sugerindo que algum dos coautores seja crassamente culpado disso ou pelo menos não mais do que os outros (ou qualquer um de nós); estou apenas observando o fato de que há outros fatores em ação do que apenas os fatos. Ouvi dizer que é extremamente raro que coautores alterem suas posições em qualquer livro da série *Counterpoints*, e imagino seja ainda mais difícil quando os coautores são a face pública de suas posições, como as do presente volume. Mas, não era objetivo do livro mudar a opinião dos coautores. Era dar uma ideia do estado da conversa sobre origens entre os cristãos evangélicos nos EUA e, nesse sentido, estou satisfeito com o resultado. Acho que os leitores verão representações justas e precisas das quatro posições.

Embora não tenha ficado surpreso com os argumentos apresentados ou com o fato de os coautores não parecerem mudar de ideia em relação a nada, confesso que esperava que esse projeto exibisse mais boa vontade e caridade do que ocorreu. Duvido que os leitores concluam a leitura deste livro com a sensação de que estamos mais próximos do objetivo da unidade cristã em relação às origens. Escrevi a introdução assim que os primeiros ensaios estavam chegando, e mencionei algumas das minhas esperanças para o projeto.

[1]SINCLAIR, Upton. I, *Candidate for Governor*: And How I Got Licked. Berkeley: University of California Press, 1994, 109.

Essas esperanças parecem agora muito otimistas para um projeto como este, em que os coautores interagiram apenas indiretamente por intermédio de mim como editor e minha própria comunicação com eles foi quase inteiramente por e-mail. Acrescente-se a isso o fato de que esses projetos podem ser estressantes com seus múltiplos prazos de entrega, e isso resulta em muitas oportunidades para suspeitar se todos estão sendo tratados de forma justa – particularmente porque, no meu trabalho diário, um dos coautores é minha chefe! Trabalhei arduamente para dissipar essas preocupações (provavelmente à custa de ser mais duro com Haarsma do que com os outros, apenas para evitar qualquer indício de favoritismo). Trabalhamos muito bem nessas questões, mas uma delas permanece na versão final que precisa de alguma explicação.

Todos os contribuintes foram convidados a escrever seus ensaios iniciais com uma contagem máxima de palavras de 10 mil palavras, respostas de duas mil palavras e tréplicas de mil palavras. É bastante habitual que os autores tomem algumas liberdades com a contagem de palavras e as tratem como sugestões ou valores estimados (eu me incluo nessa propensão!). Como editor, muitas vezes tive que negociar sobre excedentes com um coautor e depois voltar para os outros para recalibrar o "topo absoluto". Pensei (e continuo a pensar) que seria mais justo permitir o mesmo número de palavras para todos os participantes em cada seção. Isso provou ser mais difícil de aplicar do que deveria ser, e mais de uma vez (e com mais de um dos coautores) tornou-se motivo de tensão e acusações de injustiça. Sem dúvida, houve alguns aspectos relacionado a isso que eu poderia ter lidado melhor. A discrepância mais óbvia que permanece é nos ensaios iniciais, nos quais o de Ham é visivelmente mais longo que dos outros. Ele não estava disposto a cortar mais nada, acreditando ser justo que lhe fosse dado mais espaço do que para os outros, já que ele era o único que defendia a idade jovem da Terra e "a autoridade das Escrituras versus a autoridade da maioria científica". É claro que cada um dos outros coautores poderia apresentar motivos pelos quais eles deveriam ter direito a espaço extra também. Mas, minha justificativa não persuadiu, e eu estava comprometido em dar aos coautores o controle final de suas palavras. Os leitores podem julgar por si mesmos o efeito que isso tem no livro.

Talvez devesse ser visto como um sinal positivo o fato de que esses líderes estavam dispostos a aparecer juntos em um volume e a interagir uns com os outros como fizeram. E talvez o livro acabe sendo visto como um primeiro passo que leve a alguma interação pessoal no futuro, em que possamos nos conhecer como companheiros cristãos que têm mais coisas em comum do que diferenças. Estou convencido de que essa interação é o caminho para desenvolver o tipo de confiança e respeito necessários para efetivar a unidade cristã.

Falando em confiança, suspeito que a pergunta central com que os leitores não especialistas deste livro ficarão é: em quem eu confio? Um coautor diz que a ciência aponta claramente uma direção; outro diz que aponta claramente outra. Um pensa que a Bíblia diz claramente isso; outro pensa que diz claramente aquilo. Quem está certo? Como você escolhe em qual deles acreditar? Esses problemas são complexos e não podemos resolvê-los sozinhos.

Quando falo a igrejas ou grupos de estudo sobre ciência e a Bíblia, invariavelmente chega o momento em que alguém na plateia sente a complexidade da interpretação bíblica e das teorias científicas, e diz com algum desespero: "Então, para ler minha Bíblia ou julgar qual versão da ciência está correta, eu vou ter que fazer alguns doutorados?" Minha resposta típica é afirmar duas coisas: (1) Todos podem lucrar com a leitura de suas Bíblias todos os dias; Deus fala a todos nós por meio de sua Palavra, não apenas para os especialistas. O mesmo vale para aprender mais sobre o mundo natural a partir de nossa própria observação. Todos nós podemos cultivar uma apreciação mais profunda pela obra de Deus, examinando-a com mais cuidado.[2] Mas, esse ponto precisa ser equilibrado por:

[2] Veja VALEDSOLO, Piercarlo; PARK, Jun; GOTTLIEB, Sara. Awe and Scientific Explanation. Emotion 16(7), Out. 2016, 937-40. Comentários sobre o estudo de um cristão trabalhando em uma importante universidade de pesquisa científica podem ser encontrados em <http://biologos.org/blogs/deborah-haarsma-the-presidentsnotebook/is-science-awesome-for-christians>.

(2) Todos precisamos contar com especialistas em nossas comunidades para nos ajudar a ler melhor as Escrituras e a entender melhor o mundo natural. O aumento da especialização resultou no fato de que nenhum de nós pode se tornar especialista em todas as disciplinas relevantes. A menos que você seja fluente em hebraico e grego antigos, você é dependente de especialistas até mesmo para simplesmente ler a Bíblia (e se você é fluente em hebraico e grego, você dependeu de especialistas para aprender esses idiomas). E quantos de nós, através de nossa própria observação, poderíamos descobrir o sistema solar heliocêntrico ou a física quântica? Precisamos de especialistas. Mas agora, neste livro, vemos que os especialistas discordam. Isso significa que os especialistas não podem todos estar certos e voltamos à pergunta sobre em quem confiar.

Não existe uma fórmula fácil aqui, mas sugiro que comece a submeter regularmente as suas visões à crítica. Não leia apenas as pessoas com as quais concorda, mas tente realmente entender por que os outros estão convencidos de visões diferentes. Estudos mostram que estamos preparados para ver e aceitar razões que apoiam aquilo em que já acreditamos e para rejeitar rapidamente as evidências que desafiam nossas próprias posições.[3] É preciso muito esforço, da nossa parte, para ouvir os outros e considerar suas críticas às nossas próprias posições. Mas, se formos sérios em buscar a verdade nesses assuntos, é importante. E se nós mesmos estamos na posição em que os outros nos olham como especialistas, é duplamente importante que façamos isso com integridade. Acho que este livro dá uma boa contribuição para esse objetivo. Não importa qual seja sua perspectiva sobre as origens, você deve encontrar aqui pontos e perguntas que o desafiem a examinar novamente o que você acredita no que diz respeito a esses assuntos.

Além de ler livros, confiar em especialistas vem de um conhecimento pessoal. Convide estudiosos com diferentes formações para

[3]Veja, por exemplo, GORMAN, Sara E.; GORMAN, Jack M. *Denying to the Grave*: Why We Ignore the Facts That Will Save Us [Negando até túmulo: por que ignoramos os fatos que nos salvarão]. Oxford: Oxford University Press, 2017.

visitar sua igreja ou grupo de estudo. Conheça-os como pessoas e ouça suas histórias. Faça perguntas sobre sua pesquisa para tentar realmente entender como o mundo lhes parece. Mesmo que você não aceite a perspectiva deles, a sua própria perspectiva se tornará mais rica para entrar no diálogo não apenas com um conjunto de ideias, mas com uma pessoa. Dessa forma, poderemos superar o rancor e a desconfiança que caracterizam muitos dos nossos desacordos. Eu continuo a esperar que o diálogo sobre origens possa ajudar a igreja a dar passos largos em direção à unidade, compreensão e amor.

Este livro foi impresso em 2021, pela Pancron,
para a Thomas Nelson Brasil. A fonte usada no miolo é
Lora corpo 10. O papel do miolo é avena 70 g/m²,
e o da capa é cartão 250g/m²